# Sachenrecht I

Hemmer/Wüst

Februar 2008

# Juristisches Repetitorium hemmer

**examenstypisch - anspruchsvoll - umfassend**

**Augsburg**
Wüst/Skusa/Mielke/Quirling
Mergentheimer Str. 44
97082 Würzburg
Tel.: (0931) 79 78 2-30
Fax: (0931) 79 78 2-34
www.hemmer.de/augsburg

**Bayreuth**
Daxhammer
Matzenhecke 23
97204 Höchberg
Tel.: (0931) 400 337
Fax: (0931) 404 3109
www.hemmer.de/bayreuth

**Berlin-Dahlem**
Gast
Schumannstraße 18
10117 Berlin
Tel.: (030) 240 45 738
Fax: (030) 240 47 671
www.hemmer.de/berlin-dahlem

**Berlin-Mitte**
Gast
Schumannstraße 18
10117 Berlin
Tel.: (030) 240 45 738
Fax: (030) 240 47 671
www.hemmer.de/berlin-mitte

**Bielefeld**
Knoll/Sperl
Hinter dem Zehnthofe 18a
38173 Sickte
Tel.: (05305) 91 25 77
Fax: (05305) 91 25 88
www.hemmer.de/bielefeld

**Bochum**
Schlegel/Schlömer/Sperl
Salzstr. 14/15
48143 Münster
Tel.: (0251) 67 49 89 70
Fax.: (0251) 67 49 89 71
www.hemmer.de/bochum

**Bonn**
Ronneberg/Christensen/Clobes
Leonardusstr. 24c
53175 Bonn
Tel.: (0228) 23 90 71
Fax: (0228) 23 90 71
www.hemmer.de/bonn

**Bremen**
Kulke
Mergentheimer Str. 44
97082 Würzbuzrg
Tel.: (0931) 79 78 230
Fax: (0931) 79 78 234
www.hemmer.de/bremen

**Dresden**
Stock
Zweinaundorfer Str. 2
04318 Leipzig
Tel.: (0341) 6 88 44 90
Fax: (0341) 6 88 44 96
www.hemmer.de/dresden

**Düsseldorf**
Ronneberg/Christensen/Clobes
Leonardusstr. 24c
53175 Bonn
Tel.: (0228) 23 90 71
Fax: (0228) 23 90 71
www.hemmer.de/duesseldorf

**Erlangen**
Grieger/Tyroller
Mergentheimer Str. 44
97082 Würzburg
Tel.: (0931) 79 78 2-30
Fax: (0931) 79 78 2-34
www.hemmer.de/erlangen

**Frankfurt/M.**
Geron
Dreifaltigkeitsweg 49
53489 Sinzig
Tel.: (02642) 61 44
Fax: (02642) 61 44
www.hemmer.de/frankfurt

**Frankfurt/O.**
Neugebauer/ Vieth
Holzmarkt 4a
15230 Frankfurt/O.
Tel.: (0335) 52 29 87
Fax: (0335) 52 37 88
www.hemmer.de/frankfurtoder

**Freiburg**
Behler/Rausch
Rohrbacher Str. 3
69115 Heidelberg
Tel.: (06221) 65 33 66
Fax: (06221) 65 33 30
www.hemmer.de/freiburg

**Gießen**
Knoll/Sperl
Hinter dem Zehnthofe 18a
38173 Sickte
Tel.: (05305) 91 25 77
Fax: (05305) 91 25 88
www.hemmer.de/giessen

**Göttingen**
Sperl/Schlömer
Kirchhofgärten 22
74635 Kupferzell
Tel.: (07944) 94 11 05
Fax: (07944) 94 11 08
www.hemmer.de/goettingen

**Greifswald**
Burke/Lück
Buchbinderstr. 17
18055 Rostock
Tel.: (0381) 3 77 74 00
Fax: (0381) 3 77 74 01
www.hemmer.de/greifswald

**Halle**
Luke
Arndtstr. 1
04275 Leipzig
Tel.: (0177) 3 34 26 51
Fax: (0341) 4 62 68 79
www.hemmer.de/halle

**Hamburg**
Schlömer/Sperl
Pinnasberg 45
20359 Hamburg
Tel.: (040) 317 669 17
Fax: (040) 317 669 20
www.hemmer.de/hamburg

**Hannover**
Daxhammer/Sperl
Matzenhecke 23
97204 Höchberg
Tel.: (0931) 400 337
Fax: (0931) 404 3109
www.hemmer.de/hannover

**Heidelberg**
Behler/Rausch
Rohrbacher Str. 3
69115 Heidelberg
Tel.: (06221) 65 33 66
Fax: (06221) 65 33 30
www.hemmer.de/heidelberg

**Jena**
Hannich
Parkweg 7
97944 Boxberg
Tel.: (07930) 99 23 38
Fax: (07930) 99 22 51
www.hemmer.de/jena

**Kiel**
Sperl/Schlömer
Kirchhofgärten 22
74635 Kupferzell
Tel.: (07944) 94 11 05
Fax: (07944) 94 11 08
www.hemmer.de/kiel

**Köln**
Ronneberg/Christensen/Clobes
Leonardusstr. 24c
53175 Bonn
Tel.: (0228) 23 90 71
Fax: (0228) 23 90 71
www.hemmer.de/koeln

**Konstanz**
Guldin/Kaiser
Hindenburgstr. 15
78467 Konstanz
Tel.: (07531) 69 63 63
Fax: (07531) 69 63 64
www.hemmer.de/konstanz

**Leipzig**
Luke
Arndtstr. 1
04275 Leipzig
Tel.: (0177) 3 34 26 51
Fax: (0341) 4 62 68 79
www.hemmer.de/leipzig

**Mainz**
Geron
Dreifaltigkeitsweg 49
53489 Sinzig
Tel.: (02642) 61 44
Fax: (02642) 61 44
www.hemmer.de/mainz

**Mannheim**
Behler/Rausch
Rohrbacher Str. 3
69115 Heidelberg
Tel.: (06221) 65 33 66
Fax: (06221) 65 33 30
www.hemmer.de/mannheim

**Marburg**
Knoll/Sperl
Hinter dem Zehnthofe 18a
38173 Sickte
Tel.: (05305) 91 25 77
Fax: (05305) 91 25 88
www.hemmer.de/marburg

**München**
Wüst
Mergentheimer Str. 44
97082 Würzburg
Tel.: (0931) 79 78 2-30
Fax: (0931) 79 78 2-34
www.hemmer.de/muenchen

**Münster**
Schlegel/Sperl/Schlömer
Salzstr. 14/15
48143 Münster
Tel.: (0251) 67 49 89 70
Fax.: (0251) 67 49 89 71
www.hemmer.de/muenster

**Osnabrück**
Schlömer/Sperl/Knoll
Kirchhofgärten 22
74635 Kupferzell
Tel.: (07944) 94 11 05
Fax: (07944) 94 11 08
www.hemmer.de/osnabrueck

**Passau**
Mielke
Schlesierstr. 4
86919 Utting a.A.
Tel.: (08806) 74 27
Fax: (08806) 94 92
www.hemmer.de/passau

**Potsdam**
Gast
Schumannstraße 18
10117 Berlin
Tel.: (030) 240 45 738
Fax: (030) 240 47 671
www.hemmer.de/potsdam

**Regensburg**
Daxhammer
Matzenhecke 23
97204 Höchberg
Tel.: (0931) 400 337
Fax: (0931) 404 3109
www.hemmer.de/regensburg

**Rostock**
Burke/Lück
Buchbinderstr. 17
18055 Rostock
Tel.: (0381) 3777 400
Fax: (0381) 3777 401
www.hemmer.de/rostock

**Saarbrücken**
Bold
Preslesstraße 2
66987 Thaleischweiler-Fröschen
Tel.: (06334) 98 42 83
Fax: (06334) 98 42 83
www.hemmer.de/saarbruecken

**Trier**
Geron
Dreifaltigkeitsweg 49
53489 Sinzig
Tel.: (02642) 61 44
Fax: (02642) 61 44
www.hemmer.de/trier

**Tübingen**
Guldin/Kaiser
Hindenburgstr. 15
78465 Konstanz
Tel.: (07531) 69 63 63
Fax: (07531) 69 63 64
www.hemmer.de/tuebingen

**Würzburg**
- ZENTRALE -
Mergentheimer Str. 44
97082 Würzburg
Tel.: (0931) 79 78 230
Fax: (0931) 79 78 234
www.hemmer.de/wuerzburg

Wer in vier Jahren sein Studium erfolgreich abschließen will, kann sich einen Irrtum im Hinblick auf Examensvorbereitung und Ausbildungsmaterial nicht leisten!

Stellen Sie frühzeitig Ihre Weichen richtig. Trainieren Sie unter professioneller Anleitung das, was Sie im Examen erwartet.

# www.hemmer.de

# www.lifeandlaw.de

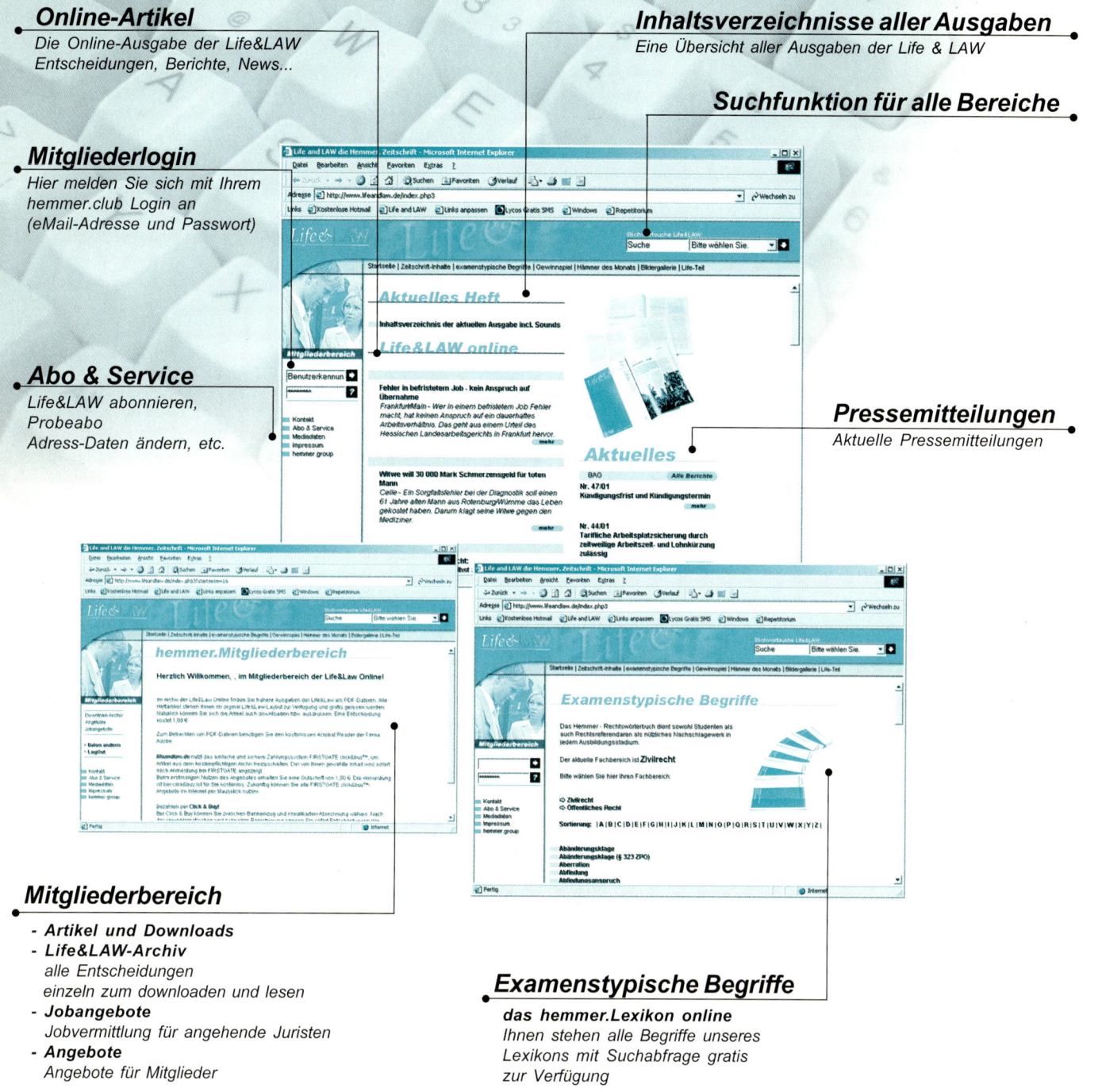

**Online-Artikel**
Die Online-Ausgabe der Life&LAW
Entscheidungen, Berichte, News...

**Inhaltsverzeichnisse aller Ausgaben**
Eine Übersicht aller Ausgaben der Life & LAW

**Suchfunktion für alle Bereiche**

**Mitgliederlogin**
Hier melden Sie sich mit Ihrem
hemmer.club Login an
(eMail-Adresse und Passwort)

**Abo & Service**
Life&LAW abonnieren,
Probeabo
Adress-Daten ändern, etc.

**Pressemitteilungen**
Aktuelle Pressemitteilungen

**Mitgliederbereich**
- Artikel und Downloads
- Life&LAW-Archiv
  alle Entscheidungen
  einzeln zum downloaden und lesen
- Jobangebote
  Jobvermittlung für angehende Juristen
- Angebote
  Angebote für Mitglieder

**Examenstypische Begriffe**
das hemmer.Lexikon online
Ihnen stehen alle Begriffe unseres
Lexikons mit Suchabfrage gratis
zur Verfügung

# Assessorkurse

| | | |
|---|---|---|
| **Bayern:** | | RA I. Gold, Mergentheimer Str. 44, 97082 Würzburg; Tel.: (0931) 79 78 2-50 |
| **Baden-Württemberg:** | Konstanz/Tübingen/Stuttgart | RAe F. Guldin/B. Kaiser, Hindenburgstr. 15, 78467 Konstanz; Tel.: (07531) 69 63 63 |
| | Heidelberg/Freiburg | RAe Behler/Rausch, Rohrbacher Str. 3, 69115 Heidelberg; Tel.: (06221) 65 33 66 |
| **Berlin/Potsdam:** | | RA L. Gast, Schumannstr. 18, 10117 Berlin, Tel. (030) 24 04 57 38 |
| **Brandenburg:** | | RA Neugebauer/Vieth, Holzmarkt 4a, 15230 Frankfurt/Oder, Tel.:(0335) 52 29 32 |
| **Bremen/Hamburg:** | | RAe M. Sperl/Clobes/Dr. Schlömer, Kirchhofgärten 22, 74635 Kupferzell; Tel. (07944) 94 11 05 |
| **Hessen:** | Frankfurt | RA A. Geron, Dreifaltigkeitsweg 49, 53489 Sinzig; Tel.: (02642) 6144 |
| | Marburg/Kassel | RAe M. Sperl/Clobes/Dr. Schlömer, Hinter dem Zehnthofe 18a, 38173 Sickte, Tel. (05305) 91 25 77 |
| **Mecklenburg-Vorp.:** | | Ludger Burke/Johannes Lück, Buchbinderstr. 17, 18055 Rostock, Tel: (0381) 3777 400 |
| **Niedersachsen:** | Hannover | RAe M. Sperl/Dr. M. Knoll, Hinter dem Zehnthofe 18a, 38173 Sickte, Tel. (05305) 91 25 77 |
| | Postversand | RAe M. Sperl/Clobes/Dr. Schlömer, Kirchhofgärten 22, 74635 Kupferzell; Tel. (07944) 94 11 05 |
| **Nordrhein-Westfalen:** | | Dr. A. Ronneberg, Leonardusstr. 24c, 53175 Bonn; Tel.: (0228) 23 90 71 |
| **Rheinland-Pfalz:** | | RA A. Geron, Dreifaltigkeitsweg 49, 53489 Sinzig; Tel.: (02642) 6144 |
| **Saarland:** | | RA A. Geron, Dreifaltigkeitsweg 49, 53489 Sinzig; Tel.: (02642) 6144 |
| **Thüringen:** | | RA J. Luke, Arndtstr. 1, 04275 Leipzig; Tel.: (0177) 3 34 26 51 |
| **Sachsen:** | | RA J. Luke, Arndtstr. 1, 04275 Leipzig; Tel.: (0177) 3 34 26 51 |
| **Schleswig-Holstein:** | | RAe M. Sperl/Clobes/Dr. Schlömer, Kirchhofgärten 22, 74635 Kupferzell; Tel. (07944) 94 11 05 |

# Sachenrecht I

Hemmer/Wüst

Februar 2008

Das Skript ist urheberrechtlich geschützt. Die dadurch begründeten Rechte, insbesondere des Nachdrucks, der Wiedergabe auf photomechanischem oder ähnlichem Wege und der Speicherung in Datenverarbeitungsanlagen bleiben, auch bei nur auszugsweiser Verwertung, der Hemmer/Wüst-Verlagsgesellschaft vorbehalten.

Hemmer/Wüst Verlagsgesellschaft
Hemmer/Wüst/d'Alquen, Sachenrecht I

ISBN 978-3-89634-799-2

9. Auflage, Februar 2008

gedruckt auf chlorfrei gebleichtem Papier
von Schleunungdruck GmbH, Marktheidenfeld

# Vorwort
## Sachenrecht I mit der hemmer-Methode

Wer in vier Jahren sein Studium abschließen will, kann sich einen **Irrtum** in Bezug auf Stoffauswahl und -aneignung **nicht leisten**. Hoffen Sie nicht auf die leichten Rezepte, die Schemata und den einfachen Rechtsprechungsfall. Die unnatürlich klare Zielsetzung der Schemata lässt keine Frage offen und suggeriert eine Einfachheit, die in der Prüfung nicht besteht. Hüten Sie sich vor Übervereinfachung beim Lernen. Stellen Sie deswegen frühzeitig die Weichen richtig.

Das vorliegende Skript will Verständnis schaffen für die Zusammenhänge des Sachenrechts.

Anders als das Schuldrecht ist es ein klar strukturiertes Rechtsgebiet. In der Regel besteht deswegen beim Ersteller der Klausur als imaginärem Gegner eine feste Vorstellung, wie der Fall zu lösen ist.

Im Vordergrund des Skripts **Sachenrecht I** steht der Besitz, insbesondere das Verhältnis des Eigentümers zum unberechtigten Besitzer (EBV). In diesem äußerst klausurrelevanten Gebiet dürfen Sie sich keine Unsicherheiten leisten.

Weitere Schwerpunkte dieses Skripts sind die Prinzipien des Sachenrechts, die Besitzarten, der Besitzschutz und der Unterlassungs- und Beseitigungsanspruch des § 1004 BGB.

Die **hemmer-Methode** vermittelt Ihnen die **erste richtige Einordnung** und das **Problembewusstsein**, welches Sie brauchen, um an einer Klausur bzw. dem Ersteller nicht vorbeizuschreiben. Häufig ist dem Studenten nicht klar, warum er schlechte Klausuren schreibt. Wir geben Ihnen **gezielte Tipps**! Vertrauen Sie auf unsere **Expertenkniffe**.

Durch die ständige Diskussion mit unseren Kursteilnehmern ist uns als erfahrenen Repetitoren klar geworden, welche **Probleme** der Student hat, sein **Wissen anzuwenden**. Wir haben aber auch von unseren Kursteilnehmern profitiert und von Ihnen erfahren, welche **Argumentationsketten** in der Prüfung zum Erfolg geführt haben.

Die **hemmer-Methode** gibt **jahrelange Erfahrung** weiter, erspart Ihnen viele schmerzliche Irrtümer, setzt richtungsweisende Maßstäbe und begleitet Sie als **Gebrauchsanweisung** in Ihrer Ausbildung:

### 1. Basics:

Das *Grundwerk* für Studium und Examen. Es schafft **Grundwissen** und mittels der **hemmer-Methode** richtige Einordnung für Klausur und Hausarbeit.

### 2. Skriptenreihe:

**Vertiefend:** Über 1.000 Prüfungsklausuren wurden auf ihre "essentials" abgeklopft.

Anwendungsorientiert werden die für die Prüfung nötigen Zusammenhänge umfassend aufgezeigt und wiederkehrende Argumentationsketten eingeübt.

Gleichzeitig wird durch die **hemmer-Methode** auf **anspruchsvollem Niveau** vermittelt, nach welchen Kriterien Prüfungsfälle beurteilt werden. Spaß und Motivation beim Lernen entstehen erst durch Verständnis.

Lernen Sie, durch Verstehen am juristischen Sprachspiel teilzunehmen. Wir schaffen den "Background", mit dem Sie die innere Struktur von Klausur und Hausarbeit erkennen: "Problem erkannt, Gefahr gebannt". Profitieren Sie von unserem **technischen know how**. Wir werden Sie auf das Anforderungsprofil einstimmen, das Sie in Klausur und Hausarbeit erwartet.

Die **studentenfreundliche Preisgestaltung** ermöglicht auch den **Erwerb als Gesamtwerk**.

### 3. Hauptkurs:

*Schulung am examenstypischen Fall mit der Assoziationsmethode.* Trainieren Sie unter professioneller Anleitung, was Sie im Examen erwartet und wie Sie bestmöglich mit dem Examensfall umgehen.

Nur wer die Dramaturgie eines Falles verstanden hat, ist in Klausur und Hausarbeit auf der sicheren Seite! Häufig hören wir von unseren Kursteilnehmern: "**Erst jetzt hat Jura richtig Spaß gemacht**".

Die Ergebnisse unserer Kursteilnehmer geben uns recht. Der **Bewährungsgrad** einer Theorie ist der **Erfolg**. Die Examensergebnisse zeigen, dass unsere Kursteilnehmer überdurchschnittlich abschneiden.

z.B.: **Die Würzburger Ergebnisse können auch Ansporn für Sie sein, intelligent zu lernen: Seit 1991 über 100 mal über 11,5. Wer nur auf vier Punkte lernt, landet leicht bei drei.** 15,08 (Landes**bester**); 14,95\* (**Bester des Termins 2006 I in Würzburg**); 14,79\*; 14,7\* (**Beste des Termins 98 I**); 14,69\* (**Bester des Termins 2006 II in Würzburg**); 14,3\*(Landes**bester**); 14,25 (**Bester des Termins 2005 II**); 14,16\* (**Beste des Termins 2000 II**); 14,08\* (**Beste des Termins in Würzburg 96 I**); 14,08 (Landes**bester**); 14,04\* (**Bester des Termins 2004 II in Würzburg**) usw. **München Frühjahr '97 (ein Termin!):** 36x über Neun: 2x sehr gut, 14x gut, 20x vollbefriedigend.

Bereits in unserem ersten Durchgang in Berlin, Göttingen, Konstanz die Landesbesten mit "sehr gut". "Sehr gut" auch in Freiburg, Bayreuth, Köln (2x), Bonn, Regensburg (15,54;14,2; 14,00) Erlangen (15,4; 15,0; 14,4), Heidelberg (14,7; Termin 97 I: 14,77) und München (14,25; 14,04; 14,04; 14,00). Augsburg: Schon im ersten Freischuss 91 I erzielten 4 Siebtsemester (!) einen Schnitt von 12,01. Auch in Thüringen '97 I 2x 12, 65 waren die Landesbesten Kursteilnehmer. Von 6x gut, 5 Hemmer-Teilnehmer. *Lassen Sie sich aber nicht von diesen Supernoten verschrecken, sehen Sie dieses Niveau als Ansporn für Ihre Ausbildung. Denn: Wer auf 4 Punkte lernt, landet leicht bei 3!*

Basics, Skriptenreihe und Hauptkurs sind als **modernes, offenes und flexibles Lernsystem** aufeinander abgestimmt und ergänzen sich ideal.

Wir hoffen, als Repetitoren mit unserem Gesamtangebot bei der Konkretisierung des Rechts mitzuwirken und wünschen Ihnen **viel Spaß beim Durcharbeiten** unserer Skripten.

Wir würden uns freuen, mit Ihnen später als Hauptkursteilnehmer mit der **hemmer-Methode** gemeinsam Verständnis an der Juristerei im Hinblick auf Examina zu trainieren.

*Hemmer*     *Wüst*

# INHALTSVERZEICHNIS

## § 1 Einführung ........................................................................................................................... 1

### A. Gegenstand des Sachenrechts ................................................................................... 1

### B. Überblick über sachenrechtliche Gesetze ................................................................. 1

### C. Dingliche Rechte ........................................................................................................ 2

    I. Begriff des „dinglichen Rechts" ................................................................................ 2

    II. Einzelne dingliche Rechte ....................................................................................... 3

    III. Einteilungen der dinglichen Rechte ....................................................................... 3

        1. Umfang des Herrschaftsrechts ......................................................................... 4

        2. Inhalt der beschränkten dinglichen Rechte ...................................................... 4

        3. Inhaber der Teilberechtigung ............................................................................ 4

### D. Dingliche Ansprüche .................................................................................................. 5

### E. Gesetzliche Schuldverhältnisse des Sachenrechts ................................................... 5

### F. Dingliche Rechtsgeschäfte ........................................................................................ 6

### G. Sachenrechtliche Grundsätze ................................................................................... 6

    I. Absolutheitsprinzip ................................................................................................... 7

    II. Numerus-clausus-Prinzip ........................................................................................ 7

    III. Trennungsprinzip ................................................................................................... 8

    IV. Abstraktionsprinzip ................................................................................................ 8

        1. Inhalt des Abstraktionsprinzips ......................................................................... 8

        2. Durchbrechungen des Abstraktionsprinzips ..................................................... 9

            a) Fehleridentität ............................................................................................. 9

                aa) Fehleridentität bei Geschäftsfähigkeitsmängeln (§§ 104 ff. BGB) ...... 10

                bb) Fehleridentität bei Irrtümern (§§ 119 ff. BGB) ..................................... 10

                cc) Fehleridentität bei Täuschung und Drohung (§§ 123 f. BGB) ............. 11

                dd) Fehleridentität bei Verbotsgesetzen, § 134 BGB ................................ 11

                ee) Fehleridentität bei Sittenwidrigkeit, § 138 BGB .................................. 11

                ff) Sonderfall: Fehleridentität bei Besitzmittlungsverhältnis ...................... 12

            b) Bedingungszusammenhang, §§ 158 ff. BGB ........................................... 12

            c) Geschäftseinheit von Verpflichtung u. Verfügung, § 139 BGB ................ 14

    V. Bestimmtheits- oder Spezialitätsgrundsatz .......................................................... 14

    VI. Publizitäts- oder Offenkundigkeitsgrundsatz ...................................................... 15

    VII. Akzessorietätsgrundsatz .................................................................................... 15

    VIII. Übertragbarkeit .................................................................................................. 16

### H. Verhältnis des Sachenrechts zum übrigen Zivilrecht .............................................. 16

    I. Sachenrecht und Allgemeiner Teil des BGB .......................................................... 16

    II. Sachenrecht und Schuldrecht ............................................................................... 17

        1. Schuldrecht und gesetzliche Schuldverhältnisse ........................................... 17

        2. Schuldrecht und dinglicher Anspruch ............................................................. 17

        3. Schuldrecht und dingliches Rechtsgeschäft .................................................. 17

            a) Verfügung zugunsten Dritter, § 328 BGB? ............................................... 17

            b) Ausschluss der Übertragbarkeit über § 399 2.Alt. BGB? ......................... 18

    III. Sachenrecht und AGBs (§§ 305-310 BGB) ........................................................ 19

## § 2 Der Sachbegriff ............................................................................................................ 20

### A. Überblick ..................................................................................................................... 20

### B. Einzelheiten ................................................................................................................. 20

#### I. Der Sachbegriff ............................................................................................................ 20

#### II. Mobilien / Immobilien ................................................................................................ 23

#### III. Einheitssache / zusammengesetzte Sache ............................................................... 24

#### IV. Einzelsache / Sachgesamtheit .................................................................................. 26

#### V. Vertretbare / unvertretbare Sache ............................................................................ 26

#### VI. Verbrauchbare / unverbrauchbare Sache ................................................................ 27

#### VII. Teilbare / unteilbare Sache ...................................................................................... 27

#### VIII. Hauptsache / Zubehör ............................................................................................. 27

#### IX. Nutzungen ................................................................................................................... 29

## § 3 Besitz ............................................................................................................................ 31

### A. Einführung ................................................................................................................... 31

#### I. Begriff ............................................................................................................................ 31

#### II. Bedeutung - Funktionen des Besitzes ....................................................................... 31

##### 1. Schutzfunktion ........................................................................................................ 32
##### 2. Erhaltungsfunktion - Kontinuitätsfunktion ........................................................ 32
###### a) Verstärkung der obligatorischen Rechtsstellung ......................................... 32
###### b) Ablösungsrecht .................................................................................................. 33
###### c) Ersitzung ............................................................................................................. 33
##### 3. Publizitätsfunktion ................................................................................................. 33
###### a) Übertragungswirkung ....................................................................................... 33
###### b) Vermutungswirkung ......................................................................................... 33
###### c) Gutglaubenswirkung ......................................................................................... 34

#### III. Besitzarten .................................................................................................................. 35

##### 1. Nach der Intensität der Sachbeziehung ............................................................... 35
##### 2. Nach dem Umfang der Sachherrschaft/Berechtigung ....................................... 35
##### 3. Nach der Willensrichtung des Besitzers .............................................................. 36
##### 4. Nach der Berechtigung des Besitzers ................................................................... 36
##### 5. Nach der Art der Besitzerlangung ........................................................................ 37

### B. Erwerb und Verlust des Besitzes .............................................................................. 37

#### I. Der unmittelbare Besitz ............................................................................................... 37

##### 1. Erwerb nach § 854 I BGB ....................................................................................... 37
###### a) Erlangung der tatsächlichen Sachherrschaft ................................................. 37
###### b) Besitzbegründungswille ................................................................................... 38
##### 2. Erwerb nach § 854 II BGB ...................................................................................... 39
##### 3. Beendigung nach § 856 BGB .................................................................................. 40

#### II. Der mittelbare Besitz .................................................................................................. 41

##### 1. Begriff des mittelbaren Besitzes ........................................................................... 41
###### a) Unmittelbarer Besitz/Besitzmittlungswille ................................................... 42
###### b) Besitzmittlungsverhältnis ................................................................................ 42
###### c) Herausgabeanspruch ......................................................................................... 42
##### 2. Erwerb des mittelbaren Besitzes .......................................................................... 43
##### 3. Verlust des mittelbaren Besitzes .......................................................................... 43

III. Sonderformen des Besitzerwerbs ... 44
    1. Besitzdiener, § 855 BGB ... 44
        a) Begriff ... 44
        b) Besitzerwerb durch Stellvertreter ... 45
    2. Erbenbesitz § 857 BGB ... 46
    3. Besitz von juristischen Personen/Gesamthandsgemeinschaften ... 47
        a) Juristische Personen ... 47
        b) OHG / KG ... 47
        c) Gesamthandsgemeinschaften ... 47

## C. Besitzschutz ... 48

I. Die Gewaltrechte, § 859 BGB ... 48
    1. Verbotene Eigenmacht, § 858 BGB ... 48
    2. Besitzwehr, § 859 I BGB ... 49
    3. Besitzkehr, § 859 II, III BGB ... 51
    4. Erweiterung der Gewaltrechte nach § 859 IV BGB ... 52
    5. Inhaber der Gewaltrechte ... 52
        a) Unmittelbarer Besitzer ... 52
        b) Besitzdiener, § 860 BGB ... 52
        c) Mittelbarer Besitzer ... 53
        d) Teilbesitzer / Mitbesitzer / Erbenbesitzer ... 53

II. Die possessorischen Besitzschutzansprüche, §§ 861, 862, 867 BGB ... 54
    1. Possessorische Ansprüche ... 54
    2. § 861 BGB ... 54
    3. § 862 BGB ... 55
    4. § 867 BGB ... 55
    5. Anspruchsberechtigter ... 55
    6. Anspruchsgegner ... 56
    7. Einschränkung ... 57
    8. § 863 BGB ... 57

III. Die petitorischen Ansprüche, § 1007 BGB ... 58

IV. Der Besitzschutz über § 823 BGB ... 59
    1. Besitz als „sonstiges Recht" i.S.d. § 823 I BGB ... 59
    2. Besitzschutz über § 823 II BGB ... 61

V. Der Besitzschutz über § 812 BGB ... 62
    1. Leistungskondiktion, § 812 I S.1 1.Alt. BGB ... 62
    2. Eingriffskondiktion, § 812 I S.1 2.Alt. BGB ... 62

VI. Besondere Besitzfragen ... 62
    1. Prozessualer Besitzschutz, § 771 ZPO ... 62
    2. Insolvenz, § 47 InsO ... 63
    3. Rechtsbesitz ... 63
    4. Allgemeine Unterlassungsklage, §§ 12, 862, 1004 BGB analog ... 63

# § 4 Eigentümer-Besitzer-Verhältnis (EBV) ... 64

## A. Einführung ... 64

I. Überblick über die Regelungen ... 64

II. Hauptregelungszweck ... 64

III. Grundvoraussetzung ... 65

IV. Entsprechende Anwendung ... 65

## B. Der Herausgabeanspruch aus § 985 BGB .................................................................................................. 65

### I. Voraussetzungen ...................................................................................................................................... 65

1. Anspruchsberechtigter ................................................................................................................... 66
   a) Eigentümer ................................................................................................................................. 66
   b) Dritter .......................................................................................................................................... 67
   c) Anwartschaftsberechtigter ....................................................................................................... 67
2. Anspruchsgegner ............................................................................................................................ 67
3. Recht zum Besitz ............................................................................................................................ 67

### II. Anspruchsinhalt ........................................................................................................................................ 67

1. Herausgabe ...................................................................................................................................... 67
2. Gegenstand der Herausgabe ......................................................................................................... 69

### III. Recht zum Besitz, § 986 BGB ................................................................................................................ 69

1. Eigenes Besitzrecht nach § 986 I S.1 1.HS BGB ........................................................................ 70
2. Abgeleitetes Besitzrecht nach § 986 I S.1 2.HS BGB ............................................................... 71
3. Die Sonderregelung des § 986 II BGB ......................................................................................... 72

### IV. Anwendbarkeit der Vorschriften des allgemeinen Schuldrechts ..................................................... 73

### V. Konkurrenzen ............................................................................................................................................ 75

### VI. Verjährung ................................................................................................................................................ 75

### VII. Verwirkung .............................................................................................................................................. 76

### VIII. Herausgabeort ....................................................................................................................................... 76

## C. Haftungssystem des EBV .............................................................................................................................. 77

### I. Sinn und Zweck der §§ 987 ff. BGB ...................................................................................................... 77

### II. Anwendbarkeitsvoraussetzungen ........................................................................................................ 77

1. Nicht-so-berechtigter Besitzer ...................................................................................................... 78
2. Nicht-mehr-berechtigter Besitzer ................................................................................................. 78
3. Aufschwingen vom Fremd- zum Eigenbesitzer ......................................................................... 80
4. Zusendung unbestellter Waren .................................................................................................... 80

### III. Bösgläubigkeit ......................................................................................................................................... 81

1. Bösgläubigkeit ................................................................................................................................. 81
2. Bösgläubigkeit bei Einschaltung Dritter ..................................................................................... 81
3. Bösgläubigkeit bei Minderjährigen ............................................................................................. 83
4. Erbenbesitz, § 857 BGB ................................................................................................................. 83
5. Prozessbesitzer ................................................................................................................................ 84

### IV. Konkurrenzen ........................................................................................................................................... 84

1. Veräußerung / Verbrauch / Gesetzlicher Eigentumserwerb .................................................... 84
2. §§ 823 ff. BGB ................................................................................................................................. 84
3. §§ 812 ff. BGB ................................................................................................................................. 86

## D. Schadensersatz, §§ 989 ff. BGB ................................................................................................................... 89

### I. Redlicher / unverklagter Besitzer ........................................................................................................... 89

### II. Unredlicher / verklagter Besitzer .......................................................................................................... 90

### III. Deliktischer Besitzer, § 992 BGB ......................................................................................................... 91

## E. Nutzungsherausgabe, §§ 987 ff. BGB .................................................................................................... 93

### I. Redlicher / unverklagter Besitzer ................................................................................................ 93

1. Grundsatz des § 993 I BGB .................................................................................................... 93
2. Übermaßfrüchte, § 993 I BGB ................................................................................................ 94
3. Unentgeltlicher Besitzer, § 988 BGB ...................................................................................... 94
4. Rechtsgrundloser Erwerb, § 988 BGB analog ....................................................................... 95

### II. Unredlicher/verklagter Besitzer, §§ 987, 990 BGB ..................................................................... 96

### III. Deliktischer Besitzer, § 992 BGB ................................................................................................ 97

## F. Verwendungsersatz, §§ 994 ff. BGB .................................................................................................... 98

### I. Verwendung - Begriff/Arten ....................................................................................................... 98

### II. Redlicher/unverklagter Besitzer ................................................................................................. 99

1. Notwendige Verwendungen .................................................................................................. 99
2. Nützliche Verwendungen ..................................................................................................... 100
3. Luxusverwendungen ............................................................................................................ 101
4. Rechtsnachfolge, § 999 BGB ................................................................................................ 101

### III. Unredlicher/verklagter Besitzer ............................................................................................... 101

1. Notwendige Verwendungen ................................................................................................ 101
2. Nützliche Verwendungen/Luxusverwendungen ................................................................ 102
3. Rechtsnachfolge, § 999 BGB ................................................................................................ 102

### IV. Deliktischer Besitzer .................................................................................................................. 102

### V. Geltendmachung des Verwendungsersatzanspruchs ............................................................ 102

### VI. Abschließender wichtiger Fall zur Verwendungsproblematik .............................................. 103

# § 5 Beseitigungs- und Unterlassungsanspruch aus § 1004 BGB ............................................................... 109

## A. Einführung ............................................................................................................................................. 109

### I. Abgrenzung zu anderen Ansprüchen aus Eigentum .............................................................. 109

### II. Anwendungsbereich .................................................................................................................. 110

## B. Voraussetzungen ................................................................................................................................. 111

### I. Übersicht ..................................................................................................................................... 111

### II. Eigentum des Anspruchsstellers ............................................................................................. 111

### III. Eigentumsbeeinträchtigung ...................................................................................................... 112

1. Tatsächliche Einwirkungen .................................................................................................. 112
2. Beeinträchtigungen der Nutzungsbefugnis ........................................................................ 113
3. Rechtliche Beeinträchtigungen ............................................................................................ 113
   a) Unmittelbarer Angriff auf das Eigentumsrecht .............................................................. 113
   b) Unbefugte Inanspruchnahme fremder Eigentumsrechte ............................................. 114
4. Keine Eigentumsbeeinträchtigung ...................................................................................... 114
5. Sonderfall: Naturkräfte ......................................................................................................... 115
6. Maßgeblicher Zeitpunkt ....................................................................................................... 115

### IV. Störer ........................................................................................................................................... 115

V. Duldungspflicht ..................................................................................................................... 119
    1. Privatrecht ....................................................................................................................... 119
        a) Rechtsgeschäft ......................................................................................................... 119
        b) Gesetzliche Vorschriften .......................................................................................... 120
        c) Nachbarrechtliches Gemeinschaftsverhältnis ...........................................................121
    2. Öffentliches Recht ........................................................................................................... 121
    3. Verwaltungsakt ................................................................................................................ 121
    4. Überwiegendes öffentliches Interesse ............................................................................ 122
VI. Rechtsfolgen ........................................................................................................................ 122
    1. Beseitigungsanspruch, § 1004 I 1 BGB ........................................................................... 122
    2. Unterlassungsanspruch, § 1004 I S.2 BGB .....................................................................128

## Kommentare

*Erman* — Handkommentar zum BGB

*Jauernig* — Kommentar zum BGB

*Münchener Kommentar* — Kommentar zum Bürgerlichen Gesetzbuch

*Palandt* — Kommentar zum Bürgerlichen Gesetzbuch

*Staudinger* — Kommentar zum BGB

*Zöller* — ZPO-Kommentar

## Lehrbücher

*Baur/Stürner* — Sachenrecht

*Medicus* — Allgemeiner Teil des BGB

Bürgerliches Recht

*Schwab/Prütting* — Sachenrecht

*Westermann* — Sachenrecht I

*Wieling* — Sachenrecht I

*Wolf* — Sachenrecht

**Weitere Literatur siehe Fußnoten**

# § 1 EINFÜHRUNG

*Ungeschriebene Prinzipien des Sachenrechts*

Dem Sachenrecht liegt eine Reihe allgemeiner Prinzipien, Lehren und Wertungen zugrunde, die sich im Sinne eines allgemeinen Teils „vor die Klammer" der Darstellung ziehen lassen. Eine entsprechende Kenntnis solch allgemeiner Lehren erleichtert naturgemäß den Zugang zu einem Rechtsgebiet. Dies gilt insbesondere für das Sachenrecht, da dem Gesetz selbst die ihm zugrunde liegenden Prinzipien nicht immer ohne weiteres zu entnehmen sind, sondern sich oftmals nur durch systematische Auslegung oder unter Rückgriff auf den Willen des Gesetzgebers erschließen lassen.[1]

*Examensrelevanz sachenrechtlicher Prinzipien*

Von daher stellen die gängigen Lehrbücher zum Sachenrecht ebenso wie die Kommentare zum 3. Buch des BGB typischerweise eine mehr oder weniger umfangreiche Einleitung voran.[2] Da sich die allgemeinen Lehren zum Sachenrecht durchaus als Thema einer mündlichen Prüfung oder u.U. sogar als Themenklausur eignen und sie zudem in der Klausursituation als Argumentations- oder Auslegungshilfe nutzbar gemacht werden können, soll auch diesem Skript eine Darstellung allgemeiner Lehren zum Sachenrecht vorangestellt werden.

## A. Gegenstand des Sachenrechts

*Gegenstand des Sachenrechts*

Nach der Grundentscheidung in Art. 14 GG sind in der deutschen Rechtsordnung Sachen nicht dem beliebigen Gemeingebrauch überlassen. Vielmehr erkennt das GG das Privateigentum im Sinne einer grundsätzlich freien Verwertung und Nutzung des Vermögens an. Dementsprechend muss die Rechtsordnung auch Regelungen darüber zur Verfügung stellen, welche Sachen welcher Person mit welchen Befugnissen zugeordnet sein sollen.[3]

Die Gesamtheit dieser Regelungen von dinglichen Rechtsverhältnissen bildet das Sachenrecht[4], das auch Zuordnungsrecht[5] genannt wird.

*Definition „Sachenrecht"*

Sachenrecht ist mithin die Summe der Regelungen, die die rechtlichen Beziehungen von Personen (Rechtssubjekten) zu Sachen (Rechtsobjekten) zum Gegenstand haben. Zentraler Begriff ist die „Sache".

## B. Überblick über sachenrechtliche Gesetze

*Normative Verortung des Sachenrechts*

Ganz überwiegend findet sich das Sachenrecht im gleichnamigen 3. Buch des BGB, das ursprünglich auf eine abschließende Kodifikation des dinglichen Rechtsverhältnisses hin angelegt war.[6] Diese Tendenz ist jedoch nicht streng durchgehalten.

---

1   Eine allgemeine einführende Darstellung findet sich in MAROTZKE, Erster Kontakt mit dem Sachenrecht JuS 1993, 916.
2   Längere Einleitungen: BAUR/STÜRNER, §§ 1 - 5; WIELING, § 1 (jeweils rund 40 S.); knapper: M. WOLF, §§ 1 u. 2; SCHWAB/PRÜTTING, §§ 1 - 5a.
3   M. WOLF, Rn. 1.
4   M. WOLF, Rn. 1.
5   SCHWAB/PRÜTTING, § 2 II.
6   BAUR/STÜRNER, § 2 I 2 a.

Sachenrechtliche Regelungen sind daher innerhalb des BGB nicht nur im 3. Buch enthalten, sondern auch im

> ⇨ 1. Buch mit den Definitionen zum Sachbegriff in den §§ 90 ff. BGB und im
>
> ⇨ 4. Buch, etwa mit der Eigentumsvermutung nach § 1362 BGB

sowie außerhalb des BGB in einigen sachenrechtlichen Sondergesetzen, wie etwa:

> ⇨ dem Wohnungseigentumsgesetz (WEG)
>
> ⇨ oder der Erbbaurechtsverordnung (ErbbauVO).

*materielles und formelles Sachenrecht*

Sachenrecht im oben genannten Sinne ist grundsätzlich materielles Recht. Die Durchsetzung des materiellen Sachenrechts ist hingegen grundsätzlich im Verfahrensrecht geregelt, wie etwa in der ZPO, dem ZVG, der GBO oder der InsO. Gleichwohl ist auch diese Trennung nicht überall durchgehalten. So finden sich sowohl im BGB prozessbezogene Normen (wie etwa die Beschränkung von Einwendungen in § 863 BGB) als auch im Verfahrensrecht Vorschriften mit materiell-rechtlichem Gehalt (wie etwa der Erwerb einer Zwangshypothek durch den Grundstückseigentümer nach § 868 ZPO).

## C. Dingliche Rechte

### I. Begriff des „dinglichen Rechts"

*Begriff „dingliches Recht"*

Unter „dinglichem Recht" wird das Recht einer Person zur unmittelbaren Herrschaft über eine Sache verstanden (*positive Funktion*). Kennzeichnend für dingliche Rechte ist, dass sie im Gegensatz zu schuldrechtlichen Rechten absolut wirken, d.h. sie gewähren dem Berechtigten die Möglichkeit, andere Personen von einer Einwirkung auszuschließen (*negative Funktion*).[7]

**hemmer-Methode: Den Begriff „dingliches Recht" sucht man im BGB vergeblich. Das BGB verwendet diesen Begriff selbst nicht, sondern erwähnt lediglich in § 198 einen „dinglichen Anspruch". Demgegenüber nennt § 47 InsO wortwörtlich das „dingliche Recht" und stellt es dem „persönlichen Recht" gegenüber.**

Auch die dinglichen Rechte sind überwiegend im Sachenrecht des BGB und vereinzelt in sachenrechtlichen Sondergesetzen geregelt.

---

[7] PALANDT, Einl. §§ 854 ff., Rn. 3.

## II. Einzelne dingliche Rechte

*dingliche Rechte im BGB*

**Das BGB enthält an dinglichen Rechten:**

⇨ das Eigentum (§ 903 BGB)

⇨ die Dienstbarkeiten, unterteilt in

- Grunddienstbarkeiten (§ 1018 BGB),
- Nießbrauch an Sachen (§ 1030 BGB) und an Rechten (§ 1068 BGB),
- die beschränkte persönliche Dienstbarkeit (§ 1090 BGB)
- das Wohnungsrecht (§ 1093)

⇨ die Reallast (§ 1105 BGB)

⇨ die Grundpfandrechte, unterteilt in

- Hypothek (§ 1113 BGB),
- Grundschuld (§ 1191 BGB)
- Rentenschuld (§ 1199 BGB)

⇨ sowie die Pfandrechte an Sachen (§ 1204 BGB) und an Rechten (§ 1273 BGB).

*dingl. Rechte außerhalb des BGB*

Außerhalb des BGB finden sich etwa:[8]

⇨ das Erbbaurecht (§ 1 ErbbauVO)

⇨ das Wohnungseigentum (§ 1 WEG), das Wohnungserbbaurecht (§ 30 WEG) und das Dauerwohnrecht (§ 31 WEG)

*Sonderformen*

Daneben gibt es Sonderformen, bei denen es im Gegensatz zu den vorgenannten dinglichen Rechten zwar an einer Beherrschung einer Sache mangelt, die aber gleichwohl eine gegenüber jedermann durchsetzbare Befugnis aufweisen. Hierzu werden gezählt:[9]

⇨ der Besitz (§§ 854 ff. BGB)

⇨ die Vormerkung (§§ 883 ff. BGB)

⇨ das dingliche Vorkaufsrecht (§§ 1094 ff. BGB)

⇨ die bestimmten Personen zugeordneten Aneignungsrechte (§§ 928 II, 958 II BGB)

⇨ die nicht normierten Anwartschaftsrechte

## III. Einteilungen der dinglichen Rechte

*Unterteilungen dinglicher Rechte*

Dingliche Rechte können nach verschiedenen Kriterien eingeteilt werden.

---

8   Vgl. darüber hinaus die Übersichten bei BAUR/STÜRNER, § 2 I a und STAUDINGER, Einl. §§ 854 ff., Rn. 21.

9   Vgl. wiederum BAUR/STÜRNER, § 2 I a und STAUDINGER, Einl. §§ 854 ff., Rn. 21.

## 1. Umfang des Herrschaftsrechts

*Eigentum - beschränkte dingl. Rechte*

Unter den dinglichen Rechten ist das Eigentum das umfassende Vollrecht an einer Sache, das dem Eigentümer vor allem die Befugnis zur beliebigen Nutzung und Verwertung gewährt.

*Abspaltung von Teilen aus dem Vollrecht*

Der Eigentümer kann kraft seiner umfassenden Herrschaft aber auch andere Personen an einzelnen seiner Befugnisse teilhaben lassen, indem er aus seinem Vollrecht beschränkte Teilbereiche abspaltet.[10] Auf diese Weise können andere Rechtssubjekte Ausschnitte aus dem umfassenden dinglichen Recht Eigentum erlangen, die so genannten **beschränkten dinglichen Rechte**, die auch als „Eigentumssplitter"[11] bezeichnet werden können.

**Beschränkte dingliche Rechte** sind mithin dadurch gekennzeichnet, dass sie an einer Sache jeweils nur bestimmte Teilberechtigungen gewähren und zugleich in diesem Umfang die Herrschaft des Hauptrechtsinhabers beschränken. Sachen, an denen beschränkte dingliche Rechte bestehen, sind daher in doppelter Weise Personen zugeordnet.[12] Nach dem Erlöschen des beschränkten Rechts füllt sich das Eigentum dann wieder zum umfassenden Vollrecht auf.[13]

Das Bestehen beschränkter dinglicher Rechte an einer Sache ändert gleichwohl nichts am Fortbestehen des Eigentums. Das gilt selbst dann, wenn der Eigentümer sowohl das Nutzungs-, als auch das Verwertungsrecht völlig auf eine oder mehrere andere Personen übertragen hat.[14]

> *Bsp.: Das Eigentum an einem Grundstück besteht auch dann fort, wenn der Eigentümer an dem Grundstück einen Nießbrauch bestellt, es mit Grundpfandrechten wertausschöpfend belastet und zudem noch ein Vorkaufsrecht eingeräumt hat.*

## 2. Inhalt der beschränkten dinglichen Rechte

*Rechtsinhalt*

Die beschränkten dinglichen Rechte lassen sich weiter nach dem Inhalt der aus dem Eigentum jeweils abgespaltenen Teilberechtigung differenzieren. Sie können dem Inhaber Verwertungsrechte gewähren (wie die Pfand- und Grundpfandrechte), Nutzungsrechte einräumen (wie die Dienstbarkeiten) oder zur Aneignung berechtigen (wie die Erwerbsrechte).

## 3. Inhaber der Teilberechtigung

*Mögliche Inhaber der Teilberechtigung*

Schließlich kann bei den beschränkten dinglichen Rechten nach dem Inhaber der Teilberechtigung differenziert werden.

*Fremdrecht - Recht an eigener Sache*

Regelmäßig bestehen beschränkte dingliche Rechte an fremden Sachen. Das Sachenrecht kennt aber auch beschränkte dingliche Rechte an der eigenen Sache (so grundsätzlich § 889 BGB), die dem Eigentümer von Anfang zustehen (so etwa die anfängliche Eigentümergrundschuld gem. § 1196 BGB) oder die nachträglich aus einem umgewandelten, ursprünglich fremden Recht entstehen können (wie die nachträgliche Eigentümergrundschuld, § 1177 BGB).

---

10 BAUR/STÜRNER, § 3 II 2 und § 1 II 2; SCHWAB/PRÜTTING, § 3 III.
11 Begriff von WIELING, § 1 II 3a.
12 PALANDT, Einl. §§ 854 ff., Rn. 6.
13 WIELING, § 1 II 3a.
14 WIELING, § 1 II 3a.

# § 1 EINFÜHRUNG

*Personalrecht - Realrecht*

Bei beschränkten dinglichen Rechten an Grundstücken ist zwischen **subjektiv-persönlichen** (Personalrechten) und **subjektiv-dinglichen Rechten** (Realrechten) zu unterscheiden. Personalrechte stehen einer bestimmten Person zu (wie etwa der Nießbrauch gem. § 1030 BGB), Realrechte hingegen dem jeweiligen Eigentümer eines anderen Grundstücks (so die Grunddienstbarkeit nach § 1018 BGB).

## D. Dingliche Ansprüche

*dingliche Ansprüche*

Zum Schutz und zur Verwirklichung der dinglichen Rechte stellt das Sachenrecht dem Rechtsinhaber die sogenannten dinglichen Ansprüche zur Verfügung, die die Rechtsbeziehungen zwischen den an einem dinglichen Rechtsverhältnis beteiligten Personen regeln.[15] Dingliche Ansprüche sind also Hilfsrechte zur Durchsetzung dinglicher Rechte und zur Herstellung des dem dinglichen Recht entsprechenden Zustandes.[16]

*einzelne dingliche Ansprüche*

**Zu den dinglichen Ansprüchen gehören:**

⇨ Herausgabeansprüche (z.B. die §§ 861, 985, 1007, 1227 BGB)

⇨ Abwehransprüche gegen Störungen (z.B. §§ 1004, 1227 BGB)

⇨ Ansprüche auf Befriedigung (§§ 1113, 1191, 1204 BGB)

*Keine isolierte Übertragung des dinglichen Anspruchs*

Das Kennzeichen dinglicher Ansprüche liegt darin, dass sie dem Anspruchsinhaber nicht als Person, sondern nur für die Dauer seiner Eigenschaft als Inhaber des dinglichen Rechts zustehen; mit dem Wechsel der Inhaberschaft am dinglichen Recht geht daher auch der dingliche Anspruch so auf den neuen Rechtsinhaber über, wie er beim alten Inhaber bestanden hat.[17]

Dingliche Ansprüche sind daher nach h.M. nicht ohne das jeweilige dingliche Recht übertragbar.[18] Allerdings kann die Ausübung einem anderen überlassen werden.[19]

## E. Gesetzliche Schuldverhältnisse des Sachenrechts

*Gesetzliche Schuldverhältnisse des Sachenrechts*

Von den dinglichen Ansprüchen zu unterscheiden sind die im 3. Buch des BGB mitgeregelten gesetzlichen Schuldverhältnisse, die dem Inhaber zwar ebenfalls Ansprüche verschaffen, aber eher schuldrechtlichen Bezug haben und gewissermaßen nur zufällig im 3. Buch des BGB normativ verortet sind.

**hemmer-Methode:** Achtung: Nicht jeder der zahlreichen Ansprüche, die sich aus den §§ 854 ff. BGB ergeben, ist damit schon ein „dinglicher" Anspruch mit den sich daraus ergebenden Besonderheiten. Zu prüfen ist vielmehr immer, ob die obige Definition erfüllt ist.[20]

---

15  M. Wolf, Rn. 224.
16  Staudinger, Einl. §§ 854 ff. Rn. 24, 85.
17  M. Wolf, Rn. 224; Wieling, § 1 II 2 b.
18  Baur/Stürner, § 2 I 1a aa.; M. Wolf, Rn. 230 m.w.N. zum Streitstand.
19  Palandt, Einl. §§ 854 ff. Rn. 10.
20  Vgl. Wieling, § 1 II 2b.

*Zweck und Wesen*

Die gesetzlichen Schuldverhältnisse bezwecken über einen erweiterten Schutz der dinglichen Rechte hinaus vor allem den Interessenausgleich zwischen den an einem dinglichen Rechtsverhältnis beteiligten Personen, z.B. für das Verhältnis zwischen Eigentümer und Besitzer die §§ 987 ff. BGB oder zwischen Miteigentümern die §§ 1008 ff. BGB.[21]

*Isoliert übertragbare Ansprüche*

Anders als die dinglichen Ansprüche sind Ansprüche aus gesetzlichen Schuldverhältnissen des Sachenrechts selbständig abtretbar und wechseln den Inhaber nicht automatisch mit dem dinglichen Recht.[22]

## F. Dingliche Rechtsgeschäfte

*dingliche Rechtsgeschäfte*

Die Änderung der dinglichen Rechtslage setzt ein umgestaltendes dingliches Rechtsgeschäft voraus. Dingliche Rechtsgeschäfte sind daher immer auf die Belastung, Aufhebung oder Änderung eines Rechts gerichtet und haben damit immer verfügenden Charakter.[23] Dingliche Rechtsgeschäfte enthalten im Gegensatz zu schuldrechtlichen Verträgen keinerlei verpflichtendes Element.[24]

Im Gegensatz zu den §§ 413, 398 BGB, nach denen zur Übertragung von Rechten allgemein ein Vertrag genügt, erfordern dingliche Rechtsgeschäfte über die dingliche Einigung hinaus noch eine äußere Kenntlichmachung (Eintragung oder Übergabe), sog. Doppeltatbestand.[25] Erst beides zusammen führt unabhängig von der Reihenfolge die dingliche Rechtsänderung herbei.

*dinglicher Vertrag*

Soweit es sich um ein zweiseitiges dingliches Geschäft handelt, muss ein dinglicher Vertrag vorliegen.[26]

*einseitige dingliche Rechtsgeschäfte*

Neben dinglichen Verträgen sind auch einseitige dingliche Rechtsgeschäfte möglich, die nach den Adressaten der Erklärung unterschieden werden können. Dies kann z.B. der Begünstigte oder das Grundbuchamt (etwa § 875 I BGB), der Verpfänder oder der Eigentümer (§ 1255 I BGB) sein. Die Dereliktion (Eigentumsaufgabe) beweglicher Sachen ist demgegenüber adressatenlos.

## G. Sachenrechtliche Grundsätze

*Bedeutung sachenrechtlicher Grundsätze*

Dem Sachenrecht liegen eine Reihe wesentlicher Prinzipien zugrunde, ohne deren Kenntnis sachenrechtliche Regelungen nicht ohne weiteres verständlich sind.

Genau genommen gelten die nachfolgenden Prinzipien nicht nur im Sachenrecht, sondern überall dort, wo es absolute Rechte gibt. Außerdem gibt es auch im Sachenrecht das Phänomen, dass Prinzipien eben nur grundsätzlich gelten, also durchaus in bestimmten Konstellationen zugunsten einer interessengerechten Lösung von Konflikten durchbrochen sein können.

---

21  STAUDINGER, Einl. §§ 854 ff. Rn. 28.
22  JAUERNIG, vor §§ 987 - 993, Anm. I.; PALANDT, vor §§ 987 Rn. 1; WIELING, § 1 II 2b.
23  PALANDT, vor § 104 Rn. 16.
24  BAUR/STÜRNER, § 5 II 2.; PALANDT, vor §§ 854 ff. Rn. 14.
25  BAUR/STÜRNER, § 5 I 2b.
26  SCHWAB/PRÜTTING, § 5 I.

# § 1 EINFÜHRUNG

*Examensrelevanz*

**hemmer-Methode:** Die Kenntnis dieser - im Gesetz nicht ausdrücklich genannten - Prinzipien erleichtert das Verständnis und die Behandlung sachenrechtlicher Fragestellungen erheblich und kann in der Klausursituation durchaus als Argumentationshilfe dienen, auch wenn mit ihnen allein ein Fall nicht gelöst werden kann. Ebenso gut sind diese Prinzipien als Gegenstand einer mündlichen Prüfung geeignet.

## I. Absolutheitsprinzip

*Absolutheitsgrundsatz*

Wichtigster Grundsatz ist das Prinzip der Absolutheit. Dingliche Rechte gehören hiernach zur Gruppe der absoluten Rechte, die sich gegen jedermann richten, von jedermann zu beachten sind und daher gegen jedermann schützen.[27] Praktisch bedeutet dies einen umfassenden Rechtsschutz, der beim Eigentum vollkommen ausgestaltet ist und bei den beschränkten dinglichen Rechten so weit reicht, wie sie nach dem jeweiligen Rechtsinhalt des Schutzes bedürfen (vgl. z.B. §§ 1027, 1227 BGB).

Das Absolutheitsprinzip zieht in seiner Konsequenz eine Reihe weiterer Prinzipien nach sich und gibt den Einstieg in deren Verständnis.

## II. Numerus-clausus-Prinzip

*numerus clausus dinglicher Rechte (Typenzwang)*

Nach dem numerus-clausus-Prinzip sind die dinglichen Rechte abschließend normiert. Es gibt deshalb nur die in Gesetz und Gewohnheitsrecht zugelassene beschränkte Zahl von Sachenrechten. Faktisch bedeutet dies einen **Typenzwang**: Wer Rechtsverhältnisse dinglich regeln will, muss sich der im Sachenrecht zugelassenen Typen mit dem dort vorgesehenen Inhalt betreffend Entstehung, Umfang, Übertragung und Erlöschen bedienen.

*Einschränkung der Vertragsfreiheit*

Damit ist im Sachenrecht die Vertragsfreiheit eingeschränkt. Zwar ist die Bestellung dinglicher Rechte hinsichtlich des „Ob" im Sinne einer Abschlussfreiheit freigestellt. Eingeschränkt ist aber die - etwa für das Schuldrecht typische - Inhalts- und Gestaltungsfreiheit. Sachenrecht ist hiernach im Verhältnis zum Schuldrecht, das je nach wirtschaftlichem Bedürfnis laufend neue Vertragstypen hervorbringt, eher statisch.

Allerdings ist die Begrenzung nicht überzubewerten, da das Gesetz ja eine Vielzahl an Sachenrechtstypen mit zahlreichen Varianten und Differenzierungen zulässt.

**hemmer-Methode:** Soweit die ursprünglich vorgesehen Typen durch den Wandel der wirtschaftlichen Realitäten nicht mehr angemessen erscheinen, reagiert auch das Sachenrecht mit der gesetzgeberischen oder richterrechtlichen Schaffung neuer Sachenrechtstypen. Der Mangel an Bauland etwa zog die Schaffung des Wohnungseigentums nach sich. Gewandelte Bedürfnisse der Kreditwirtschaft führten zur gewohnheitsrechtlichen Anerkennung von Sicherungseigentum (als faktisch besitzlosem Pfandrecht) oder Anwartschaftsrechten.

---

27 Allgemein gebräuchliche Definition, vgl. STAUDINGER, Einl. §§ 854 ff. Rn. 37 m.w.N.

## III. Trennungsprinzip

*Trennung von Verpflichtung und Verfügung*

Die deutsche Rechtsordnung trennt - nicht nur im Sachenrecht - zwischen Verpflichtung und Verfügung und unterscheidet daher anders als der gewöhnliche Sprachgebrauch deutlich etwa zwischen Kaufvertrag (= Verpflichtung) und Übereignung von Geld und Kaufsache (= Verfügungen). Das heißt aber nicht, dass die Vertragsparteien umständlich alle nötigen Willenserklärungen ausdrücklich bzw. äußerlich voneinander getrennt abgeben müssen. Vielmehr führt eine Auslegung der abgegebenen Willenserklärungen über „den Verkauf" oft dazu, dass die Parteien sich hierbei auch über den Eigentumsübergang schlüssig geeinigt haben.

*Trennungsprinzip als Problem der Falllösung*

**hemmer-Methode:** Auch Klausuren geben oft nur den gewöhnlichen Sprachgebrauch wieder. Nicht selten wird dort eine Sache zwar ausdrücklich „verkauft" und „übergeben". Dass sich die Parteien auch über den Eigentumsübergang geeinigt haben, wird aber oftmals nicht so deutlich mitgeteilt. Spätestens bei der Prüfung der Eigentumslage macht dann die dingliche Einigung nach § 929 S.1 BGB Probleme, weil subsumtionsfähige Mitteilungen fehlen.
Hier darf aber die Prüfung nicht einfach abgebrochen werden. Vielmehr ist zu erörtern, ob die wörtlichen Erklärungen oder die Umstände den Schluss auf eine stillschweigende dingliche Einigung erlauben, vgl. §§ 133, 157 BGB. Wenn eine verkaufte Sache übergeben wird, wollen die Parteien damit typischerweise den Kaufvertrag erfüllen. Dann kann daher spätestens die Übergabe nach dem Verkauf zugleich als stillschweigender Übereignungsantrag und -annahme angesehen werden. Im Regelfall kann dann mit einer entsprechenden Begründung von einer dinglichen Einigung ausgegangen werden.

*Gegenteil: Einheitsprinzip*

Gegenteil des Trennungsprinzips ist das so genannte Einheitsprinzip, bei dem es keine Trennung zwischen Verpflichtung und Verfügung gibt. Ein und dieselbe Einigung führt unter dem Einheitsprinzip sowohl Verpflichtung als auch Verfügung herbei (u.U. ist auch noch ein Kundgebungsakt erforderlich).[28]

Bedeutsame Folge des Trennungsprinzips ist etwa, dass die Parteien die Wirkungen der Verpflichtung und die der Verfügung an verschiedene Voraussetzungen knüpfen können, wie etwa beim Eigentumsvorbehalt, bei dem die Verfügung unter der Bedingung der Kaufpreiszahlung steht.

## IV. Abstraktionsprinzip

### 1. Inhalt des Abstraktionsprinzips

*doppelte Abstraktion*

Das Abstraktionsprinzip setzt das Trennungsprinzip voraus und geht über dieses noch hinaus.

*äußere Abstraktion*

Es besagt einmal, dass die Wirksamkeit einer Verfügung unabhängig (losgelöst, abstrakt) davon zu beurteilen ist, ob ihr auch ein wirksames Verpflichtungsgeschäft zugrunde liegt (so genannte *äußere Abstraktion*).

**hemmer-Methode:** Das Abstraktionsprinzip dient damit dem Zweck der Sicherung des Rechtsverkehrs: Wenn dingliche Rechte absolute Wirkung gegenüber jedermann entfalten oder übertragbar sein sollen, kann für die Ermittlung des Rechtsinhabers grundsätzlich nicht auf die gerade nicht für jedermann ersichtliche Wirksamkeit des Verpflichtungsgeschäfts abgestellt werden.[29]

---

28 JAUERNIG, JuS 1994, 721.
29 Vgl. M. WOLF, Rn. 311.

*innere Abstraktion*

Zum anderen besagt das Abstraktionsprinzip, dass das Verfügungsgeschäft selbst inhaltlich zweckfrei ist. Es ist auch dann wirksam, wenn die Parteien hinsichtlich des Verfügungszwecks nicht übereinstimmen (so genannte *innere* Abstraktion).

*Bsp.:*[30] *Für die Wirksamkeit der Übereignung von Geld ist es gleichgültig, dass der Verfügende es als Darlehen geben wollte, während der Verfügungsgegner von einer Schenkung als Grund der Verfügung ausging.*

*Abstraktionsprinzip macht Bereicherungsrecht nötig*

Folge des Abstraktionsprinzips ist weiterhin das Bedürfnis nach einem Bereicherungsrecht für die Rückabwicklung rechtsgrundloser Verfügungen.

**hemmer-Methode: Achtung: Die Trennung von Verfügung und Verpflichtung ist also - was oft falsch verstanden wird - schon Gegenstand des Trennungsprinzips und nicht erst des Abstraktionsprinzips. Gegenteil des Abstraktionsprinzips ist das Kausalprinzip, bei dem die Verfügung innerlich und äußerlich kausal sein muss: Eine Verfügung wäre dann nur wirksam, wenn sie ihren Grund enthielte und zugleich eine wirksame Verpflichtung zugrunde läge.**[31]

Positiv-rechtlich kommt das Abstraktionsprinzip in den Verfügungstatbeständen des Sachenrechts (etwa den §§ 929, 1205, 873, 925 BGB) zum Ausdruck, da dort jeweils eine bloß dingliche (abstrakte) Einigung genügt und ein Bezug auf ein Kausalgeschäft als Verfügungsvoraussetzung fehlt.[32]

## 2. Durchbrechungen des Abstraktionsprinzips

*„Durchbrechungen"*

Das Abstraktionsprinzip ist jedoch in vielerlei Hinsicht *durchbrochen*.

Das Abstraktionsprinzip darf zunächst nicht dahin gehend missverstanden werden, dass es die Wirksamkeit einer Verfügung unter allen Umständen gewährleisten will. Vielmehr soll eine **Verfügung nur nicht allein schon deshalb unwirksam** sein, **weil** die zugrundeliegende **Verpflichtung unwirksam** ist.[33]

Gleichwohl kann aber in bestimmten Konstellationen eine rechtliche Verknüpfung der beiden Geschäftsebenen vorliegen, die zu einem gemeinsamen rechtlichen Schicksal von Verpflichtung und Verfügung führt.[34] Außerdem kann der Unwirksamkeitsgrund des einen Geschäfts zugleich auch die Unwirksamkeit des anderen Geschäfts zur Folge haben, wenn und soweit derselbe Nichtigkeitsgrund beide Geschäfte betrifft, also der Fehler beider Geschäfte identisch ist (Fehleridentität).

„Durchbrechungen" des Abstraktionsprinzips werden daher im allgemeinen unter drei Fallgruppen beschrieben.

### a) Fehleridentität

*Fehleridentität*

Auch die Verfügung erfolgt wie die Verpflichtung durch Rechtsgeschäft und kann daher ebenso wie diese von ein und demselben rechtsgeschäftlichen Nichtigkeits- oder Anfechtungsgrund erfasst sein (der „Fehler" beider Geschäfte ist dann identisch). Andererseits können beide Geschäfte je für sich auch von verschiedenen Fehlern betroffen sein.

---

30  Nach MEDICUS, BGB-AT, Rn. 225.
31  Vgl. JAUERNIG, JuS 1994, 722 m.w.N.
32  STAUDINGER, vor §§ 854 ff. Rn. 48.
33  Vgl. MEDICUS, BGB-AT, Rn. 231.
34  Vgl. STAUDINGER, vor §§ 854 ff. Rn. 50.

*genaue Prüfung unerlässlich*

Die Unwirksamkeit oder Anfechtbarkeit des Verfügungsgeschäfts darf dabei nicht allein schlagwortartig mit einem Fehler des Verpflichtungsgeschäfts sowie einer Einordnung des Falles in die Gruppe der „Fehleridentität" begründet werden. Es muss vielmehr eine genaue Prüfung erfolgen, ob und welcher Anfechtungs- oder Nichtigkeitsgrund bezüglich des konkreten Verfügungsgeschäfts vorliegt.

**hemmer-Methode: Genau genommen handelt es sich bei der Gruppe der „Fehleridentität" auch nicht um eine Durchbrechung des Abstraktionsprinzips, da ein oder verschiedene Fehler schlicht doppelt bei beiden Geschäften auftreten und jedes für sich genommen fehlerhaft ist.[35] Dass auch das Verpflichtungsgeschäft fehlerhaft ist, hat für die Prüfung, ob das Verfügungsgeschäft fehlerhaft ist, letztlich keine Relevanz.**

### aa) Fehleridentität bei Geschäftsfähigkeitsmängeln (§§ 104 ff. BGB)[36]

*Mängel der Geschäftsfähigkeit*

Mängel der Geschäftsfähigkeit nach den §§ 104 ff. BGB wirken sich regelmäßig auf beide Geschäfte aus. Anders ist dies, wenn sich in der Zeit zwischen Verpflichtung und Verfügung eine Änderung der Geschäftsfähigkeit vollzogen hat (ein zunächst beschränkt Geschäftsfähiger wird vor der Verfügung unbeschränkt geschäftsfähig; ein ursprünglich voll Geschäftsfähiger wird vor der Verfügung nach § 104 Nr.2 BGB geschäftsunfähig).

Dabei ist bei beschränkt Geschäftsfähigen (§ 107 BGB) ohne Zustimmung des gesetzlichen Vertreters neben dem schuldrechtlichen Vertrag aber nur die eigene, veräußernde Verfügung unwirksam (§ 108 I BGB), nicht auch die erwerbende, sofern „lediglich ein rechtlicher Vorteil" erlangt wird.

*Bsp.: Der Minderjährige M tauscht mit seinem 18-jährigen Freund sein Mountainbike gegen dessen Rennrad. Die Eltern des M verweigern die Zustimmung.*

M ist aufgrund seiner beschränkten Geschäftsfähigkeit nicht in der Lage, einen wirksamen Tauschvertrag abzuschließen. Der Vertrag ist nach der Verweigerung der Zustimmung endgültig unwirksam. Ebenso die Einigungserklärung über den Eigentumsübergang des Mountainbikes. Anders ist jedoch die Einigung über den Eigentumsübergang des Rennrades zu beurteilen. Sie hat lediglich zur Folge, dass M Eigentümer des Rennrades wird, und hat somit für ihn lediglich einen rechtlichen Vorteil. Für eine solche Erklärung bedarf der Minderjährige gemäß § 107 BGB nicht der Einwilligung seiner Eltern. M hat somit Eigentum an dem Rennrad erlangt. Aufgrund der Nichtigkeit des Tauschvertrages ist dieses jedoch kondizierbar.

### bb) Fehleridentität bei Irrtümern (§§ 119 ff. BGB)

*Irrtümer*

Irrtümer (§§ 119 ff. BGB) können sowohl bei der rechtsgeschäftlichen Verpflichtung als auch bei der rechtsgeschäftlichen Verfügung vorkommen. Gerade bei dieser Gruppe zeigt sich aber, dass es auf eine genaue Prüfung der Fehlerhaftigkeit des jeweiligen Geschäfts und nicht auf das Schlagwort „Fehleridentität" ankommt.

*Bei Irrtümern genaue Prüfung unerlässlich*

Verpflichtung und Verfügung sind nämlich zumeist nicht von demselben Irrtum betroffen.

---

35  JAUERNIG, vor § 854, Anm. IV 3.
36  Vgl. dazu den Aufsatz von Tyroller „Probleme des Minderjährigenrechts", Life and Law 2006, Heft 3 (März).

Wenn sich etwa der Verkäufer verspricht und so einen zu niedrigen Preis nennt (Erklärungsirrtum, § 119 I 2.Alt. BGB), erstreckt sich dieser Fehler nicht auch auf die Übereignung der verkauften Sache. Anfechtbar ist dann nur der Kaufvertrag. Umgekehrt führt der Erklärungsirrtum des Verkäufers einer billigen Uhr, der sich erst beim Einpacken vergreift und deshalb unbemerkt eine teurere Uhr übereignet, nicht auch zur Anfechtbarkeit des Kaufvertrages.[37]

Soweit beide geschäftlichen Ebenen von einem Irrtum betroffen sein sollten, werden daher regelmäßig verschiedene Irrtümer vorliegen. Eine „echte" Fehleridentität wird ausnahmsweise vorliegen, wenn sich der Irrtum über eine verkehrswesentliche Eigenschaft (§ 119 II BGB) bei der Verpflichtung und der Veräußerung auswirkt.[38]

### cc) Fehleridentität bei Täuschung und Drohung (§§ 123 f. BGB)

*Täuschung und Drohung*
*§§ 123 f. BGB*

Arglistige Täuschung und widerrechtliche Drohung bewirken oftmals die Anfechtbarkeit beider Geschäfte im Sinne einer Fehleridentität, nämlich dann, wenn der täuschungsbedingte Irrtum oder die Zwangslage bei der Verfügung noch fortwirken.

Auch insoweit findet aber keine Durchbrechung des Abstraktionsprinzips hinsichtlich der jedenfalls weiter wirksamen Verfügung des Anfechtungsgegners statt. Außerdem ist auch hier denkbar, dass Irrtum oder Drohung bei der Verfügung nicht mehr fortwirken.

### dd) Fehleridentität bei Verbotsgesetzen, § 134 BGB

*§ 134 BGB*

Beim Verstoß gegen ein Verbotsgesetz kommt es für die Reichweite der Nichtigkeitsfolge des § 134 BGB auf eine Auslegung an, welches Geschäft das Verbotsgesetz seinem Inhalt nach betreffen soll.

Grundsätzlich lässt ein Verstoß gegen ein Verbotsgesetz im Rahmen des Verpflichtungsgeschäfts deshalb die Gültigkeit des Erfüllungsgeschäfts unberührt.[39] Anders ist dies etwa bei dem Handel mit Betäubungsmitteln. § 29 BtMG will seinem Zweck nach den Verkehr mit Betäubungsmitteln verbieten. Bei Verstößen hiergegen ist daher nicht nur der Kaufvertrag, sondern gerade auch die Übereignung des Betäubungsmittels nach § 134 BGB nichtig.[40] Nach der wohl h.M. soll nach dem Zweck des BtMG auch die Übereignung des für das Betäubungsmittel gezahlten Geldes erfasst sein.[41]

### ee) Fehleridentität bei Sittenwidrigkeit, § 138 BGB

Viel behandelt ist die Frage, inwieweit bei einer Sittenwidrigkeit gem. § 138 BGB nicht nur das Verpflichtungs-, sondern auch das Verfügungsgeschäft von der Nichtigkeitsfolge erfasst ist.

*§ 138 I BGB*

Im Bereich des § 138 I BGB ist das Verfügungsgeschäft regelmäßig „wertneutral" und wird damit von der Sittenwidrigkeit der Verpflichtung nicht berührt.[42]

---

37  Beispiele nach JAUERNIG, JuS 1994, 724.
38  MEDICUS, BGB-AT, Rn. 233.
39  PALANDT, § 134 Rn. 13; JAUERNIG, § 134, Anm. 4c.
40  BGH NJW 83, 636 (strafrechtliche Entscheidung); M. WOLF, Rn. 310; BAUR/STÜRNER, § 5 II 1a.
41  Vgl. vorhergehende Fußnote; zweifelnd MEDICUS, BGB-AT, Rn. 236.
42  JAUERNIG, JuS 1994, 725 m.w.N.

Eine *Ausnahme* wird hiervon aber gemacht, wenn die Sittenwidrigkeit gerade im dinglichen Vollzug selbst begründet ist oder damit sittenwidrige Motive verfolgt werden.[43] Als Beispiel hierfür wird etwa die *sittenwidrige Sicherungsübereignung bzw. Sicherungsabtretung* angeführt.[44]

*§ 138 II BGB*

Beim Wucher nach § 138 II BGB wird aus dem Wortlaut „versprechen oder gewähren lässt" gefolgert, dass sich die Nichtigkeitsfolge auch auf die Verfügung des Bewucherten erstreckt. Wirksam bleibt hingegen die Verfügung des Wucherers.[45] Daraus folgt, dass der Bewucherte die Rückabwicklung aus dem starken dinglichen Recht fordern (etwa § 985 BGB) und der Wucherer hingegen nur auf die §§ 812 ff. BGB zurückgreifen kann (und hierbei § 818 III und besonders § 817 S.2 BGB gegen sich hat).

**hemmer-Methode:** Die Nichtigkeit auch der Verfügung des Bewucherten ist aber weniger bedeutsam, als es zunächst scheint. Soweit die Verpflichtung des Bewucherten - wie oft - auf eine Geldzahlung gerichtet war, überwindet bei Barzahlung spätestens § 948 BGB die nichtige Übereignung des Geldes. Bei einer bargeldlosen Zahlung liegt von Anfang an ohnehin keine Übereignung vor.

### ff) Sonderfall: Fehleridentität bei Besitzmittlungsverhältnis

*Sonderfall: unwirksames Besitzmittlungsverhältnis*

Ein Sonderfall der Durchbrechung des Abstraktionsprinzips liegt bei der Sicherungsübereignung gem. §§ 929, 930 BGB mittels Vereinbarung eines Besitzmittlungsverhältnisses vor. Unabhängig vom Nichtigkeitsgrund der Sicherungsabrede kann hier deren Nichtigkeit auf die Übereignung durchschlagen, wenn nämlich das Besitzmittlungsverhältnis in der unwirksamen Sicherungsabrede enthalten war. Denn in diesem Fall hat der Sicherungsnehmer keinen für ein Besitzmittlungsverhältnis nötigen Herausgabeanspruch gegen den Sicherungsgeber. Die Übereignung über § 930 BGB ist dann mangels eines wirksamen Übergabesurrogats fehlgeschlagen.[46]

**hemmer-Methode:** Beachten Sie, dass das Besitzmittlungsverhältnis nach h.M. nicht unbedingt zivilrechtlich wirksam sein muss. Voraussetzung ist aber immer, dass wenigstens ein irgendwie gearteter Herausgabeanspruch (notfalls aus § 812 BGB) besteht. Fehlt es auch hieran - und das ist bei der Sicherungsübereignung die Regel -, ist eine Übereignung durch Vereinbarung eines Besitzkonstituts nicht möglich.

### b) Bedingungszusammenhang, §§ 158 ff. BGB

Eine weitere Gruppe der Durchbrechungen des Abstraktionsprinzips kann sich durch die Aufnahme einer Bedingung in das dingliche Rechtsgeschäft ergeben.

*Wirksame Verpflichtung als Bedingung der Verfügung*

Allgemein kann die Wirksamkeit der dinglichen Einigung an eine Bedingung i.S.d. §§ 158 ff. BGB geknüpft sein. Insbesondere kann die Wirksamkeit des Verpflichtungsgeschäfts als Bedingung des Verfügungsgeschäfts zwischen den Parteien vereinbart werden, sofern das dingliche Geschäft nicht bedingungsfeindlich ist.[47]

---

43 Jauernig, JuS 94, 725 m.w.N.; einschränkend auf bezweckte Drittschädigung Medicus, BGB-AT, Rn. 712.
44 Palandt, § 138 Rn. 20.
45 Medicus, BGB-AT, Rn. 712.
46 Vgl. eingehend Jauernig, JuS 94, 725 f.; Baur/Stürner, § 57 IV 1.
47 Allg. M., vergl. Staudinger, vor §§ 854 ff. Rn. 52 m.w.N.

## § 1 EINFÜHRUNG

*Ausnahme: Auflassung*

**hemmer-Methode:** Ausnahme ist daher wegen § 925 II BGB die bedingungsfeindliche Auflassung. Im Umkehrschluss ergibt sich aus der Spezialvorschrift des § 925 II BGB, dass alle anderen dinglichen Verfügungen bedingungsfreundlich sind.

*„echter Bedingungszusammenhang"
bei Eigentumsvorbehalt*

Als Beispiel eines „echten Bedingungszusammenhangs" zwischen Verfügung und Verpflichtung kann der Eigentumsvorbehalt nach § 449 I BGB angeführt werden, bei dem die Wirksamkeit der dinglichen Einigung vom Eintritt einer Bedingung aus dem Bereich des Kaufvertrages (vollständige Kaufpreiszahlung) abhängt.

**hemmer-Methode:** Wichtig im Zusammenhang mit dem Eigentumsvorbehalt ist auch § 216 II S.2 BGB: Hat sich der Verkäufer das Eigentum am verkauften Gegenstand vorbehalten, kann der Rücktritt vom Vertrag entgegen § 218 I S.1 BGB auch dann noch ausgeübt werden, wenn der gesicherte Anspruch bereits verjährt ist.

**Fehler des Verpflichtungsgeschäfts können dann verschiedentlich auf die Wirksamkeit der Einigung Einfluss nehmen:**

⇨ Tritt der Verkäufer gemäß § 323 BGB vom Kaufvertrag zurück, wird aufgrund des Wegfalls der Kaufpreisschuld der Bedingungseintritt dauernd unmöglich und die Übereignung endgültig unwirksam.

⇨ War der Kaufvertrag von Anfang an nichtig, konnte mangels Kaufpreisschuld die Bedingung von Anfang an nicht eintreten; die dingliche Einigung war dann ebenfalls von Anfang an unwirksam.

*„Unechter Bedingungszusammenhang"*

Von einem „unechten Bedingungszusammenhang" wird gesprochen, wenn die Parteien die Wirksamkeit des Kausalgeschäfts zur „Bedingung" der Verfügung machen; die Nichtigkeit des Verpflichtungsgeschäfts führt dann automatisch zur Nichtigkeit der Verfügung.[48]

**hemmer-Methode:** „Unecht" ist dieser Bedingungszusammenhang, weil zumindest die anfängliche Unwirksamkeit kein zukünftiges, ungewisses Ereignis im Sinne einer Bedingung, sondern allenfalls den Parteien unbekannt ist.[49]

*Ausdrückliche Einigung über den Bedingungszusammenhang*

Um den Abstraktionsgrundsatz nicht zu untergraben, darf nicht angenommen werden, dass die Parteien die Wirksamkeit der Verpflichtung immer aufgrund ihrer Interessenlage zur Bedingung der Verfügung erheben. Vielmehr ist stets eine ausdrückliche Einigung über den Bedingungszusammenhang zu fordern.[50] Eine schlüssige Vereinbarung sollte hier allenfalls angenommen werden, wenn die Parteien über die Wirksamkeit der Verpflichtung unsicher waren.[51]

---

48  JAUERNIG, JuS 1994, 723 m.w.N.
49  JAUERNIG, JuS 1994, 723.
50  M. WOLF, Rn. 311.
51  BAUR/STÜRNER, § 5 IV 3b.

## c) Geschäftseinheit von Verpflichtung u. Verfügung, § 139 BGB

*Durchbrechung über § 139 BGB*

Schließlich kann sich eine Durchbrechung des Abstraktionsprinzips noch durch die Zusammenfassung von Verpflichtung und Verfügung in eine Geschäftseinheit i.S.v. § 139 BGB ergeben.

*Verpflichtung und Verfügung als Geschäftseinheit*

Mehrere selbständige Rechtsgeschäfte können durch den Parteiwillen dergestalt zu einer Einheit i.S.v. § 139 BGB zusammengefasst werden, dass die Unwirksamkeit eines der Geschäfte die Unwirksamkeit der übrigen, an sich wirksamen Geschäfte nach sich zieht. Entsprechend können grundsätzlich auch Verpflichtungs- und Verfügungsgeschäft so zu einer Einheit zusammengefasst werden, dass die Unwirksamkeit der Verpflichtung die Unwirksamkeit der Verfügung nach sich zieht.[52]

*ausdrückliche Zusammenfassung nötig*

Mit Rücksicht auf das Abstraktionsprinzip wird aber allgemein verlangt, dass für den Willen zur Verbindung von Verpflichtung und dinglichem Geschäft immer konkrete Anhaltspunkte vorliegen müssen[53] und daher gegenüber der Annahme einer entsprechenden schlüssig vereinbarten Geschäftseinheit starke Zurückhaltung geübt werden muss.[54] Allein die Verbindung beider Geschäfte in einer Urkunde, der gleichzeitige Abschluss oder der zwischen beiden Geschäften immer bestehende wirtschaftliche Zusammenhang genügen daher nicht.[55]

*geringe praktische Bedeutung*

**hemmer-Methode: Die Durchbrechung des Abstraktionsprinzips über § 139 BGB kommt noch seltener vor als diejenige über § 158 BGB und kann von dieser auch nur schwer abgegrenzt werden.[56] Jauernig[57] hat bis 1994 der höchstrichterlichen Rechtsprechung nur einen einzigen Fall entnehmen können, bei dem es auf die Zulässigkeit einer über § 139 BGB begründeten Geschäftseinheit von Verpflichtung und Verfügung wirklich ankam.**

## V. Bestimmtheits- oder Spezialitätsgrundsatz

*Bestimmtheits- oder Spezialitätsgrundsatz*

Hiernach sind dingliche Rechte immer nur an bestimmten einzelnen Sachen möglich; dingliche Rechte müssen sich also auf eine konkrete Sache beziehen. So ist etwa in den §§ 929 S.1, 1030 I, 1204 I BGB immer „*eine* Sache", in den §§ 873, 925 I, 1105 I, 1113 I BGB immer „*ein* Grundstück" Gegenstand des dinglichen Rechts.

**hemmer-Methode: Sinn und Zweck des Bestimmtheitsgrundsatzes ist die Wahrung der Rechtsklarheit. Wenn dingliche Rechte absolut wirken, muss auch immer klar sein, an welcher bestimmten Sache welches dingliche Recht besteht.**

*Keine Verfügung über Sachgesamtheiten*

Verfügungen können demnach immer nur bezogen auf eine bestimmte einzelne Sache erfolgen. Nicht möglich sind daher Verfügungen über Sach- oder Rechtsgesamtheiten wie „das Vermögen einer Person", „Teile eines Warenlagers" oder „ein Unternehmen".

In diesen Fällen muss vielmehr nach dem Bestimmtheitsgrundsatz über jedes einzelne Recht oder jede einzelne Sache aus dem Vermögen etc. einzeln verfügt werden.

---

52  PALANDT, § 139 Rn. 7 m.w.N.; zweifelnd MEDICUS, BGB-AT, Rn. 241.
53  PALANDT, § 139 Rn. 8.
54  BAUR/STÜRNER, § 5 IV 3c; STAUDINGER, vor §§ 854 ff., Rn. 53.
55  PALANDT, § 139 Rn. 8 m.w.N.
56  BAUR/STÜRNER, § 5 IV 3c.
57  JuS 1994, 724.

# § 1 EINFÜHRUNG

*Keine Bestimmtheit auch der Verpflichtung nötig*

Der Bestimmtheitsgrundsatz bezieht sich aber nur auf das Verfügungsgeschäft. Die Verpflichtung zur Übertragung eines „Vermögens", „Warenlagers", „Unternehmens" ist daher unproblematisch möglich.

## VI. Publizitäts- oder Offenkundigkeitsgrundsatz

*Publizitäts- oder Offenkundigkeitsgrundsatz*

Nach diesem Prinzip müssen dingliche Rechte und vor allem ihre Änderungen möglichst nach außen wahrnehmbar offen gelegt werden. Der Publizitätsgrundsatz dient damit wiederum der Rechtsklarheit, da das Bestehen eines von jedermann zu beachtenden dinglichen Rechtes auch für jedermann erkennbar sein muss.

*Publizitätsmittel*

Publizitätsmittel sind bei Grundstücken die Eintragung im Grundbuch (vgl. § 873 BGB), bei beweglichen Sachen der Besitz („Übergabe", vgl. etwa § 929 S.1 BGB mit wesentlichen „Aufweichungen" in den §§ 929 S.2 ff. BGB, bei denen die Übergabe durch weniger deutliche Publizitätsmittel surrogiert wird).

*Vermutungswirkungen der Publizitätsmittel*

Diesen Publizitätsmitteln kommen darüber hinaus Vermutungswirkungen beim Erwerb vom Nichtberechtigten zu (§§ 932 ff., die stärker als die §§ 929 ff. BGB auf den Besitz abstellen, indem sie anders als die §§ 930, 931 BGB immer den völligen Besitzverlust des Veräußerers erfordern). Bedeutsam sind die Publizitätsmittel ebenso für wesentliche Vermutungswirkungen im Prozess vgl. §§ 891, 1006 BGB).

## VII. Akzessorietätsgrundsatz

*Akzessorietätsgrundsatz*

Bei diesem handelt es sich um ein bei Sicherungsrechten anzutreffendes Prinzip, das es nicht nur im Sachenrecht, sondern auch im Schuldrecht (bei der Bürgschaft) gibt. Hiernach ist das Sicherungsmittel in seiner Existenz vom Bestehen der gesicherten Forderung abhängig. Damit entsteht eine Verknüpfung von gesichertem und sicherndem Recht.

*Auswirkungen der Akzessorietät*

Die Verknüpfung des sichernden mit dem gesicherten Recht kann sich auf verschiedene Art und Weise auswirken.

So kommt ohne gesicherte Forderung etwa das Pfandrecht an Sachen erst gar nicht zum Entstehen.[58] Bei späterem Erlöschen der gesicherten Forderung erlischt auch das Pfandrecht, § 1252 BGB.

Weiter können die Inhaberschaft von dinglichem und gesichertem Recht verknüpft sein. So können Pfandrecht oder Hypothek nicht ohne die gesicherte Forderung übertragen werden, sondern gehen mit der gesicherten Forderung auf einen neuen Inhaber über, §§ 1250, 1153 BGB.

Auch der Umfang des sichernden Rechts kann vom jeweiligen Umfang des gesicherten Rechts abhängen, wie etwa § 1210 BGB zeigt, wonach das Pfand für den jeweiligen Umfang der gesicherten Forderung haftet.

Schließlich kann sich die Akzessorietät auch auf die Gegenrechte beziehen. Nach den §§ 1211, 1137 BGB kann der dinglich Verpflichtete die Einreden des Schuldners erheben.

**hemmer-Methode:** Eine absolut examensrelevante Ausnahme hiervon macht § 216 BGB für die Einrede der Verjährung, § 214 I BGB. § 216 II S.1 BGB „durchbricht" also die Akzessorietät. Diese Vorschrift gilt aber nicht bei der Bürgschaft!

---

[58] PALANDT, § 1204 Rn. 7.

*Ausprägung*

Die vorgenannten Auswirkungen des Akzessorietätsgrundsatzes können je nach Sicherungsrecht verschieden stark ausgeprägt sein. So kann das Pfandrecht an Sachen als streng akzessorisch bezeichnet werden. Als eingeschränkt akzessorisch kann die Verkehrshypothek bezeichnet werden. Gar nicht akzessorisch ist hingegen die Grundschuld, die von einer gesicherten Forderung völlig unabhängig ist.

### VIII. Übertragbarkeit

*Grundsatz der Übertragbarkeit*

Grundsätzlich sind dingliche Rechte - wie andere Vermögensrechte auch - übertragbar. Ausgenommen hiervon ist aber der Nießbrauch, der gem. § 1059 BGB nicht übertragbar und gem. § 1061 BGB auch nicht vererblich ist. Nicht isoliert übertragbar ist die Grunddienstbarkeit gem. § 1018 BGB, die als subjektiv-dingliches Recht immer zugunsten des Eigentümers eines bestimmten (herrschenden) Grundstücks besteht und zusammen mit dem Eigentum am herrschenden Grundstück übergeht.

> **hemmer-Methode:** Subjektiv-dingliche Rechte (§§ 1018, 1094 II, 1105 II BGB) gelten gem. § 96 BGB als wesentliche Bestandteile des Grundstücks und sind daher nicht sonderrechtsfähig (vgl. sogleich Rn. 90 ff., insbesondere Rn. 94)

## H. Verhältnis des Sachenrechts zum übrigen Zivilrecht

*Verhältnis Sachenrecht - übriges Zivilrecht*

Viel diskutiert ist, ob und inwieweit Normen des übrigen Zivilrechts auf sachenrechtliche Sachverhalte anwendbar sind.

### I. Sachenrecht und Allgemeiner Teil des BGB

*BGB-AT auf Sachenrecht grundsätzlich anwendbar*

In systematischer Hinsicht findet der Allgemeine Teil des BGB, der generelle Vorschriften zum gesamten Bürgerlichen Recht enthält, grundsätzlich uneingeschränkt auch auf das Sachenrecht Anwendung.[59]

*Ausnahmen*

Nicht anwendbar ist der BGB-AT aber dort, wo die allgemeinen Regeln ausdrücklich oder durch den Vorrang spezieller sachenrechtlicher Regeln ausgeschlossen sind.[60]

*Einzelfälle*

Als Ausnahmen der grundsätzlichen Anwendbarkeit des BGB-AT können die wegen § 925 II BGB bedingungsfeindliche Auflassung (Nichtanwendbarkeit der §§ 158 ff. BGB) sowie der mögliche freie, einseitige Widerruf bzw. die fehlende Bindung der Einigung im rechtsgeschäftlichen Grundstücksverkehr (Abweichungen zu den §§ 145 ff. BGB) genannt werden. Nach h.M. ist auch die Einigung bei § 929 BGB bis zur Übergabe frei widerruflich, was mit der Formulierung „einig sind" in § 929 S.1 BGB und dem Ausnahmecharakter etwa der §§ 873 II, 875 II, 876 S.3, 880 II 3 BGB, begründet wird.[61]

> **hemmer-Methode:** Die freie Widerruflichkeit der dinglichen Einigung folgt im Umkehrschluss aus den §§ 873 II, 956 I S.2 BGB. Lesen Sie diese Vorschriften durch!

---

59 Schwab/Prütting, § 5 II 1.
60 Baur/Stürner, § 5 II 1b.
61 Jauernig, § 929, Anm. 2d.; Palandt, § 929 Rn. 6, jeweils m.w.N.; Baur/Stürner, § 51 III 2.

# § 1 EINFÜHRUNG

## II. Sachenrecht und Schuldrecht

*Sachenrecht - Schuldrecht*

Das Verhältnis von Schuld- und Sachenrecht und damit die Anwendbarkeit schuldrechtlicher Normen auf dingliche Rechtsverhältnisse ist schwierig zu bestimmen und Gegenstand umfangreicher wissenschaftlicher Darstellungen.

Ursprünglich sollte das Vermögensrecht in einen schuldrechtlichen und einen sachenrechtlichen Teil aufgespalten sein, was so aber nicht durchgehalten ist.[62] So finden sich im Sachenrecht mit den gesetzlichen Schuldverhältnissen Ansprüche mit schuldrechtlichem Charakter. Außerdem verweisen einige Vorschriften auf das Schuldrecht (etwa die §§ 951, 988, 990 II, 992, 994 II, 1150, 1225 BGB), umgekehrt aber auch schuldrechtliche Normen auf das Sachenrecht (z.B. § 292 BGB).

### 1. Schuldrecht und gesetzliche Schuldverhältnisse

*Schuldrecht - gesetzliche Schuldverhältnisse des Sachenrechts*

Hinsichtlich der gesetzlichen Schuldverhältnisse des Sachenrechts ist zu berücksichtigen, dass diese nur zufällig im Sachenrecht geregelt sind. Insofern bestehen für die Anwendbarkeit des Schuldrechts auf diese keine generellen Bedenken. Deren Geltung ist teilweise ausdrücklich angeordnet (§§ 992, 994 II BGB), teilweise aus dem Zusammenhang heraus nötig (so etwa die §§ 276, 249 ff., 254 BGB bei den §§ 989 f. BGB). Hier sind also schuldrechtliche Normen - soweit passend - anwendbar.[63]

### 2. Schuldrecht und dinglicher Anspruch

*Schuldrecht - dinglicher Anspruch*

Vorschriften des Schuldrechts sind auf dingliche Ansprüche entsprechend anwendbar, soweit die Regelungslage vergleichbar ist[64] und keine Sondervorschriften oder die Eigenart sachenrechtlicher Beziehungen entgegenstehen.[65]

### 3. Schuldrecht und dingliches Rechtsgeschäft

*Schuldrecht - dingliches Rechtsgeschäft*

Dem dinglichen Rechtsgeschäft fehlt jedes verpflichtende Element. Die Regeln des Schuldrechts sind daher auf dingliche Rechtsgeschäfte grundsätzlich nicht anwendbar.[66] Inwieweit abweichend von diesem Grundsatz einzelne Regelungen der §§ 241 - 432 BGB auf dingliche Rechtsgeschäfte anwendbar sind, ist umstritten.

#### a) Verfügung zugunsten Dritter, § 328 BGB?

*§ 328 BGB - Verfügung zugunsten Dritter?*

Hinsichtlich der Anwendbarkeit des § 328 BGB auf dingliche Rechtsgeschäfte entnimmt die wohl herrschende Meinung dessen Wortlaut („Leistung zu fordern") und der Systematik, dass § 328 BGB unanwendbar sei.[67]

Zudem stehe das aus § 333 BGB folgende Zurückweisungsrecht des Dritten mit der daraus folgenden und im Bereich der dinglichen Rechte jedenfalls problematischen Rechtsunsicherheit entgegen.

---

62 STAUDINGER, vor §§ 854 ff. Rn. 82 m.w.N.
63 STAUDINGER, vor §§ 854 ff. Rn. 84; PALANDT, Einl. vor §§ 854 ff. Rn. 9 m.w.N.
64 JAUERNIG, vor § 854, Anm. II 1b mit Beispielen.
65 PALANDT, Einl. vor §§ 854 ff. Rn. 10, BAUR/STÜRNER, § 5 II 2; zweifelnd STAUDINGER, vor §§ 854 ff. Rn. 85.
66 PALANDT, Einl. vor §§ 854 ff. Rn. 14 m.w.N.; BAUR/STÜRNER, § 5 II 2.; BGHZ 49, 263, 264 ff.
67 St. Rspr., etwa BGH NJW 1993, 2617; BGHZ 41, 95 ff.; PALANDT, Einl. vor §§ 854 ff. Rn. 14.

Für eine Analogie fehle es an einem Bedürfnis, da für die praktischen Bedürfnisse die Möglichkeiten der Stellvertretung beim dinglichen Rechtsgeschäft genügten.[68]

Nach anderer Ansicht bestehen gegen die Zulassung von dinglichen Verträgen zugunsten Dritter keine grundsätzlichen Bedenken, sofern die jeweiligen Publizitätserfordernisse bei dem Dritten vorliegen.[69]

Nach vermittelnder Ansicht soll ein dingliches Rechtsgeschäft zugunsten Dritter jedenfalls dann möglich sein, wenn das fragliche dingliche Recht einen Leistungsanspruch aus einem Grundstück betrifft, sofern neben der Einigung zugunsten des Dritten in dessen Person die Publizitätserfordernisse vorliegen.[70]

*keine Auflassung zugunsten Dritter*

Einigkeit besteht aber darüber, dass eine Auflassung zugunsten Dritter ausgeschlossen ist, da der Erwerber nach § 925 I BGB selbst die Auflassung vor der zuständigen Stelle erklären muss. Dies schließt aber nicht aus, dass sich die Vertragsparteien gem. §§ 164 ff. BGB vertreten lassen.

**hemmer-Methode:** Mit „gleichzeitiger Anwesenheit beider Teile" ist nicht die körperliche Anwesenheit gemeint, sondern dass die Willenserklärung gleichzeitig abgegeben werden muss. Dies ist bei der Stellvertretung der Fall. Demgegenüber kann ein Bote bei der Auflassung nicht eingeschaltet werden, da er die bereits abgegebene Willenserklärung lediglich übermittelt.

### b) Ausschluss der Übertragbarkeit über § 399 2.Alt. BGB?

*§ 399 2.Alt. BGB und dingliches Rechtsgeschäft ?*

Diskutiert wird auch, inwieweit im dinglichen Rechtsgeschäft die Übertragbarkeit beschränkter dinglicher Rechte über die §§ 413, 399 2. Alt BGB vertraglich ausgeschlossen werden kann.[71]

*beschränkter Fragenkreis*

**Auszuscheiden aus diesem Fragenkreis sind bereits diejenigen dinglichen Rechte:**

⇨ die ohnehin kraft Gesetz unübertragbar sind (Nießbrauch, § 1059 BGB und beschränkte persönliche Dienstbarkeit, § 1092 BGB)

⇨ die als subjektiv-dingliche Rechte fest an das Eigentum am herrschenden Grundstück gebunden sind (vgl. §§ 1018, 1094 II, 1105 II BGB)

⇨ oder bei denen schon spezial-gesetzlich Verfügungsbeschränkungen zum Rechtsinhalt gemacht werden können (§§ 12, 35 WEG, § 5 ErbbauVO)

*bei unübertragbarer Forderung*

Soweit die gesicherte Forderung selbst gem. § 399 2.Alt. BGB nicht abtretbar ist,[72] wirkt sich dies wegen des Akzessorietätsgrundsatzes in Gestalt einer Unübertragbarkeit der Hypothek[73] (wegen § 1153 II BGB) und des Pfandrechts (wegen § 1250 I 2 BGB) aus.[74]

---

68 STAUDINGER, vor §§ 854 ff. Rn. 83.
69 M. WOLF, Rn. 306; BAUR/STÜRNER, § 5 II 2 m.w.N. zum Streitstand.
70 SCHWAB/PRÜTTING, § 16 II 1.
71 Vgl. BAUR/STÜRNER, § 4 IV; PALANDT, Einl. vor §§ 854 ff. Rn. 14, jeweils m.w.N.
72 Denken Sie in diesem Zusammenhang aber immer an § 354a HGB, nach dem eine gleichwohl erfolgte Abtretung trotzdem wirksam sein kann; vgl. zur Reichweite auch BGH Life and Law 2005, 810 ff.
73 Zweifelnd BAUR/STÜRNER, § 4 IV: nur bei gesteigerter Akzessorietät (Sicherungshypothek).
74 PALANDT, Einl. vor §§ 854 ff. Rn. 14; JAUERNIG, § 1153, Anm. 3, SCHWAB/PRÜTTING, § 60 I.

## § 1 EINFÜHRUNG

*Unübertragbarkeit von Pfandrechten*

Hiervon zu unterscheiden und schwierig zu beantworten ist wegen des Widerspruchs zu § 137 S.1 BGB die Frage, ob über die §§ 413, 399 2.Alt. BGB die Übertragbarkeit von Pfandrechten selbst ausgeschlossen werden kann.

73

Rechtsprechung und Schrifttum lassen die rechtsgeschäftliche Vinkulierung von Pfandrechten überwiegend zu. § 137 S.1 BGB sei hierbei von den §§ 413, 399 2.Alt. BGB überall dort verdrängt, wo im weitesten Sinne eine Gläubiger (Pfandrechtsinhaber)- Schuldner (Eigentümer / Verpfänder) - Beziehung bestehe.[75]

Beim Eigentum hingegen bleibt es bei der Grundregel des § 137 S.1 BGB.[76]

### III. Sachenrecht und AGBs (§§ 305-310 BGB)

*AGBs (§§ 305 ff. BGB) grundsätzlich anwendbar*

In erster Linie sind AGBs (vgl. §§ 305 ff. BGB) zwar zur Anwendung auf schuldrechtliche Verträge bestimmt. Wie sich im Umkehrschluss aus § 310 IV BGB ergibt, finden sie aber grundsätzlich auch auf das Sachenrecht Anwendung.

74

**hemmer-Methode: Ein Schwergewicht der Prüfung liegt insbesondere auf den Allgemeinen Geschäftsbedingungen von Banken, Sparkassen und sonstigen Kreditgebern. Die dort regelmäßig vorgesehenen dinglichen Kreditsicherheiten (Pfandrechte, [verlängerte] Eigentumsvorbehalte, Grundschulden) müssen dabei zunächst einmal auf ihre Einbeziehung in den Vertrag anhand der §§ 305 ff. BGB untersucht werden. Dabei kann die Einbeziehung besonders weit gefasster dinglicher Sicherheiten wegen ihres überraschenden Charakters schon an § 305c BGB scheitern. Einen Schwerpunkt bildet danach die Inhaltskontrolle einbezogener Klauseln anhand der §§ 307 ff. BGB.**

---

[75] SCHWAB/PRÜTTING, § 19 VII 2b.; BAUR/STÜRNER, § 4 IV jeweils m.w.N.
[76] BAUR/STÜRNER, § 4 IV.

# § 2 DER SACHBEGRIFF

## A. Überblick

*Gegenstand = Sachen*
*⇨ §§ 90 ff. BGB*

Gegenstand des Sachenrechts sind - wie sich aus dem Namen ergibt - Sachen. Seine gesetzliche Regelung findet der Sachbegriff in den §§ 90-103 BGB.

> **hemmer-Methode:** Sachenrecht setzt die Fähigkeit voraus, mit gewissen wiederkehrenden Begriffen umzugehen. Sie gehören zum Handwerkszeug des Juristen. Lesen Sie deshalb die folgenden Bestimmungen genau!
> Gerade im Sachenrecht ist die genaue Subsumtion unerlässlich. Nur so lernen und arbeiten Sie präzise und klar.

*Ausgangsnorm ist § 90 BGB*

Die Ausgangsnorm bildet § 90 BGB. Danach sind Sachen nur körperliche Gegenstände.

*verschiedene Arten von Sachen*

**Das Gesetz unterscheidet ausdrücklich verschiedene Arten von Sachen:**

- ⇨ § 91 BGB, vertretbare / nicht vertretbare Sachen
- ⇨ § 92 I BGB, verbrauchbare / unverbrauchbare Sachen
- ⇨ § 92 II BGB, Sachgesamtheiten / Einzelsachen
- ⇨ §§ 97, 98 BGB, Zubehör / Hauptsache
- ⇨ § 99 BGB, Früchte / Gebrauchsvorteile

**Nicht ausdrücklich geregelt, aber im Gesetz an anderen Stellen vorausgesetzt sind die folgenden Begriffspaare:**

- ⇨ Bewegliche / unbewegliche Sachen
- ⇨ Teilbare / unteilbare Sachen

## B. Einzelheiten

### I. Der Sachbegriff

*Sachen = körperliche Gegenstände*

Sache im Sinne des Gesetzes sind nur körperliche Gegenstände, § 90 BGB.

*Gegenstand nicht definiert; alles, was Objekt von Rechten sein kann*

Der Oberbegriff des Gegenstandes wird im Gesetz nicht definiert. In den §§ 135, 161, 185, 747, 816, 2040 BGB wird er jedoch im Zusammenhang mit Verfügungen, in den §§ 256, 260, 273, 292, 463, 581, 2374 BGB im Zusammenhang mit schuldrechtlichen Verpflichtungen genannt. Gegenstand ist dabei alles, was Objekt von Rechten sein kann (Rechtsobjekte). Zu den Gegenständen gehören neben den Sachen i.S.d. § 90 BGB damit auch Forderungen, Immaterialgüterrechte und sonstige Vermögensrechte.[77]

---

[77] Vgl. zu allem Palandt, Überbl. vor §§ 90, 91 Rn. 2; Schwab/Prütting, § 1 II 1.

## § 2 DER SACHBEGRIFF

*Körperlichkeit im Raum abgrenzbar; nicht aber Allgemeingüter wie Luft*

Der Sachbegriff i.S.d. § 90 BGB umfasst *nur körperliche Gegenstände*. Körperlich ist ein Gegenstand, wenn er im Raum abgrenzbar ist,[78] wobei Abgrenzbarkeit mit Beherrschbarkeit gleichgesetzt werden kann.[79] Dies kann beispielsweise durch eine eigene körperliche Begrenzung, durch Fassung in einem Behältnis (Gas im Ballon, Wasser in der Flasche) oder durch sonstige künstliche Mittel, wie Grenzsteine oder Einzeichnung in Karten, erfolgen. Der Aggregatzustand spielt dabei keine Rolle, so dass körperliche Gegenstände fest, flüssig oder gasförmig sein können.[80] Mangels einer festen Begrenzung sind daher die Allgemeingüter[81] freie Luft, fließendes Wasser, Meereswellen, Licht oder elektrische Energie[82] (strittig) gerade keine körperlichen Gegenstände. Maßgebendes Beurteilungskriterium für das Vorliegen der Körperlichkeit ist die Verkehrsanschauung. Dabei kann gerade die Abgrenzung zu Sachen, die nach natürlicher Betrachtung nicht körperlich sind, Schwierigkeiten bereiten.[83]

[78]

*„verkörperte" Geisteserzeugnisse*

Werden Geisteserzeugnisse in einem materiellen Medium verkörpert, so trifft der Sachbegriff nur diese Verkörperung. Hiervon zu trennen ist das Recht am geistigen Werk selbst (etwa Patent oder Urheberrecht).

[79]

*Problem: Software*

In diesem Zusammenhang war in jüngster Zeit umstritten, ob Computersoftware dem Sachbegriff des § 90 BGB unterfällt. Nach wohl h.M. ist die Software an sich ein geistiges Werk oder Immaterialgut und damit keine Sache.[84] Insofern dürfte es nach der Verkehrsanschauung hinsichtlich des Computerprogramms selbst an einem körperlichen, im Raum abgegrenzten Gegenstand fehlen. Nach den zwischenzeitlich geschaffenen §§ 69a ff. UrhG, die Computerprogramme als geistiges Werk schützen, dürfte die Einordnung der Software selbst als Sache nicht mehr haltbar sein.[85]

Allerdings liegt nach umstrittener Rspr. bei Verkörperung des Computerprogramms in einem Datenträger eine Sache i.S.d. § 90 BGB vor. Daher wendet der BGH auch auf Software, welche durch Überspielen auf die Festplatte übertragen wird und dies der Zweck beim Erwerb war, die Vorschriften über den Sachkauf entsprechend an.[86]

**hemmer-Methode: Relevanter als im Sachenrecht wird diese Frage aber im Schuldrecht bei der Problematik den Mängelrechten. Vergleichen Sie hierzu den hemmer-background in L&L 2000, 376 f.!**

*keine Sache: Mensch*

Schwierig ist auch die Einordnung von Teilen des menschlichen Körpers. Nicht zu den Sachen gehören der *Körper des lebenden Menschen* sowie seine *ungetrennten Teile*.[87] Gleiches gilt auch für mit dem Menschen fest verbundene künstliche Körperteile, z.B. Herzschrittmacher.[88] Dies folgt insbesondere aus dem in Art. 1 I GG festgelegten Schutz der Menschenwürde. Dagegen sind die vom Körper getrennten Körperteile Sachen.[89]

[80]

---

78 Vgl. PALANDT, § 90 Rn. 1; JAUERNIG, vor § 90 Rn. 4.
79 JAUERNIG, vor § 90 Rn. 4.
80 Vgl. PALANDT, § 90 Rn. 1.
81 Vgl. PALANDT, § 90 Rn. 2; MüKo-Holch, § 90 Rn. 4.
82 Vgl. PALANDT, § 90 Rn. 2; RGZ 86, 14; MüKo-Holch, § 90 Rn. 28.
83 SCHWAB/PRÜTTING, § 1 II 1.
84 STAUDINGER, § 90 Rn. 2, PALANDT, § 90 Rn. 2 - anders noch die 54. Auflage: Sache; FRITZSCHE JuS 1995, 497 m.w.N.; a.A. etwa MüKo-Holch, § 90 Rn. 7a.
85 FRITZSCHE, JuS 1995, 497.
86 Vgl. zuletzt BGH in ZIP 2000, 456 = L&L 2000, 371 ff.
87 Vgl. PALANDT, § 90 Rn. 3; JAUERNIG, vor § 90 Rn. 9.
88 Vgl. PALANDT, § 90 Rn. 3; MüKo-Holch, § 90 Rn. 30.
89 Z.B. Haare, gespendetes Blut; vgl. PALANDT, § 90 Rn. 3 mit weiteren Beispielen.

| | | |
|---|---|---|
| *Abtrennung von Körperteilen* | Mit der Trennung verwandelt sich die Herrschaft des Menschen über seinen Körper in entsprechender Anwendung des § 953 BGB ipso facto in Eigentum des bisherigen Trägers.[90] | |
| *Sonderfall: spenderbezogene Verwendung abgetrennter Körperteile* | Bei einer Abtrennung zu dem Zweck, die Teile später wieder in den Körper des Spenders einzusetzen (Eizelle bei In-vitro-Fertilisation, Knochen- oder Hautentnahme für Eigentransplantation, Eigenblutspende, Entnahme einer Vene für Bypass), kann von einem nur vorübergehend ausgelagerten Körperteil gesprochen werden, das weiterhin mit dem übrigen Körper in funktionaler Einheit steht und deshalb Körperteil bleibt. Zum Zwecke der Eigenspende abgetrennte Körperteile sind damit keine Sachen. | 81 |
| *Drittspende* | Anders liegt der Fall, wenn das Körperteil ausgegliedert wurde, um nicht im Spenderkörper, sondern im Körper eines Dritten eingegliedert zu werden. Hier verliert das Körperteil die Zuordnung zum Schutzgut Körper und wird bis zur eventuellen Implantation Sache, die analog § 953 BGB im Eigentum des Spenders steht. | 82 |
| *Grenzfall: Samenspende* | Einen Grenzfall stellt die Samenspende dar, bei der ja eine spätere Verwendung im Körper des Spenders nicht bezweckt ist. Hier hat der BGH[91] wie folgt differenziert: | 83 |

- Erfolgt die Spende zum Zwecke der Fortpflanzung des Spenders durch homologe Insemination (Befruchtung der Eizelle der Wunschmutter durch Spende des Ehemanns/Lebensgefährten), bleibt die Samenspende funktionaler Bestandteil des Spenderkörpers und hat mit der Fortpflanzung weiter eine körpertypische Funktion; hier bleibt das gespendete Ejakulat Körperteil.

- Bei einer bezweckten heterologen Insemination (Befruchtung einer Eizelle mit dem Sperma eines unbekannten Dritten) entfällt diese funktionale Zuordnung zum Körper des Spenders; hier ist das Ejakulat Sache, nicht Körperteil.[92]

| | | |
|---|---|---|
| | Auch diese Fragen werden weniger im Sachenrecht, als vielmehr im Deliktsrecht relevant: Stellt die Samenspende eine Sache dar, entsteht bei deren Vernichtung kein Schmerzensgeldanspruch aus § 253 II BGB. Bei der Vernichtung einer zur homologen Insemination bestimmten Samenspende (= Körperteil) eines zwischenzeitlich unfruchtbar gewordenen Spenders hat der BGH hingegen ein Schmerzensgeld von 25.000 DM zugesprochen![93] | 84 |
| *str. Leiche; (+) bei wissenschaftlichen Zwecken* | Umstritten ist auch die Sacheigenschaft einer Leiche. Nach *h.M.*[94] stellt eine Leiche eine Sache dar, die aber wegen des fortwirkenden Persönlichkeitsrechts dem Rechtsverkehr entzogen ist[95] und an der es deshalb kein Eigentum geben kann. Den nächsten Familienangehörigen stehen jedoch gewohnheitsrechtlich die Befugnisse zu, die zur Wahrung der Totenfürsorge erforderlich sind.[96] Mit der Leiche fest verbundene künstliche Teile, wie Herzschrittmacher oder Goldplomben, teilen das Schicksal der Leiche für die Zeit der Verbindung. Das Aneignungsrecht steht ausschließlich den Erben zu. Dessen Ausübung darf jedoch nicht die mit der Totenfürsorge zusammenhängenden Befugnisse der nächsten Angehörigen beeinträchtigen.[97] | 85 |

---

90 Vgl. PALANDT, § 90 Rn. 3 m.w.N; JAUERNIG, vor § 90 Rn. 9.
91 BGH NJW 1994, 127.
92 Zu allem BGH NJW 1994, 127; SCHNORBUS, JuS 1995, 830 ff. m.w.N.; kritisch TAUPITZ, NJW 1995, 745.
93 BGH NJW 1994, 127.
94 Vgl. PALANDT, Überbl. vor §§ 90 Rn. 11 m.w.N; RGSt 64, 314.
95 SCHWAB/PRÜTTING, § 1 II 4.
96 Vgl. PALANDT, Überbl. vor §§ 90 Rn. 11; RGSt 84, 315.
97 Vgl. zu allem PALANDT, Überbl. vor §§ 90 Rn. 11.

## § 2 DER SACHBEGRIFF

Sacheigenschaft besitzen jedoch Leichen und deren Bestandteile, die in befugter Weise medizinischen oder sonstigen wissenschaftlichen Zwecken dienen, z.B. Anatomieleichen, Moorleichen im Museum, prähistorische Skelettfunde.[98]

**hemmer-Methode:** Bedeutung haben diese Fragen v.a. für das Strafrecht, in dem z.B. i.R.d. §§ 242, 303 StGB nach h.M. die gleichen Abgrenzungen für die Tatbestandsmerkmale „Sache" und „fremd" zu ziehen sind. Beispiele könnten die Entnahme von Goldzähnen, Organen oder Herzschrittmachern sein. Außerhalb des Sachenrechts ist die Abgrenzung weiterhin bedeutsam für das Schmerzensgeld, das es wegen § 253 II BGB nicht bei einer Verletzung von Sachen geben kann.

*bei Tieren gilt § 90a BGB keine Sachen, aber Vorschriften i.d.R. anwendbar*

Bis zur Gesetzesänderung im Jahre 1990 zählten auch Tiere zu den Sachen i.S.d. § 90 BGB. Nach § 90a BGB fallen sie nun nicht mehr unter den Sachbegriff. Die für Sachen geltenden Vorschriften sind jedoch auf Tiere entsprechend anzuwenden, soweit nicht etwas anderes bestimmt ist, vgl. § 90a S.3 BGB. Im Rahmen dieser Gesetzesänderung zur Verbesserung der Rechtsstellung des Tieres wurden auch die § 251 II S.2 BGB und § 903 S.2 BGB eingefügt.

86

**hemmer-Methode:** Denken Sie in der Klausur an § 90a BGB, wenn z.B. ein Tier Gegenstand eines Herausgabeanspruchs oder verletzt worden ist, und zitieren Sie die Vorschrift. Machen Sie aber keine langen Ausführungen dazu: Die Vorschrift ändert im Ergebnis nichts; deshalb wird hier i.d.R. auch kein Problem liegen. Palandt/Heinrichs bezeichnen daher § 90a BGB auch als „gefühlige Deklamation ohne wirklichen Inhalt" (vgl. § 90a, Rn.1). Lesenswert (und amüsant) zu § 90a BGB Braun, JuS 1992, 758 ff. hinsichtlich der Behandlung von Tieren in zivilrechtlichen Klausuren.[99]

### II. Mobilien / Immobilien

*Mobilien/Immobilien*

Nicht im Gesetz erläutert sind die Begriffe Mobilien / Immobilien bzw. bewegliche / unbewegliche Sache. Das Gesetz spricht jedoch von beweglichen Sachen z.B. in §§ 929 ff., 937, 946 BGB, von unbeweglichen Sachen z.B. in §§ 873, 925, 1113 BGB.

87

*bewegliche Sachen*

*Bewegliche Sachen (Mobilien)* sind alle Sachen, die nicht Grundstücke, den Grundstücken gleichgestellt oder Grundstücksbestandteile sind.[100]

88

*unbewegliche Sachen, insbesondere Grundstücke*

*Unbewegliche Sachen (Immobilien)* sind somit Grundstücke, den Grundstücken gleichgestellte Rechte (z.B. Erbbaurecht) und Grundstücksbestandteile. Grundstück im zivilrechtlichen Sinn ist ein abgegrenzter Teil der Erdoberfläche, der im Bestandsverzeichnis eines Grundbuchblattes unter einer besonderen Nummer eingetragen oder gemäß § 3 II GBO gebucht ist.[101] Gem. § 905 BGB erstreckt sich das Eigentum am Grundstück aber nicht nur auf die Oberfläche, sondern auch auf die Luftsäule darüber und den Erdkörper darunter.[102] Zu den Immobilien zählen auch alle wesentlichen Bestandteile (§§ 93, 94 BGB), sofern sie nicht nur Scheinbestandteile i.S.d. § 95 BGB darstellen. Aber auch die nicht wesentlichen Bestandteile verlieren für die Dauer der Verbindung die Eigenschaft der beweglichen Sache.[103]

89

---

98  Vgl. PALANDT, Überbl. vor §§ 90 Rn. 11.
99  Vgl. auch STEDING, JuS 1996, 962 zu den Tendenzen einer weitergehenden Rechtsstellung von Tieren.
100 Vgl. PALANDT, Überbl. vor §§ 90 Rn. 3; BAUR/STÜRNER § 3 I 2b; RGZ 55, 281(284); 158, 368 f.
101 Vgl. PALANDT, Überbl. vor §§ 90 Rn. 3; BAUR/STÜRNER § 15 III 1.
102 JAUERNIG, § 905, Rn. 1.
103 Vgl. PALANDT, Überbl. vor §§ 90 Rn. 3; RGZ 158, 369.

## III. Einheitssache / zusammengesetzte Sache

*Einheits-/Gesamtsache*

Eine Sache kann aus einer natürlichen Einheit, „einem Stück", bestehen, sog. *Einheitssache* (z.B. ein Stein, ein Getreidekorn).[104] Eine Sache liegt jedoch auch dann vor, wenn sie aus einer Vielzahl von Teilen zusammengesetzt ist, die mehr oder weniger fest miteinander verbunden sind, sog. *zusammengesetzte Sache* oder *Gesamtsache* (z.B. Auto, Gebäude). Hier sind mehrere selbständige Sachen derart in einer neuen Sache aufgegangen, dass sie als Bestandteile ihre Selbständigkeit verloren haben.[105] Maßgeblich für die Beurteilung ist die Verkehrsanschauung. Einheitssachen und Gesamtsachen fallen unter den Oberbegriff der *Einzelsache*.

90

*Überblick*

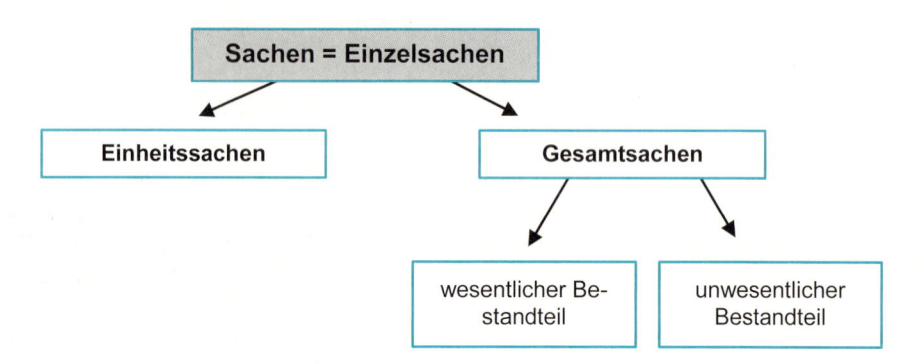

```
                    Sachen = Einzelsachen
                    /                \
            Einheitssachen         Gesamtsachen
                                    /         \
                            wesentlicher    unwesentlicher
                            Bestandteil     Bestandteil
```

*Bestandteile = Teile von zusammengesetzter Sache*

Bestandteile sind Teile einer zusammengesetzten Sache, die durch ihre Verbindung die Selbständigkeit verloren haben.[106] Sie werden von der Verkehrsanschauung als zur Sache gehörig und nicht als selbständige Sachen angesehen. Beurteilungskriterien sind Art und beabsichtigte Dauer der Verbindung, der Grad der Anpassung der bisher selbständigen Sachen und ihr wirtschaftlicher Zusammenhang.[107]

91

*wesentlicher Bestandteil, § 93 BGB Zerstörung von Rest nach Trennung?*

Als wesentlich i.S.d. § 93 BGB wird ein Bestandteil dann bezeichnet, wenn durch eine Trennung der abgetrennte oder der zurückbleibende Rest der ehemals zusammengesetzten Sache zerstört oder in seinem Wesen verändert wird.[108] Wesensveränderung bedeutet dabei die Aufhebung oder wesentliche Minderung seiner zweckbestimmenden Eigenschaften oder seiner wirtschaftlichen Bedeutung.[109] **Abzustellen ist nur auf die Bestandteile, nicht auf die Gesamtsache.** Nach § 93 BGB sind wesentliche Bestandteile nicht sonderrechtsfähig, sondern sind derselben Person rechtlich zugeordnet wie die Gesamtsache.[110] In dieser Sonderrechts(un)fähigkeit erschöpft sich die Bedeutung der Trennung von wesentlichen und unwesentlichen Bestandteilen.[111] Wird eine Sache wesentlicher Bestandteil einer zusammengesetzten Sache, dann erlöschen die an ihr bestehenden Rechte (§§ 946 ff. BGB). Ein entgegenstehender Wille der Beteiligten ist dabei unbeachtlich.

92

*Bsp.:* Karosserie und Lack eines KFZ, nicht dagegen der Motor oder die Reifen[112].

---

104 Vgl. PALANDT, Überbl. vor §§ 90 Rn. 5.
105 Vgl. PALANDT, Überbl. vor §§ 90 Rn. 5; BGHZ 18, 227.
106 Vgl. PALANDT, § 93 Rn. 2.
107 Vgl. PALANDT, § 93 Rn. 2; JAUERNIG, § 93, Rn. 2.
108 Vgl. PALANDT, § 93 Rn. 3.
109 Vgl. MÜKO-HOLCH, § 93 Rn. 12.
110 Vgl. PALANDT, § 93 Rn. 4.
111 JAUERNIG, § 93 Rn. 1.
112 Vgl. Einzelfälle der Rspr. in PALANDT, § 93 Rn. 5.

## § 2 DER SACHBEGRIFF

Hier zeigt sich, dass der juristische Sprachgebrauch von der Umgangssprache abweicht. Bei natürlicher Betrachtung sind der Motor und die Reifen eines Automobils ganz besonders wesentliche Teile des Kraftfahrzeugs, da es sonst nicht fährt. Unter juristischer Betrachtung aber zeigt sich, dass Reifen und Motor nicht wesentlicher Bestandteil i.S.v. § 93 BGB sind, da sie und der Rest des Fahrzeugs nach der Trennung nicht zerstört oder in ihrem Wesen verändert sind.

**hemmer-Methode:** Verwenden Sie in der Klausur den Begriff „sonderrechtsfähig". Dieser Begriff ist knapp und gibt das wesentliche Problemfeld wieder. Die hemmer-Methode stellt eine Sprachanweisung und damit eine Klausurhilfe dar. Die Argumentationsweise ist erst mit dem richtigen Begriff stimmig, außerdem sparen Sie sich kostbare Zeit, wenn Sie den Schlüsselbegriff einsetzen. Denken Sie an den genervten Korrektor, der gern seinen Haken unter den bestmöglichen Begriff setzt.
Denken Sie auch frühzeitig daran, dass der Verlust der Sonderrechtsfähigkeit durch den Rechtsfortwirkungsanspruch der §§ 951, 812, 818 II BGB abgegolten wird.

*§ 94 I BGB ist bzgl. Grundstücken spezieller*

§ 94 BGB stellt für Grundstücke eine Spezialregelung dar, die § 93 BGB verdrängt. Grund dafür ist die Rechtsklarheit. Der Käufer soll durch Augenscheinnahme feststellen können, was zum Grundstück gehört.[113] Wesentliche Bestandteile eines Grundstückes sind daher nach § 94 I BGB alle mit dem Grundstück fest verbundenen Gegenstände. Fest ist eine Verbindung, wenn die Trennung teuer wäre oder die getrennten Teile erheblich beschädigt würden.[114]

*§ 94 II BGB*

Wesentlicher Bestandteil ist darüber hinaus nach § 94 II BGB alles, was zur Herstellung in ein Gebäude eingefügt worden ist. Ob eine Sache zur Herstellung in das Gebäude eingefügt worden ist,[115] hängt vom Willen („...zur Herstellung...") des Einfügenden ab.[116] Daneben muss es sich um Sachen handeln, die dem Gebäude ein bestimmtes Gepräge geben. Dies ist nach der Verkehrsauffassung bei natürlicher Auffassung über das Wesen, den Zweck und die Beschaffenheit des Gebäudes zu beurteilen.

**hemmer-Methode: Eine feste Verbindung ist dagegen bei § 94 II BGB nicht erforderlich.**[117]

*bzgl. subjektiv dinglicher Rechte § 96 BGB*

Nach § 96 BGB zählen auch subjektiv-dingliche Rechte zu den wesentlichen Bestandteilen des herrschenden Grundstücks. Unter den Begriff der subjektiv-dinglichen Rechte fallen die Grunddienstbarkeit § 1018 BGB, das Vorkaufsrecht § 1094 II BGB und die Reallast § 1105 II BGB.[118]

> *Bsp.: Zugunsten des jeweiligen Eigentümers des Grundstückes Nr. 2 ist ein Wegerecht nach § 1018 BGB am Grundstück Nr. 1 im Grundbuch eingetragen. Eine Sicherungsgrundschuld am Grundstück Nr. 2 erfasst nun auch das Wegerecht am Grundstück Nr. 1, vgl. §§ 1192 I, 1120, 96 BGB.*[119]

*keine wesentlichen Bestandteile: Scheinbestandteile ⇨ vorübergehender Zweck*

Eingeschränkt werden die §§ 93, 94 BGB durch § 95 BGB.[120] Zu den wesentlichen Bestandteilen eines Grundstückes zählen nicht die *so genannten Scheinbestandteile*.

---

113 Vgl. PALANDT, § 94 Rn. 1; OLG Hamm VersR 1983, 285.
114 JAUERNIG, § 94 Rn. 2.
115 Z.B. eine Zentralheizung.
116 Vgl. PALANDT, § 94 Rn. 1, 6.
117 Vgl. zu allem PALANDT, § 94 Rn. 6.
118 Vgl. PALANDT, § 96 Rn. 2.
119 Vgl. PALANDT, § 96 Rn. 1.
120 Vgl. PALANDT, § 95 Rn. 1.

Diese stellen rechtlich selbständige, bewegliche Sachen dar, auch wenn sie tatsächlich unbeweglich sind[121].

Ein Scheinbestandteil liegt vor, wenn die Sache nur zu einem vorübergehenden Zweck mit dem Grundstück oder dem Gebäude (§ 95 II BGB) verbunden worden ist.[122] Vorübergehend ist die Verbindung, wenn die spätere Trennung z. Zt. der Verbindung beabsichtigt ist oder nach der Natur des Zwecks sicher ist.[123] Bei einem Einbau durch den Inhaber eines zeitlich beschränkten Nutzungsrechts wird in der Regel von einem vorübergehenden Zweck der Verbindung auszugehen sein.[124]

*Bsp.:* Bau einer Gartenlaube durch den Mieter; Grabstein auf einem öffentlichen Friedhofsgelände.[125]

## IV. Einzelsache / Sachgesamtheit

*Sachgesamtheit = mehrere selbständige Sachen zusammengefasst*

Mehrere Sachen können wirtschaftlich zu einer *Sachgesamtheit* oder einem *Sachinbegriff* (vgl. § 92 II BGB) zusammengefasst sein. Hier liegen mehrere selbständige Sachen vor, die aus rein praktischen Gründen im Verkehr unter einer einheitlichen Bezeichnung zusammengefasst werden.[126] Aufgrund des sachenrechtlichen Spezialitätsgrundsatzes können jedoch nur die einzelnen Sachen einer Sachgesamtheit Gegenstand sachenrechtlicher Rechte und Verfügungen sein.[127] Wie in der Einleitung bereits ausgeführt ist aber die Verpflichtung zur Übertragung einer Sachgesamtheit zulässig.

*Bsp.:* Bibliothek als Sachgesamtheit besteht aus den Einzelsachen „Bücher". Weitere Beispiele: Warenlager, Briefmarkensammlung, Unternehmen.[128]

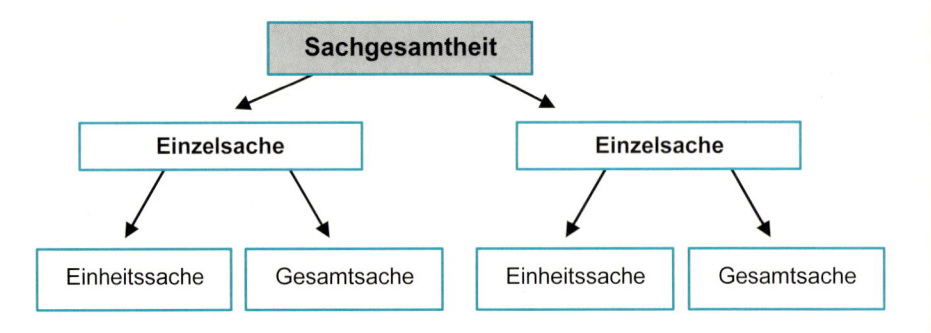

```
                    Sachgesamtheit
                   /              \
            Einzelsache          Einzelsache
           /          \         /          \
   Einheitssache  Gesamtsache  Einheitssache  Gesamtsache
```

## V. Vertretbare / unvertretbare Sache

*vertretbare Sache ist austauschbar, § 91 BGB*

Eine bewegliche Sache ist nach § 91 BGB vertretbar, wenn sie sich von anderen der gleichen Art nicht durch ausgeprägte Individualisierungsmerkmale abhebt und daher austauschbar ist.[129]

Maßgebend für die Beurteilung ist die objektive Verkehrsanschauung. Parteivereinbarungen haben - anders als bei der Vereinbarung einer Gattungsschuld - keinen Einfluss.

---

121 Vgl. PALANDT, § 95 Rn. 1.
122 Näheres vgl. PALANDT, § 95 Rn. 2.
123 PALANDT, § 95 Rn. 2 m.w.N.; JAUERNIG, § 95 Rn. 2.
124 PALANDT, § 95 Rn. 3; JAUERNIG, § 95 Rn. 2.
125 OLG Köln, OLGZ 93, 113.
126 Vgl. PALANDT, Überbl. vor §§ 90 Rn. 5.
127 Vgl. PALANDT, Überbl. vor §§ 90 Rn. 5.
128 Vgl. PALANDT, Überbl. vor §§ 90 Rn. 5.
129 Vgl. PALANDT, § 91 Rn. 1; BGH NJW 1966, 2307; BGH NJW 1971, 1794.

# § 2 DER SACHBEGRIFF

Die Unterscheidung erlangt v.a. Bedeutung beim Sachdarlehen, § 607 BGB, beim Werklieferungsvertrag, § 651 I S.3 BGB, und bei der unechten Verwahrung, § 700 BGB.[130]

## VI. Verbrauchbare / unverbrauchbare Sache

*verbrauchbare Sache (§ 92 BGB) nicht bei bloßer Abnutzung*

*Verbrauchbar* sind Sachen nach § 92 I BGB, wenn ihr bestimmungsgemäßer Gebrauch im Verbrauch oder der Veräußerung besteht. Maßgeblich ist die objektive Zweckbestimmung. Zu unterscheiden ist dabei zwischen tatsächlich verbrauchbaren Sachen, die ihrer Natur nach zum Verbrauch bestimmt sind, wie z.B. Nahrungsmitteln, Brennstoffen, und im Rechtssinne verbrauchbaren Sachen, wie z.B. Geld oder Wertpapieren. 98

Nicht verbrauchbar ist eine Sache, die sich lediglich durch ihren Gebrauch abnutzt, wie z.B. Kleidung, Teppiche, Werkzeuge etc.[131] 99

*Einzelsache aus Sachgesamtheit, § 92 II BGB*

Einzelne Sachen aus Sachgesamtheiten sind nach § 92 II BGB den verbrauchbaren Sachen gleichgestellt.[132]

*Bedeutung*

Bedeutung erlangt diese Unterscheidung bei *Nutzungsrechten*. Die Nutzung verbrauchbarer Sachen führt regelmäßig zum Eigentumsübergang aufgrund des Verbrauchs. Der Nutzungsberechtigte muss jedoch später Wertersatz leisten, z.B. nach §§ 1067, 1075, 1085, ähnlich § 706 BGB.[133] 100

**hemmer-Methode: Aufgrund der Bestimmung zum Verbrauch scheiden verbrauchbare Sachen als Miet- oder Leihobjekt aus, da der bestimmungsgemäße Untergang der dort geschuldeten Rückgabe nach den §§ 546 I, 604 I BGB entgegensteht.[134]**

## VII. Teilbare / unteilbare Sache

*teilbare Sache bei Teilung ohne Wertverlust*

Teilbar ist eine Sache, wenn sie sich ohne Wertverlust in gleichartige Teile zerlegen lässt (§ 752 S.1 BGB). Diese Unterscheidung spielt hauptsächlich eine Rolle bei der Auseinandersetzung.[135] 101

## VIII. Hauptsache / Zubehör

*Zubehör = bewegliche Sache, die Hauptsache dient*

§ 97 BGB definiert das *Zubehör* als bewegliche Sachen, die, ohne Bestandteil der Hauptsache zu sein, dem wirtschaftlichen Zweck der Hauptsache zu dienen bestimmt sind (Widmung) und zu ihr in einem dieser Bestimmung entsprechenden räumlichen Verhältnis stehen. Die Zweckbestimmung erhält die fragliche Sache also durch den Realakt der „Widmung".[136] 102

§ 98 BGB nennt Beispiele für die Zubehöreigenschaft. Der BGH hat zu Nr.1 unlängst entschieden: „Ein Gebäude kann nicht nur durch seine Gliederung, Einteilung, Eigenart oder Bauart, sondern auch auf Grund seiner Ausstattung mit betriebsdienlichen Maschinen und sonstigen Gerätschaften als für einen gewerblichen Betrieb dauernd eingerichtet angesehen werden".

---

130 Vgl. zu allem PALANDT, § 91 Rn. 1; dort auch Beispiele PALANDT, § 91 Rn. 2.
131 Vgl. zu allem PALANDT, § 92 Rn. 1, 2.
132 Vgl. PALANDT, § 92 Rn. 3.
133 Vgl. PALANDT, § 92 Rn. 4.
134 JAUERNIG, § 92, Rn. 3.
135 Vgl. PALANDT, Überbl vor §§ 90 Rn. 4.
136 JAUERNIG, §§ 97, 98 Rn. 3.

Nicht zwingend erforderlich ist also, dass der Produktionsablauf dem Gebäude eine spezifische bauliche Gestaltung gibt, die dem Betriebsgebäude auf Dauer ein bestimmtes Gepräge verleiht.[137]

Zubehörsachen sind somit rechtlich selbständige Sachen im Gegensatz zu Bestandteilen.[138] Das Gesetz berücksichtigt aber in verschiedenen Vorschriften, dass das Zubehör mit der Hauptsache in einem wirtschaftlichen Zusammenhang steht, so in §§ 311c, 926 I, 1031, 1120 ff., 1135, 2164 I BGB sowie § 865 II ZPO.[139]

*Bsp.: Bei einem Auto stellen die Reifen einen (zwar unwesentlichen) Bestandteil dar, Verbandskasten oder Warndreieck jedoch Zubehör. Dagegen bildet eine im Auto befindliche Musikkassette weder Zubehör noch einen wesentlichen Bestandteil.*

Nicht ausreichend ist nur eine vorübergehende Benutzung einer Sache für den wirtschaftlichen Zweck einer anderen.[140] Wie sich aus § 97 II 1 BGB ergibt, muss die Zweckbestimmung vielmehr auf Dauer angelegt sein. Auch hier ist davon auszugehen, dass eine lediglich vorübergehende Verbindung beabsichtigt ist, wenn der Benutzer in Ausübung eines zeitlich begrenzten Nutzungsrechts handelt.[141]

Wie sich aus den §§ 1020 BGB, 55 II ZVG zeigt, kann auch eine fremde Sache Zubehör sein.

**hemmer-Methode: Zubehör („ein Problem mehr") ist gern Gegenstand von Examensklausuren. Examensrelevant sind in diesem Kontext insbesondere die §§ 1120 BGB, 865 II ZPO, besonders bei Konkurrenz mit einer Sicherungsübereignung.[142] Das Zubehör, nicht aber das so genannte Fremdzubehör, unterliegt dem Haftungsverband der Hypothek. Es ist für den Gerichtsvollzieher wegen § 865 II ZPO als bewegliche Sache unpfändbar. Dies gilt auch, wenn zum entsprechenden Zeitpunkt gar keine Hypothek am Grundstück besteht.[143] Zu prüfen ist dann also ein (fiktiver) „hypothetischer Haftungsverband". Der Hypothekengläubiger hat, wenn gegen § 865 II 1 ZPO verstoßen wird, als Rechtsbehelf sowohl die Möglichkeit der Erinnerung (§ 766 ZPO) als auch der Drittwiderspruchsklage gem. § 771 ZPO.[144]**

*das „Dienen" definiert § 98 BGB*

§ 98 BGB enthält eine Erläuterung des Tatbestandsmerkmales „der Hauptsache zu dienen bestimmt" für gewerbliches und landwirtschaftliches Zubehör.[145]

Ansonsten sind nur Sachen dem Zweck der Hauptsache zu dienen bestimmt, die allgemein die zweckentsprechende Verwendung der Hauptsache ermöglichen oder fördern.[146]

*Bsp: Eine Werkzeugmaschine dient bei einem Fabrikgrundstück der zweckentsprechenden Verwendung; anders wäre dies bei einem unbebauten Grundstück.[147]*

---

137 BGH NJW 2006, 993; im entschiedenen Fall ging es um die Zubehöreigenschaft wegen des Haftungsverbandes der Hypothek und einem daraus resultierenden Absonderungsrecht im Insolvenzverfahren, § 49 InsO.
138 Vgl. PALANDT, § 97 Rn. 1.
139 Vgl. PALANDT, § 97 Rn. 1.
140 Näheres vgl. PALANDT, § 97 Rn. 2-10 und Einzelfälle PALANDT, § 97 Rn. 11, 12.
141 PALANDT, § 93 Rn. 7 m.w.N.
142 Vgl. hierzu BGH NJW 1994, 864.
143 Zöller, § 865 Rn. 1.
144 Vgl. dazu ausführlich HEMMER/WÜST, ZPO II, Rn. 210 ff.
145 Näheres vgl. PALANDT, § 98 Rn. 1-4.
146 JAUERNIG, §§ 97, 98 Rn. 2.
147 BGH NJW 1979, 2514.

## IX. Nutzungen

*Nutzungen, § 100 BGB*

Der Begriff der Nutzungen ist in § 100 BGB definiert und untergliedert sich wie folgt:

*Übersicht*

```
                    Nutzungen, § 100 BGB
                    /                  \
           Gebrauchsvorteile      Früchte, § 99 BGB
                                    /            \
                              Sachfrüchte      Rechtsfrüchte
```

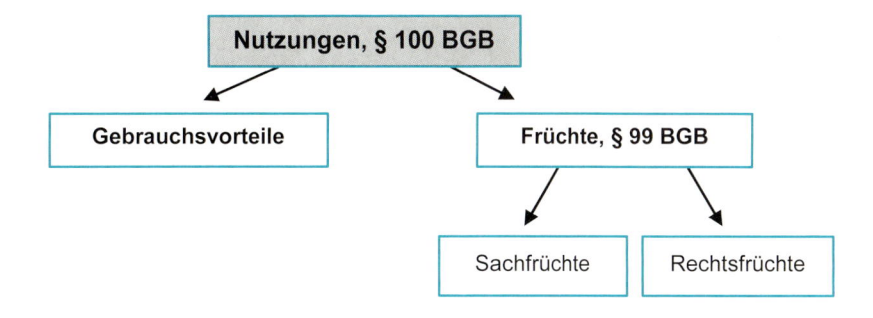

Eine Rolle spielt der Begriff der Nutzungen z.B. in den §§ 346, 347 I, 446 S.2, 818 I, 987 I, 2020 BGB.

*Gebrauchsvorteile; nicht bei Veräußerung*

Alle Vorteile, die sich aus der Ausübung der mit der Innehabung einer Sache oder eines Rechts verbundenen Rechte ergeben - also die der Gebrauch der Sache an sich gibt -, stellen Gebrauchsvorteile dar.[148] Nicht zum Gebrauch zählt dagegen die Veräußerung. Maßgebend für die Bewertung eines Gebrauchsvorteils ist dessen objektiver Wert. Entscheidend ist die objektive Nutzungsmöglichkeit, ohne dass es darauf ankommt, ob tatsächlich ein Gewinn oder Verlust entstanden ist.[149]

*Bsp.:* Fahren mit einem PKW, Wohnen in einem Haus, Reiten auf einem Pferd.

**hemmer-Methode:** Beim Nutzungsersatz handelt es sich um ein klassisches, examenstypisches Feld. Die wichtigsten Bestimmungen sind § 987 und § 818 I BGB. Meistens geht es im Examen dann darum, ob die §§ 987 ff. BGB eine abschließende Regelung darstellen und damit den Rückgriff auf § 818 BGB ausschließen. Lesen Sie in diesem Kontext § 993 I, 2.HS. BGB. Schon an dieser Stelle der Hinweis: Nach dem Haftungssystem der §§ 987 ff. BGB haftet der gutgläubige, unverklagte, entgeltliche Besitzer grundsätzlich nicht für Nutzungen.

*Früchte, § 99 BGB*

Der Begriff der *Früchte* ist in § 99 BGB definiert. Er spielt eine Rolle z.B. bei §§ 581, 953 ff., 1030 BGB.

*Übersicht*

Es wird in § 99 BGB folgendermaßen unterschieden:

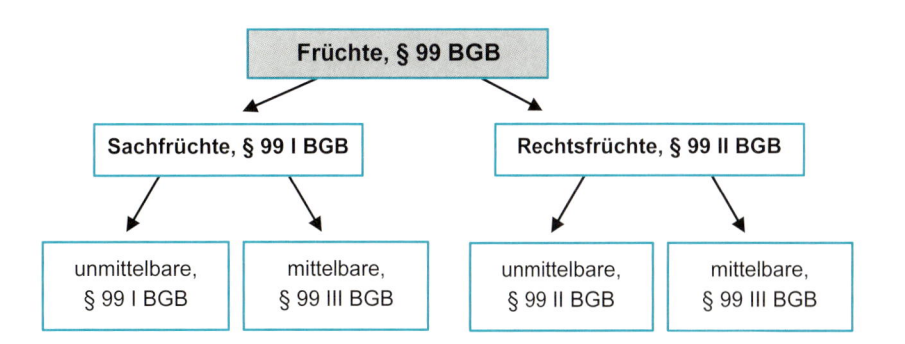

```
                         Früchte, § 99 BGB
                        /                 \
            Sachfrüchte, § 99 I BGB      Rechtsfrüchte, § 99 II BGB
              /            \                /              \
        unmittelbare,   mittelbare,    unmittelbare,    mittelbare,
        § 99 I BGB      § 99 III BGB   § 99 II BGB      § 99 III BGB
```

*unmittelbare Sachfrüchte, verkehrsübliche Nutzung, § 99 I BGB*

*Unmittelbare Sachfrüchte* sind nach § 99 I BGB die Erzeugnisse einer Sache und die sonstige Ausbeute, welche aus der Sache ihrer Bestimmung gemäß gezogen werden kann.

---

148 Vgl. PALANDT, § 100 Rn. 1.
149 Zu Allem vgl. PALANDT, § 100 Rn. 2.

Letztere muss im Rahmen der naturgemäßen oder verkehrsüblichen Nutzung erfolgen (ein Raubbau, bei dem die Substanz verletzt wird, scheidet aus[150]).

*Bsp. für Erzeugnisse: Eier, Wolle, Obst; sonstige Ausbeute: Kohle, Kies, nicht aber Fleisch eines geschlachteten Tieres.*

*unmittelbare Rechtsfrüchte, § 99 II BGB*

*Unmittelbare Rechtsfrüchte* sind nach § 99 II BGB die Erträge, die ein Recht seiner Bestimmung gemäß gewährt, bei einem Recht auf Gewinnung von Bodenbestandteilen die gewonnenen Bestandteile.

*Bsp.: vom Pächter geerntetes Getreide, erlegtes Wild bei einem Jagdrecht.*

*§ 99 III BGB*

Früchte sind nach § 99 III BGB auch die Erträge, die eine Sache oder ein Recht vermöge eines Rechtsverhältnisses - also mittelbar - gewährt.

*Bsp.: Mittelbare Sachfrüchte: Miet- / Pachtzinsen, Darlehenszinsen;[151] mittelbare Rechtsfrüchte: Lizenzgebühr für ein Patent, Untermietzins.*

*§§ 101-103 BGB*

§ 101 BGB regelt die Verteilung der Früchte, d.h. nicht den Eigentumserwerb (⇨ §§ 953 ff. BGB), sondern den schuldrechtlichen Ausgleich unter mehreren Fruchtziehungsberechtigten. Verdrängt wird § 101 BGB durch vertragliche Regelungen oder z.B. §§ 987, 1039 BGB. § 102 BGB regelt die Verteilung der Kosten, die für die Gewinnung der Früchte aufgewendet wurden. § 103 BGB regelt schließlich die Verteilung der Lasten.

---

150 JAUERNIG, §§ 99 - 103 Rn. 2.
151 Vgl. MüKo-HOLCH, § 99 Rn. 5 m.w.N.

# § 3 BESITZ

## A. Einführung

### I. Begriff

*Besitz nicht im BGB definiert; anerkannte, tatsächliche Sachherrschaft*

Der Begriff des Besitzes wird im BGB nicht definiert. Nach *h.M.*[152] ist Besitz die vom Verkehr anerkannte tatsächliche Herrschaft einer Person über eine Sache. Der Besitz begründet somit kein *Rechtsverhältnis* zwischen Person und Sache, sondern ein rein *tatsächliches Verhältnis*.[153] Ob ein solches vorliegt, bestimmt sich nach der *Verkehrsanschauung*.[154] Das tatsächliche Verhältnis „Besitz" ist jedoch von der Rechtsordnung anerkannt und mit rechtlichen Wirkungen ausgestattet (⇨ Besitzschutz). Der Besitz gewährt dadurch seinem Inhaber eine wichtige Rechtsstellung und erlangt damit die Bedeutung eines vorläufigen Rechts.

112

*Besitz = tatsächliche, Eigentum = rechtliche Herrschaft*

Im Gegensatz zum Besitz bezeichnet das *Eigentum* die *rechtliche Herrschaft* einer Person über eine Sache. Eigentum und Besitz können, müssen aber nicht auseinanderfallen.

113

**hemmer-Methode:** Auch hier unterscheidet sich der juristische Sprachgebrauch wieder von der Umgangssprache. Dem Laien ist der Unterschied von Besitz und Eigentum regelmäßig nicht geläufig, so dass er beide Begriffe fehlerhaft synonym verwendet. Derartige Fehler sind in Klausuren allerdings „tödlich"!

*Besitz - Gewahrsam*

Zu unterscheiden sind auch die Begriffe Besitz und Gewahrsam. Letzterer erlangt insbesondere im Strafrecht (z.B. § 242 StGB) und in der Zwangsvollstreckung (z.B. §§ 808, 809 ZPO) Bedeutung. *Gewahrsam* bedeutet regelmäßig die *unmittelbare tatsächliche Sachherrschaft*. Gewahrsam und Besitz können daher auch auseinanderfallen. So hat zwar der Besitzdiener Gewahrsam an einer Sache, der Besitz liegt jedoch beim Besitzherrn *(§ 855 BGB)*.

114

### II. Bedeutung - Funktionen des Besitzes

An den Besitz lassen sich verschiedene Wirkungen und Funktionen knüpfen, welche grundsätzlich unabhängig davon eintreten, ob ein Recht zum Besitz besteht.

115

**Funktionen des Besitzes:**

⇨ Schutzfunktion

⇨ Erhaltungsfunktion/Kontinuitätsfunktion

⇨ Publizitätsfunktion

⇨ Übertragungswirkung

⇨ Vermutungswirkung

⇨ Gutglaubenswirkung

---

[152] PALANDT, Überblick vor § 854 Rn. 1; LOPAU JuS 1980, 501.
[153] Vgl. PALANDT, Überblick vor § 854 Rn. 1; a.A. MüKo-JOOST, v. § 854 Rn. 9.
[154] BGHZ 101, 188.

## 1. Schutzfunktion

*Schutzfunktion*

Die Schutzfunktion dient dem Rechtsfrieden.[155] Der Besitzschutz wird im Gesetz an verschiedenen Stellen durch Normen realisiert, die dem Besitzer die Möglichkeit geben, sich gegen Störung, Beschränkung oder Entziehung zu wehren:

116

> ⇨ Besitzschutz im eigentlichen Besitzrecht, §§ 858-867 BGB
>
> ⇨ Schutz des früheren Besitzers, § 1007 BGB
>
> ⇨ Besitz als „sonstiges Recht", § 823 I BGB
>
> ⇨ Besitz als „etwas" im Rahmen der Leistungs- oder Eingriffskondiktion, § 812 BGB
>
> ⇨ Besitz im Insolvenzverfahren, § 47 InsO
>
> ⇨ Besitz in der Zwangsvollstreckung, §§ 766, 771 ZPO

## 2. Erhaltungsfunktion - Kontinuitätsfunktion

*Erhaltungsfunktion*

Das Gesetz erkennt an verschiedenen Stellen das Interesse des Besitzers an der Erhaltung der Besitzlage an, auch wenn der Besitzer in keiner dinglichen Rechtsbeziehung zu der Sache steht.

117

### a) Verstärkung der obligatorischen Rechtsstellung

*Recht zum Besitz, § 986 II BGB*

Eine Verstärkung der obligatorischen Stellung des Besitzers ergibt sich aus § 986 II BGB.

118

> **Bsp.:** *E vermietet seine Waschmaschine zum Freundschaftspreis von 1 € monatlich für 2 Jahre an D. Nach 5 Monaten veräußert E die Maschine an K. K verlangt nun die Maschine von D heraus, da ihm der Mietpreis zu niedrig erscheint.*

Überlässt der Eigentümer eine bewegliche Sache einem Dritten, ist der Dritte auch gegenüber einem neuen Eigentümer während der Mietdauer nach der Veräußerung zum Besitz berechtigt gem. § 986 II BGB.[156]

K kann im Fall somit von D die Maschine nicht herausverlangen, da D gegenüber K ein Recht zum Besitz hat gem. § 986 II BGB.

*Erhaltungsfunktion, § 571 BGB*

> **hemmer-Methode:** Eine vergleichbare, aber in der rechtlichen Konstruktion verschiedene Regelung bringt **§ 566 BGB** für den Fall der Raummiete, der über § 578 BGB auch für die Grundstücksmiete gilt. Veräußert der Vermieter ein an den Mieter/Pächter bereits überlassenes Grundstück an einen Dritten, so tritt dieser kraft Gesetz in das Mietverhältnis ein.[157]
> Grundgedanke ist jeweils, dass das Besitzrecht nicht von einem Wechsel des Eigentümers beeinträchtigt werden soll.[158]

*§§ 57, 57a, c, d ZVG, 108 ff. InsO*

Der gleiche Gedanke liegt den Regelungen der §§ 57, 57a, c, d ZVG bei der Zwangsversteigerung eines Grundstücks und den §§ 108 ff. InsO bei Insolvenz des Vermieters zugrunde.

119

---

155 KOLLHOSSER, JuS 1992, 215.
156 BAUR/STÜRNER, § 6 II 1a.
157 BAUR/STÜRNER, § 6 II 1b.
158 KOLLHOSSER, JuS 1992, 215.

## § 3 BESITZ

### b) Ablösungsrecht

*Ablöserecht, § 268 I S.2 BGB*

Läuft der Besitzer Gefahr, im Rahmen der Zwangsvollstreckung durch einen Gläubiger des Eigentümers seinen Besitz zu verlieren, gibt ihm § 268 I S.2 BGB ein Ablösungsrecht. Der Besitzer hat ein Recht zur Leistung mit der Folge, dass die Forderung des Gläubigers auf ihn übergeht. Der Eigentümer kann dieser Leistung nicht nach § 267 II BGB widersprechen.[159]

120

### c) Ersitzung

*Kontinuitätsinteresse; Eigentumserwerb durch Ersitzung*

Die mit dem Besitz verbundenen Kontinuitätsinteressen können durch Zeitablauf so stark werden, dass der Besitz zum Vollrecht erstarkt *(Ersitzung)*, also der Besitzer Eigentum erwirbt.[160]

121

*§ 937 BGB Fahrnisersitzung*

Bewegliche Sachen muss der Besitzer dabei gem. § 937 I BGB 10 Jahre im Eigenbesitz (§ 872 BGB) gehabt haben, also wie ein Eigentümer besessen haben. Weitere Voraussetzungen ergeben sich aus §§ 937 II, 938-945 BGB.

*§ 900 BGB Buchersitzung*

Bei unbeweglichen Sachen erfordert die Ersitzung einen Eigenbesitz von 30 Jahren (§ 900 I BGB).

### 3. Publizitätsfunktion

*Publizitätsfunktion*

Aufgrund der allgemeinen Lebenserfahrung lässt die tatsächliche Gestaltung der Lebensverhältnisse auf die rechtliche Zuordnung schließen. Häufig ist der Besitzer einer Sache auch deren Eigentümer. An diese Offenkundigkeit des Besitzes knüpft das Gesetz an, indem der Besitz als Indiz für bestimmte dingliche Rechte genutzt wird.[161] Der Besitz entfaltet diese Publizitätsfunktion (auch Offenlegungs- oder Zeichenfunktion) nur hinsichtlich beweglicher Sachen. Bei unbeweglichen Sachen tritt an die Stelle des Besitzes die Eintragung in das Grundbuch. Dem Besitz bzw. der Eintragung im Grundbuch kommen im Rahmen der Publizität drei Funktionen zu:[162]

122

### a) Übertragungswirkung

*Übertragungswirkung*

Das Sachenrecht verlangt bei Rechtsänderungen neben der Einigung der Beteiligten über diese Rechtsänderung die Sichtbarmachung dieses Vorganges nach außen. Um die Publizität nach außen zu wahren, erfordert die Rechtsänderung bei *beweglichen Sachen* daher zusätzlich die *Übergabe* der Sache bzw. ein Übergabesurrogat (§§ 929 ff. BGB bei Übereignung, § 1032 BGB bei Nießbrauch, § 1205 BGB bei Pfandrecht). Bei *Grundstücken* ist die Rechtsänderung *im Grundbuch einzutragen* (§ 873 BGB).[163]

123

### b) Vermutungswirkung

*Vermutungswirkung*

Da eine Rechtsänderung einen Besitzwechsel bzw. eine Grundbuchänderung voraussetzt, spricht eine gewisse Wahrscheinlichkeit dafür, dass der Besitz bzw. die Grundbucheintragung eine Aussage über die rechtliche Zuordnung treffen.[164]

124

---

159  Vgl. BAUR/STÜRNER, § 6II 2; JAUERNIG, § 268, Rn. 3.
160  BAUR/STÜRNER, § 6 II 3.
161  SCHWAB/PRÜTTING, § 6 II 1.
162  Vgl. zum Ganzen BAUR/STÜRNER, § 6 III, § 4 II.
163  Vgl. BAUR/STÜRNER, § 4 II 1.
164  Vgl. BAUR/STÜRNER, § 4 II 2; SCHWAB/PRÜTTING, § 6 II 1.

*§ 1006 BGB lässt Eigentum bei Besitzer vermuten*

§ 1006 I S.1 BGB stellt daher die widerlegbare Vermutung auf, dass der Besitzer einer beweglichen Sache auch deren Eigentümer ist. Die Vermutung baut auf dem Zusammentreffen von Besitz- und Eigentumserwerb auf. Es wird nach h.M. nicht Eigentum des Besitzers vermutet (keine Rechtszustandsvermutung), sondern, dass die in § 1006 I-III BGB genannten Besitzer bei Erwerb dieses Besitzes Eigenbesitz begründeten, dabei unbedingtes Eigentum erwarben (Erwerbsvermutung) und es während der Besitzzeit behielten (Bestandsvermutung).[165]

**hemmer-Methode: § 1006 BGB gilt nicht im Anwendungsbereich des § 952 BGB, da bei § 952 BGB keine Übereignung durch Besitzübertragung stattfindet.**

Über den Wortlaut des § 1006 II BGB hinaus gilt die Vermutung auch noch nach dem Besitzverlust, wird aber bei Begründung von neuem Eigenbesitz von § 1006 I BGB wieder verdrängt.[166]

*Ausräumen der Vermutung*

**Die Vermutungswirkung des § 1006 BGB kann ausgeräumt werden durch:**[167]

⇨ den Nachweis des Abhandenkommens (§ 1006 I 2 BGB)

⇨ die Erschütterung der Vermutungsbasis (gar kein Besitz oder kein Eigenbesitz begründet)

⇨ die Widerlegung der Vermutung selbst (kein Eigentum erworben oder wieder verloren)

*Grundbuch, § 891 BGB*

§ 891 BGB spricht eine vergleichbare Vermutung zugunsten des im Grundbuch Eingetragenen aus.

*wichtig für Beweislast*

Bedeutung hat diese Vermutungswirkung insbesondere im Prozess. Hier hat der Nichtbesitzer zu beweisen, dass er und nicht der Besitzer Eigentümer der Sache ist.

### c) Gutglaubenswirkung

*Gutglaubenswirkung*

Die Rechtsordnung gestattet auch den Eigentumserwerb an beweglichen (§§ 932 ff. BGB) und an unbeweglichen Sachen (§§ 892 ff. BGB) von einem Nichtberechtigten kraft guten Glaubens. Der Erwerber muss dabei seinen guten Glauben auf den objektiven Rechtsschein der Berechtigung des Veräußerers stützen können. Rechtsscheinträger ist hier bei beweglichen Sachen der Besitz (§§ 932 ff. BGB) und bei Grundstücken die Grundbucheintragung (§§ 892 ff. BGB).

Die Gutglaubenswirkung ist somit letztendlich Konsequenz der Übertragungs- und Vermutungswirkung.[168]

**hemmer-Methode: Merken Sie sich schon hier: Der Besitz spricht für das Vorliegen von Eigentum. Deshalb ist immer fraglich, ob ein gutgläubiger Erwerb möglich ist, wenn der Besitzer diesen Rechtsschein selbst zerstört, indem er sich gerade nicht als Eigentümer, sondern nur als Anwartschaftsberechtigter oder Verfügungsberechtigter bezeichnet.**

---

165  Vgl. JAUERNIG, § 1006, Rn. 1 m.w.N.; M. WOLF, Rn. 177.
166  PALANDT, § 1006, Rn. 5; JAUERNIG, § 1006 Rn. 1.
167  JAUERNIG, § 1006 Rn. 1.
168  Vgl. BAUR/STÜRNER, § 4 II 3.

# § 3 BESITZ

## III. Besitzarten

*verschiedene Besitzarten*

Aufgrund unterschiedlicher Kriterien lassen sich verschiedene Arten des Besitzes unterscheiden, die regelmäßig in Kombination vorliegen:[169]

**Unterscheidung nach:** 129

⇨ **Intensität** der Sachbeziehung
- unmittelbarer Besitz §§ 854, 855 BGB
- mittelbarer Besitz § 868 BGB

⇨ **Umfang** der Sachherrschaft
- Alleinbesitz
- Mitbesitz § 866 BGB
- Teilbesitz § 865 BGB

⇨ **Willensrichtung** des Besitzers
- Eigenbesitz § 872 BGB
- Fremdbesitz

⇨ **Berechtigung** des Besitzers
- rechtmäßiger Besitz
- unrechtmäßiger Besitz

⇨ **Art der Besitzerlangung**
- nicht fehlerhafter Besitz
- fehlerhafter Besitz § 858 BGB

### 1. Nach der Intensität der Sachbeziehung

*Intensität des Besitzes*

Nach der Intensität der Sachbeziehung, also der Nähe zur Sache, lassen sich unmittelbarer und mittelbarer Besitz unterscheiden.[170] 130

*unmittelbarer Besitz §§ 854, 855 BGB*

Unmittelbarer Besitzer ist, wer die tatsächliche Sachherrschaft selbst unmittelbar ausübt (§ 854 I BGB). Ausreichend für die Beherrschung ist, wenn ein Besitzdiener gem. § 855 BGB die unmittelbare Sachherrschaft innehat. 131

*mittelbarer Besitz, § 868 BGB*
⇨*Besitzvermittlung im Rahmen von Rechtsverhältnis*

Mittelbarer Besitzer ist dagegen, wer die tatsächliche Sachherrschaft nicht selbst ausübt, sondern den Besitz durch den unmittelbaren Besitzer aufgrund eines zeitlich begrenzten Rechtsverhältnisses vermittelt erhält (§ 868 BGB). Da die tatsächliche Beziehung des mittelbaren Besitzers zu der Sache schwächer ist als die des unmittelbaren Besitzers, wird von „vergeistigter Sachherrschaft" gesprochen. Gem. § 871 BGB ist ein mehrstufiger mittelbarer Besitz möglich. 132

### 2. Nach dem Umfang der Sachherrschaft/Berechtigung

*Allein-/Mit-/Teilbesitz*

Nach dem Umfang der Berechtigung lassen sich Allein-, Mit- und Teilbesitz unterscheiden. 133

*Mitbesitz, § 866 BGB*

Mitbesitzer (§ 866 BGB) üben die tatsächliche *Sachherrschaft* über eine Sache im Gegensatz zum Alleinbesitzer *gemeinsam* aus.

---

[169] Vgl. BAUR/STÜRNER, § 7 A.
[170] PALANDT, Überbl. vor § 854 Rn. 3.

Kann die Sachherrschaft von jedem Mitbesitzer selbständig ausgeübt werden, liegt *schlichter Mitbesitz* vor. Beim *qualifizierten Mitbesitz* kann dagegen die Sachherrschaft nur von allen Mitbesitzern gemeinsam ausgeübt werden.[171]

> *Bsp.: Ehegatten üben an den Sachen in ihrer Wohnung Mitbesitz aus. Da regelmäßig beide Eheleute einen Wohnungsschlüssel haben, handelt es sich um schlichten Mitbesitz. Hat ein Banktresor ein Doppelschloss, zu dem die Angestellten A und B jeweils zu einem Schloss den Schlüssel besitzen, liegt dagegen qualifizierter Mitbesitz vor.*

*Teilbesitz, § 865 BGB*

Gewöhnlich erfasst der Besitz die ganze Sache (Vollbesitz). Daneben kann sich jedoch die tatsächliche Sachherrschaft eines Besitzers auch nur auf einen realen Teil der Sache beziehen. In diesem Fall wird von Teilbesitz (§ 865 BGB) gesprochen. Teilbesitz ist in allen Besitzarten möglich, d.h. unmittelbar / mittelbar, als Eigen-/ Fremdbesitz, als Mit-/ Alleinbesitz. Wenn der Teilbesitz selbständig ausgeübt werden kann, ist er auch an wesentlichen Bestandteilen möglich. § 93 BGB steht dem nicht entgegen.[172]

> *Bsp.: Mieter M hat an seiner Wohnung Teilbesitz als Alleinbesitzer. Hinsichtlich des im Gemeinschaftseigentum stehenden Trockenraumes hat M dagegen Teilbesitz in der Form schlichten Mitbesitzes.*[173]

### 3. Nach der Willensrichtung des Besitzers

*Willen bzgl. Eigen- u. Fremdbesitz beachtlich*

Nach der Willensrichtung des Besitzers lassen sich Eigenbesitz und Fremdbesitz unterscheiden. Diese Unterscheidung spielt insbesondere eine Rolle beim mittelbaren Besitz und bei der Ersitzung. Mittelbarer Besitz liegt nur vor, wenn der unmittelbare Besitzer Fremdbesitzerwillen hat. Nur der Eigenbesitzer kann nach § 937 BGB durch Ersitzung Eigentum erwerben. Auch der Erwerb von Bestandteilen einer getrennten Sache nach § 955 BGB setzt Eigenbesitz voraus. Ebenso unterscheidet § 991 BGB im Rahmen der Haftung des unrechtmäßigen Besitzers zwischen Eigen- und Fremdbesitzer.[174]

*Eigenbesitz, § 872 BGB*

*Eigenbesitzer* ist nach § 872 BGB, wer die Sache als ihm gehörend besitzt, d.h. wer den natürlichen Willen hat, die Sache wie ein Eigentümer zu beherrschen.[175] Nicht nötig ist hingegen die Vorstellung, Eigentümer zu sein, so dass auch der Dieb Eigenbesitzer sein kann.[176]

*Fremdbesitz: Anerkennung fremden Eigentums*

*Fremdbesitzer* ist, wer nicht Eigenbesitzer ist, also die Sache in Anerkennung des fremden Eigentums besitzt. Es genügt der natürliche Wille, die Sache für einen anderen zu beherrschen. Als Beispiel können der Mieter oder Entleiher genannt werden.

### 4. Nach der Berechtigung des Besitzers

*rechtmäßiger / unrechtmäßiger Besitz wichtig wegen EBV*

Nach der Berechtigung des Besitzers lässt sich rechtmäßiger und unrechtmäßiger Besitz unterscheiden. Bedeutung hat diese Unterscheidung im Eigentümer-Besitzer-Verhältnis für die §§ 987 ff. BGB.

*Recht zum Besitz maßgeblich, § 986 BGB*

*Rechtmäßiger Besitzer* ist, wem ein Recht zum Besitz i.S.d. § 986 BGB zusteht.

---

171  Vgl. PALANDT, § 866 Rn. 2; vgl. dazu auch Rn. 189.
172  Vgl. PALANDT, § 865 Rn. 1; BAUR/STÜRNER, § 7 B II 1 b.
173  MüKo-JOOST, § 865 Rn.4.
174  Vgl. PALANDT, Überbl vor § 854 Rn. 3.
175  JAUERNIG, § 872, Rn 1.
176  PALANDT, § 872, Rn. 1.

# § 3 BESITZ

## 5. Nach der Art der Besitzerlangung

*fehlerhafter Besitz*

Nach der Art der Besitzerlangung lassen sich fehlerhafter und nicht fehlerhafter Besitz unterscheiden. Bedeutung hat diese Unterscheidung im Rahmen der Besitzschutzansprüche gem. §§ 858 ff. BGB.

*verbotene Eigenmacht, § 858 BGB*

*Fehlerhaft* ist der Besitz, wenn der Besitzer ihn durch verbotene Eigenmacht erlangt hat und noch im Besitz der Sache ist (§ 858 I, II S.1 BGB). Gleiches gilt für einen Nachfolger im Besitz, wenn dieser den Besitz durch Erbschaft erlangt hat, oder wenn er bei Besitzerwerb die Fehlerhaftigkeit positiv kannte (§ 858 II S.2 BGB).

## B. Erwerb und Verlust des Besitzes

### I. Der unmittelbare Besitz

#### 1. Erwerb nach § 854 I BGB

*Besitzergreifung und Besitznachfolge möglich*

Der unmittelbare Besitz kann originär - durch einseitige Besitzergreifung - oder derivativ - durch Besitznachfolge - erworben werden. § 854 I BGB erfasst beide Möglichkeiten.

*bei § 854 I BGB auch Besitzwillen notwendig*

Gemäß § 854 I BGB wird der unmittelbare Besitz durch die Erlangung der tatsächlichen Gewalt über die Sache erworben. Die h.M.[177] verlangt daneben noch einen auf die Erlangung der tatsächlichen Sachherrschaft gerichteten Willen, den sog. Besitzbegründungswillen.

**Voraussetzungen des § 854 I BGB:**
⇨ 1. Erlangung der tatsächlichen Sachherrschaft
⇨ 2. Besitzbegründungswillen

#### a) Erlangung der tatsächlichen Sachherrschaft

*bzgl. Sachherrschaft ist Verkehrsanschauung maßgeblich*

Die tatsächliche Sachherrschaft wird im Gesetz nicht definiert, sondern richtet sich nach der *Verkehrsanschauung*.[178] Sie kann bestimmt werden als eine tatsächliche Machtbeziehung einer Person zu einer Sache,[179] die es dem Erwerber ermöglicht, tatsächlich auf die Sache einzuwirken und andere von der Einwirkung - nicht notwendig vollständig - auszuschließen. Die tatsächliche Gewalt über eine Sache setzt daher eine gewisse *räumliche Beziehung* zur Sache und eine gewisse *Dauer* dieser Sachbeziehung voraus.[180] Beide Merkmale können je nach Verkehrsanschauung unterschiedlich stark ausgeprägt sein. Auf ein Recht zum Besitz kommt es nicht an, so dass auch der Dieb Besitzer sein kann.[181]

---

177 BGHZ 27, 362; PALANDT, § 854 Rn. 2; MÜKO-JOOST, § 854 Rn. 8.
178 Vgl. BAUR/STÜRNER, § 7 B II 1.
179 MÜKO-JOOST, § 854 Rn. 3.
180 BAUR/STÜRNER, § 7 B II 1a.
181 BAUR/STÜRNER, § 7 B.II.1.b.

**144** Unter dem Gesichtspunkt der Verkehrsanschauung muss erkennbar sein, dass die Sache in einem Herrschaftsverhältnis zu irgendjemand steht. Die Erkennbarkeit des konkreten Besitzers ist unerheblich.[182].

*So bleibt z.B. derjenige Besitzer, der seinen PKW auf einem weit entfernten, öffentlichen Parkplatz abgestellt hat, obwohl keine unmittelbare räumliche Beziehung mehr besteht.*

*Dagegen ist mangels ausreichender Dauer derjenige nicht Besitzer, welcher sich auf einer Parkbank niederlässt.[183]*

**145** Wer Besitz erst erwerben will, muss in eine engere Sachherrschaft zur Sache treten, als danach für die Fortdauer des Besitzes nötig ist.[184]

### b) Besitzbegründungswille

*Besitzbegründungswille*

**146** Die ganz *h.M.*[185] verlangt neben der tatsächlichen Sachherrschaft auch einen *Besitzbegründungswillen*. Dies gilt unstrittig für den *derivativen Besitzerwerb*, bei welchem ein Aufgabewillen des bisherigen Besitzers und ein Erwerbswillen des neuen Besitzers erforderlich ist. Beim *originären Besitzerwerb* soll dagegen nach einer *Mindermeinung*[186] die objektive Einfügung in die Interessensphäre oder Organisation genügen. Von dem Vorliegen einer tatsächlichen Gewalt kann sinnvollerweise jedoch nur gesprochen werden, wenn auch ein Bewusstsein dieser Machtbeziehung gegeben ist. Auch lässt sich die Regelung des § 867 S.1 BGB nur erklären, wenn neben der tatsächlichen Gewalt auch ein Besitzwille nötig ist. An dem Erfordernis des Besitzwillens ist daher festzuhalten.

*natürlicher Wille ausreichend*

**147** Der Besitzwille ist kein rechtsgeschäftlicher Wille, sondern ein *natürlicher Wille*, da er ein tatsächliches Machtverhältnis betrifft.[187] Nicht anwendbar sind daher die Regeln über die Geschäftsfähigkeit §§ 104 ff. BGB. Auch beschränkt Geschäftsfähige oder Geschäftsunfähige können ohne Zustimmung eines gesetzlichen Vertreters Besitz erwerben. Voraussetzung ist jedoch, dass die Person noch zu einer natürlichen Willensbildung in der Lage ist.

Dies ist z.B. bei Bewusstlosen nicht mehr der Fall. Der Besitzwille ergibt sich regelmäßig aus den Umständen und muss nicht ausdrücklich geäußert werden.

*allgemeiner Wille; nicht aber wenn Sache heimlich zugesteckt*

**148** Für den Besitzwillen gilt nicht der Spezialitätsgrundsatz. Es genügt ein *allgemeiner, juristisch nicht weiter qualifizierter Beherrschungswille*, d.h. der erkennbare Wille zur Ausübung der tatsächlichen Sachherrschaft. Der **Besitzwille** kann somit konkret sein, sich also auf einen bestimmten Gegenstand beziehen, oder aber **generell auf Sachen bezogen sein**, die regelmäßig in den Herrschaftsbereich des Erwerbers gelangen (z.B. Supermarkt bzgl. verlorener Gegenstände der Kunden). Der allgemeine Beherrschungswille ist jedoch einschränkend zu bewerten, wenn fremde Sachen unvorhergesehen in den Herrschaftsbereich einer Person gelangen. Ein genereller Beherrschungswille ist anzunehmen, wenn der Erwerber besondere Einrichtungen für den Empfang solcher Sachen bereithält (z.B. Briefkasten, Sammelbüchse, Wild-/Fischfangvorrichtung). Ein genereller Besitzwille fehlt jedoch, wenn dem Erwerber eine Sache heimlich zugesteckt wurde (z.B. dem ahnungslosen Touristen wird Rauschgift zugesteckt, damit dieser es über die Grenze bringt).

---

182 JAUERNIG, § 854, Rn. 2.
183 Weitere Beispiele etwa bei KOLLHOSSER, JuS 1992, 216.
184 BAUR/STÜRNER, § 7 B.II.2.
185 PALANDT, § 854 Rn. 2, 5; MÜKO-JOOST, § 854 Rn. 8; BAUR/STÜRNER, § 7 B II 2.
186 WESTERMANN § 13 I 2 m.w.N.
187 MÜKO-JOOST, § 854 Rn. 9; PALANDT, § 854 Rn. 5.

# § 3 BESITZ

*Bsp.:*[188] *Wenn ein Kleinkind einen Geldbeutel aufhebt, erlangt es hieran Besitz. Der frisch operierte, noch betäubte Patient, dem ein Besucher Blumen ins Zimmer gebracht hat, erlangt Besitz aber erst, wenn er sich nach dem Erwachen zum Behalten entschließt.*

### 2. Erwerb nach § 854 II BGB

*§ 854 II BGB*

§ 854 II BGB bietet eine Erleichterung für den derivativen Besitzerwerb.

*Beispiel*[189]: *E ist Eigentümer eines Stapels Holz im Tannenwäldchen an der großen Wegkreuzung. Er will das Holz an K übereignen. Wie ist das am einfachsten möglich?*

*Voraussetzungen*

**Die Voraussetzungen des § 854 II BGB sind:**
⇨ Besitz des Veräußernden
⇨ Einigung über Besitzübergang
⇨ Möglichkeit der Herrschaftsausübung beim Erwerber

*rechtsgeschäftliche Einigung*

Die Beteiligten müssen sich über den Besitzübergang einigen. Es handelt sich hierbei um eine *rechtsgeschäftliche Einigung*, auf welche die Regeln des Allgemeinen Teils über Rechtsgeschäfte uneingeschränkt Anwendung finden.[190] Insbesondere ist also Geschäftsfähigkeit erforderlich. Zu unterscheiden ist diese Einigung von der Einigung über den Eigentumsübergang nach § 929 BGB. In der Praxis fallen jedoch i.d.R. beide Einigungen zusammen.[191]

Es ist zu beachten, dass die Einigung i.S.d. § 854 II BGB abstrakt ist, d.h. Mängel des kausalen Grundgeschäfts berühren den Besitzübergang nicht. Dagegen liegt bei Nichtigkeit der dinglichen Einigung über den Eigentumswechsel i.d.R. Fehleridentität vor.[192]

*offener Besitz; bloße Möglichkeit ist ausreichend*

§ 854 II BGB ermöglicht den Besitzerwerb auch ohne die Erlangung der tatsächlichen Sachherrschaft. Die bloße Möglichkeit der Sachherrschaft ist ausreichend. Voraussetzung ist jedoch das Vorliegen des sog. „*offenen Besitzes*", d.h. der Erwerber muss ohne weitere Gestattungshandlung des alten Besitzers oder eines Dritten den erlangten Besitz auch ausüben können.[193]

Im Fall genügt es also, wenn E und K sich i.S.d. § 929 S.1 BGB über den Eigentumsübergang einigen. Die Übergabe erfolgt nach § 854 II BGB durch Einigung über den Besitzübergang. E und K müssen nicht in den Wald gehen und das Holz tatsächlich übergeben. Mit § 854 II BGB verfolgt das Gesetz insofern eine sinnvolle Vereinfachung des Rechtsverkehrs.[194]

**hemmer-Methode: Beachten Sie aber unbedingt, dass der bisherige Besitzer seine tatsächliche Sachherrschaft erkennbar aufgeben muss. Anderenfalls nützt auch die formularmäßige Bezeichnung des Erwerbers als unmittelbarer Besitzer nichts.**

---

188  In Anlehnung an BAUR/STÜRNER, § 7 B II 2 a.
189  In Anlehnung an BGHZ 27, 360.
190  H.M.: BAUR/STÜRNER, § 7 B II 2c; PALANDT, § 854 Rn. 9; a.A. MÜKO-JOOST, § 854 Rn. 21 danach genügt ein tatsächliches Einverständnis.
191  BAUR/STÜRNER, § 7 B II 2c; BGH NJW 1979, 714.
192  PALANDT, § 854 Rn. 9.
193  BAUR/STÜRNER, § 7 B II 2c.
194  BAUR/STÜRNER, § 7 B.II.2.c.

## 3. Beendigung nach § 856 BGB

*Beendigung, § 856 BGB*

Nach § 856 I BGB wird der Besitz dadurch beendigt, dass der Besitzer die tatsächliche Herrschaft aufgibt oder in anderer Weise verliert. Es ist somit zu unterscheiden zwischen Besitzaufgabe und Besitzverlust.

*Besitzaufgabehandlung und Aufgabewillen*

Die *Besitzaufgabe* setzt neben einer äußerlich erkennbaren *Aufgabehandlung* hinsichtlich des tatsächlichen Herrschaftsverhältnisses auch einen *natürlichen Besitzaufgabewillen* voraus.[195] Die Aufgabehandlung kann in der Übertragung des Besitzes auf einen Dritten oder in einer einseitigen Beendigung liegen. In ersterem Fall erwirbt der Dritte derivativ den Besitz. Bei der einseitigen Beendigung wird die Sache besitzlos. Ein Dritter kann dann den Besitz originär erwerben.[196] Der Besitzaufgabewille ist auch hier nur ein natürlicher Wille. Es gilt das zum Besitzbegründungswillen Gesagte. Die Besitzaufgabe ist somit ebenso wie die Besitzbegründung kein Rechtsgeschäft, sondern ein Realakt (Ausnahme: § 854 II BGB).

*Besitzverlust*

Der *Besitzverlust „in anderer Weise"* bedeutet die Beendigung der Sachherrschaft unabhängig vom Willen des Besitzers, also *unfreiwilligen* Besitzverlust. Dem Besitzer kann die Sache z.B. durch einen Dieb entzogen werden.

Darunter kann auch der unbewusste Verlust der tatsächlichen Gewalt durch z.B. Verlieren, Vergessen fallen. Dies setzt allerdings voraus, dass eine Wiedererlangung der Sache ausgeschlossen oder zumindest erheblich erschwert ist. Solange der Besitzer jederzeit konstruieren kann, wo sich die Sache befindet und zumindest die Möglichkeit besteht, die Sache wieder an sich zu bringen, liegt ein Besitzverlust nicht vor.[197]

*nicht nur vorübergehende Verhinderung, § 856 II BGB*

Die nur vorübergehende Verhinderung in der Ausübung der Sachherrschaft führt nach § 856 II BGB nicht zum Besitzverlust. Ausschlaggebend sind in diesem Zusammenhang die Umstände des Einzelfalles. Vorübergehend ist die Verhinderung, wenn bei normalem Verlauf der Dinge mit Sicherheit anzunehmen ist, dass sie wieder aufgehoben wird.[198]

> **Bsp.:** *Wenn der Chauffeur ohne Wissen seines Dienstherrn dessen Wagen für eine kurze Spritztour benutzt, bleibt der Dienstherr weiter Besitzer.*[199]

*§ 935 BGB*

Bei unfreiwilligem Besitzverlust ist die Sache i.S.d. § 935 I BGB abhanden gekommen und kann nicht mehr gutgläubig erworben werden.

*Besitzaufgabe ist kein Rechtsgeschäft ⇨ Anfechtung (-)*

Gibt ein Besitzer seinen Besitz aufgrund einer Drohung, Zwangs oder Irrtums auf, ist umstritten, ob dieser Besitzaufgabewille anfechtbar ist. Eine Anfechtung würde dazu führen, dass der Besitzverlust nicht mehr freiwillig erfolgte und somit § 935 I BGB einen gutgläubigen Erwerb verhindert. Nach dem *BGH*[200] ist die Besitzaufgabe kein Rechtsgeschäft und damit auch nicht anfechtbar. Jedoch ist ein natürlicher Besitzaufgabewillen ausgeschlossen, wenn dieser unter Druck oder unerträglich wirkender Drohung gefasst worden ist.

---

195 M. Wolf, Rn. 134.
196 Vgl. Baur/Stürner, § 7 II 3a.
197 BGH Life and Law 2007, 370 ff.; Aufhänger für den Fall war die Frage nach einem Anspruch auf Schadensersatz gem. § 823 I BGB wegen Verletzung des sonstigen Rechts des berechtigten Besitzes. Die Verwirklichung setzt voraus, dass der Verletzte noch Besitz hat, was bei Vorliegen der Voraussetzungen des § 856 BGB nicht der Fall wäre.
198 Schwab/Prütting, § 7 II.
199 RGZ 52, 117 f.
200 BGHZ 4, 10 (33 ff.).

# § 3 BESITZ

Damit liegt automatisch ein unfreiwilliger Besitzverlust vor, so dass § 935 I BGB eingreift.[201]

*anders § 959 BGB*

Die Besitzaufgabe nach § 856 I BGB darf nicht mit der Eigentumsaufgabe nach § 959 BGB verwechselt werden. Beide Vorgänge fallen zwar häufig zusammen. Bei der *Dereliktion* nach § 959 BGB handelt es sich jedoch um ein einseitiges *Rechtsgeschäft*, das zur *Herrenlosigkeit* der Sache führt. Die *Besitzaufgabe* nach § 856 I BGB ist dagegen ein *Realakt*, der zur *Besitzlosigkeit* der Sache führt.

160

**hemmer-Methode:** Examenstypisches Konfliktfeld, in welchem § 856 BGB Bedeutung hat, ist die Besitzaufgabe an einer Sache, z.B. Fernseher, die im Mitbesitz beider Ehegatten steht, deren Alleineigentümer aber der aufgebende Ehegatte ist. Z.B., wenn die Ehefrau als Alleineigentümerin eines Fernsehers einen Brief an ihren Mann schreibt: „Ich verlasse Dich für immer". Dann zieht Sie zu ihren Eltern. Verfügt der Ehemann dann über den Fernseher, so scheitert die Verfügung nicht an § 935 BGB wegen der Besitzaufgabe i.S.d. § 856 BGB. Die Verfügung scheitert aber, wenn man mit der h.M. § 1369 BGB analog anwendet. Die ratio legis erzwingt die entsprechende Anwendung auf Haushaltsgegenstände, die dem anderen Ehegatten gehören.[202] Lernen Sie die examenstypische Konstellation und nicht hundert Meinungen!

## II. Der mittelbare Besitz

### 1. Begriff des mittelbaren Besitzes

*mittelbarer Besitz, § 868 BGB*

Mittelbarer Besitzer ist gem. § 868 BGB derjenige, der die tatsächliche Sachherrschaft durch einen anderen ausüben lässt. Seine Beziehung zur Sache ist nur mittelbar (sog. „vergeistigte Sachherrschaft"). Sie wird durch den unmittelbaren Besitzer (= Besitzmittler) vermittelt. Auch diese mittelbare Sachbeziehung ist nach dem Willen des Gesetzes schutzwürdiger, vollwertiger Besitz.[203] Nach § 871 BGB ist auch ein mehrstufiger mittelbarer Besitz möglich.

161

> *Bsp. 1:* E verleiht seinen Palandt an L. L verleiht ihn an D weiter. D ist unmittelbarer Besitzer, L mittelbarer Besitzer 1. Stufe gem. § 868 BGB, E ist Eigentümer und mittelbarer Besitzer 2. Stufe gem. § 871 BGB.

> *Bsp. 2:* Gerichtsvollzieher G pfändet bei S im Auftrag des X einen Flügel nach § 808 II ZPO. In diesem Fall ist der S unmittelbarer Fremdbesitzer, G mittelbarer Fremdbesitzer 1. Grades, X mittelbarer Fremdbesitzer 2. Grades und der S schließlich auch mittelbarer Eigenbesitzer 3. Grades. Nimmt der Gerichtsvollzieher die Sache in Besitz (§ 808 I ZPO) verkürzt sich die Kette entsprechend.

*i.d.R. ist Besitz i.S.d. Gesetzes auch mittelbarer Besitz*

Spricht das Gesetz von „Besitz", fällt darunter regelmäßig auch der mittelbare Besitz. Etwas anderes kann sich jedoch durch Auslegung der betreffenden Norm ergeben, so z.B. bei § 858 BGB (wegen § 869 BGB) oder bei § 935 I 1 BGB (wegen § 935 I 2 BGB).

162

*Voraussetzungen*

**Der mittelbare Besitz hat nach § 868 BGB folgende Voraussetzungen:**

⇨ unmittelbarer Besitz des Besitzmittlers

⇨ Besitzmittlungsverhältnis i.S.d. § 868 BGB

---

201 Vgl. KOLLHOSSER, JuS 1992, 217.
202 Vgl. PALANDT, § 1369 Rn. 1.
203 Vgl. BAUR/STÜRNER, § 7 B III 1a.

> ⇨ Besitzmittlungswillen
>
> ⇨ Herausgabeanspruch des mittelbaren Besitzers gegen den Besitzmittler

### a) Unmittelbarer Besitz/Besitzmittlungswille

*Fremdbesitzer*

Der Besitzmittler muss unmittelbarer Besitzer sein. Dabei muss er den Willen haben, die Sache als Mieter, Verwahrer, Nießbraucher usw., d.h. als *Fremdbesitzer* zu besitzen.

Der Besitzmittlungswille muss nicht rechtlich qualifiziert sein. Es genügt, wenn der Besitzmittler eine andere Person als „Oberbesitzer" anerkennt.[204] Schwingt sich der Besitzmittler erkennbar zum Eigenbesitzer auf, endet der mittelbare Besitz.[205]

**hemmer-Methode: Der mittelbare Besitzer ist daher vollkommen der „Gunst" seines Besitzmittlers ausgeliefert. Der Mittelbare (vergeistigte) Besitz ist daher keine sehr starke Besitzposition!**

### b) Besitzmittlungsverhältnis

*Besitzkonstitut*

Es muss ein Rechtsverhältnis der in § 868 BGB beschriebenen Art zwischen Besitzmittler und mittelbarem Besitzer vorliegen (Besitzmittlungsverhältnis oder Besitzkonstitut). Die in § 868 BGB erfolgte Aufzählung hat dabei nur Beispielcharakter, wie sich aus der Formulierung „oder in einem ähnlichen Verhältnisse" ergibt.

*ähnliches Verhältnis*

Ein ähnliches Verhältnis ist jedes hinreichend konkrete Rechtsverhältnis, das - auf Zeit - einen anderen zum Besitze berechtigt oder verpflichtet, wie etwa die Hinterlegung, Auftragsverhältnisse oder Sicherungsverträge.[206]

Der Besitzmittler muss sein Besitzrecht gerade von dem mittelbaren Besitzer ableiten. Auf die Wirksamkeit des Rechtsverhältnisses kommt es nicht an. Es genügt ein *vermeintliches Besitzmittlungsverhältnis*.[207]

Voraussetzung ist jedoch ein konkretes (bestimmtes) Besitzmittlungsverhältnis. Die bloß allgemeine (abstrakte) Abrede, für einen anderen besitzen zu wollen, ist nicht ausreichend.[208] Die sich aus dem Wortlaut des § 868 BGB ergebende zeitliche Begrenzung der Besitzberechtigung bedeutet jedoch nicht, dass der Besitzmittler die Sache nach Zeitablauf zurückgeben muss. Das Besitzmittlungsverhältnis kann auch dadurch enden, dass der Besitzmittler Eigentum erwirbt, wie z.B. beim Kauf unter Eigentumsvorbehalt.[209]

### c) Herausgabeanspruch

*Herausgabeanspruch gegen Besitzmittler auch aus BMV*

Aus dem Zeitmoment ergibt sich, dass dem mittelbaren Besitzer gegen den Besitzmittler ein - wenn auch nur bedingter oder betagter oder von der Ausübung eines Gestaltungsrechtes abhängiger – *Herausgabeanspruch* zustehen muss.[210]

---

204 Vgl. Baur/Stürner, § 7 B III 1b aa.
205 Vgl. Palandt, § 868 Rn. 7.
206 Vgl. weiter Palandt, § 868 Rn, 14 ff.
207 Baur/Stürner, § 7 B III 1b dd; Lopau JuS 1980, 501 (502).
208 Baur/Stürner, § 7 B III 1c.
209 Vgl. Baur/Stürner, § 7 B III 1b cc.
210 Vgl. Baur/Stürner, § 7 B III 1b dd.

## § 3 BESITZ

Dieser Herausgabeanspruch ergibt sich regelmäßig aus dem Besitzmittlungsverhältnis. Insbesondere bei Bestehen eines nur vermeintlichen Besitzmittlungsverhältnisses genügt jedoch ein Anspruch aus §§ 985, 812, 823 i.V.m. 249 BGB usw.

*Ausnahme*

**hemmer-Methode: Achtung: Dies gilt nicht bei der Sicherungsübereignung gem. §§ 929, 930 BGB, bei der der Sicherungsvertrag selbst mitsamt Besitzmittlungsverhältnis unwirksam ist. Hier fehlt es an einem Herausgabeanspruch aus dem Besitzmittlungsverhältnis selbst, an demjenigen aus § 985 BGB (ohne Besitzmittlungsverhältnis noch kein Eigentumserwerb) und auch an demjenigen aus § 812 BGB (es wurde nichts geleistet).[211]**

### 2. Erwerb des mittelbaren Besitzes

Der Erwerb des mittelbaren Besitzes erfolgt originär durch Entstehen seiner Voraussetzungen oder derivativ durch Übertragung bereits bestehenden mittelbaren Besitzes.

*originärer Erwerb*

Hauptfälle des originären Erwerbs mittelbaren Besitzes sind:

⇨ Der bisherige unmittelbare Besitzer wird mittelbarer Besitzer, indem er den unmittelbaren Besitz unter Vereinbarung eines Besitzmittlungsverhältnisses auf einen Dritten überträgt (z.B. Vermietung einer Sache).

⇨ Der bisherige unmittelbare Besitzer behält die tatsächliche Sachherrschaft, überträgt aber einem Dritten durch ein Besitzmittlungsverhältnis den mittelbaren Besitz (z.B. bei der Sicherungsübereignung).

*antizipiertes BMV*

Dem originären Besitzerwerb gleichgestellt ist der Fall, in welchem ein Besitzmittlungsverhältnis vereinbart wurde, noch bevor der unmittelbare Besitzer den Besitz erhält *(antizipiertes Besitzkonstitut)*. Mit Erwerb des unmittelbaren Besitzes durch den Besitzmittler erwirbt der Oberbesitzer dann den mittelbaren Besitz.

*BMV kraft Gesetz*

Gleiches gilt, wenn ein Besitzmittlungsverhältnis kraft Gesetzes entsteht, z.B. zwischen Eltern und Kind, Vormundschaft, Pflegschaft oder bei Nachlassverwaltung.

**hemmer-Methode: Denken Sie in der Klausur daran: Der mittelbare Besitz genügt sowohl für den Eigentumserwerb gem. § 929 S.1 BGB, als auch für den Eigentumserwerb gem. §§ 929, 930 BGB. Beides sind aber grundverschiedene Fälle.**

*derivativer Erwerb*

Die Übertragung des mittelbaren Besitzes (derivativer Erwerb mittelbaren Besitzes) kann gem. § 870 BGB durch Abtretung des Herausgabeanspruchs erfolgen. Die Abtretung muss dem Besitzmittler dabei nicht mitgeteilt werden. Bedeutung hat diese Übertragung im Rahmen der Übereignung nach § 931 BGB und dem gutgläubigen Erwerb nach § 934 1.Alt. BGB.

### 3. Verlust des mittelbaren Besitzes

*Ende des mittelbaren Besitzes*

**Der mittelbare Besitz endet**

⇨ im Falle des § 870 BGB bei Abtretung des Herausgabeanspruchs

---

[211] JAUERNIG, JuS 1994, 725 f.; BAUR/STÜRNER, § 57 IV.1.).

> **oder wenn**
> 
> ⇨ das Besitzkonstitut aufgehoben wird,
> 
> ⇨ der Herausgabeanspruch entfällt,
> 
> ⇨ der Besitzmittler den unmittelbaren Besitz verliert oder aufgibt oder
> 
> ⇨ der Besitzmittler seinen Besitzmittlungswillen erkennbar aufgibt und sich zum Eigenbesitzer aufschwingt oder für einen neuen Oberbesitzer besitzt.

## III. Sonderformen des Besitzerwerbs

### 1. Besitzdiener, § 855 BGB

#### a) Begriff

*Besitzdiener (§ 855 BGB) besitzt für Besitzherrn*

Der Besitzdiener übt die tatsächliche Gewalt gemäß § 855 BGB für einen anderen, den sog. *Besitzherrn*, aus. Die Rechtsfolge ist jedoch, dass der Besitzherr alleiniger Besitzer ist, obwohl er keine tatsächliche Sachherrschaft hat.

Der Besitzdiener ist dagegen trotz seiner Sachherrschaft nicht Besitzer. Ansprüche aufgrund des Besitzes stehen somit nur dem Besitzherrn zu, nicht dem Besitzdiener. Ausnahme stellt hier die Selbsthilfe nach § 859 BGB dar, deren Ausübung nach § 860 BGB ausdrücklich auch dem Besitzdiener zusteht. Ob allerdings verbotene Eigenmacht vorliegt, richtet sich allein nach dem Willen des Besitzherrn. Da der Besitzerwerb kein Rechtsgeschäft darstellt, ist auch keine Stellvertretung nach §§ 164 ff. BGB möglich. Eine vergleichbare Funktion erfüllt für den Besitz daher der Besitzdiener.

173

*Voraussetzungen*

> **Die Voraussetzungen des § 855 BGB sind:**
> 
> ⇨ soziales Abhängigkeitsverhältnis
> 
> ⇨ Ausübung der tatsächlichen Gewalt im Rahmen dieses Verhältnisses
> 
> ⇨ Erkennbarkeit des Verhältnisses

174

*soziale Abhängigkeit*

Voraussetzung ist also zunächst ein soziales Abhängigkeitsverhältnis zwischen Besitzdiener und Besitzherrn,[212] das öffentlich- oder privatrechtlich sein kann.[213] Eine bloße wirtschaftliche Abhängigkeit ist nicht ausreichend.[214] Der Besitzdiener muss in diesem Verhältnis lediglich als Werkzeug des Besitzherrn erscheinen.

Charakteristisches Merkmal für ein derartiges Abhängigkeitsverhältnis ist die *Weisungsgebundenheit* des Besitzdieners.[215] Zwar muss das Rechtsverhältnis, welches die Weisungsgebundenheit begründet, nicht wirksam sein. Es muss sich jedoch daraus eine Gehorsamspflicht ergeben.[216]

175

---

212 Kollhosser, JuS 1992, 393.
213 Jauernig, § 855 Rn. 1.
214 Vgl. Palandt, § 855 Rn. 1.
215 Baur/Stürner, § 7 I 2.
216 MüKo-Joost, § 855 Rn. 7.

# § 3 BESITZ

Der Unterschied zwischen Besitzdiener und Besitzmittler liegt insofern darin, dass der Besitzdiener Weisungen unterworfen ist.[217]

*"im Rahmen" eines Abhängigkeitsverhältnisses*

Der Besitzdiener muss im Rahmen seines Abhängigkeitsverhältnisses tätig geworden sein. Abzustellen ist auf die Organisation, in die er eingegliedert ist. Übt er die tatsächliche Sachherrschaft innerhalb des ihm übertragenen Aufgabenbereichs aus, ist der Besitzherr Besitzer unabhängig vom Willen des Besitzdieners, sofern dieser seinen entgegenstehenden Willen nicht nach außen erkennbar betätigt.[218] Es wird vermutet, dass der Besitzdiener, der sich im Rahmen seiner Befugnisse hält, auch mit Besitzdienerwillen handelt.[219]

> **Bsp.:** Die Platzanweiserin im Kino findet eine wertvolle Perlenkette. Besitzer ist allein der Kinobetreiber. Er ist auch Finder i.S.d. §§ 965 ff. BGB.

*Erkennbarkeit*

Nach h.M.[220] muss das Bestehen eines sozialen Abhängigkeitsverhältnisses für einen mit den Verhältnissen nicht vertrauten Dritten erkennbar sein.

> **hemmer-Methode:** Unterschlägt der Besitzdiener die Sache ohne Willen des Besitzherrn, so liegt Abhandenkommen i.S.d. § 935 BGB vor. Gleichzeitig liegt nach der Rspr. §§ 989, 990 BGB vor. Die Umwandlung der Besitzdienerschaft in unrechtmäßigen Eigenbesitz ist Besitzerwerb i.S.d. § 990 I 1 BGB.

## b) Besitzerwerb durch Stellvertreter

*bei Stellvertreter Problem, dass Besitzerwerb Realakt ist*

Nach § 854 I BGB setzt der Besitzerwerb die Erlangung der tatsächlichen Sachherrschaft voraus. Da es sich bei dem Besitzerwerb um einen Realakt handelt, scheidet eine rechtsgeschäftliche Stellvertretung nach §§ 164 ff. BGB aus. § 855 BGB ermöglicht nun mittels des Besitzdieners einen Besitzerwerb des Besitzherrn, ohne dass dieser selbst unmittelbar die tatsächliche Sachherrschaft innehat. Der Besitzherr erwirbt damit unmittelbaren Besitz, wenn in der Person des Besitzdieners die tatsächliche Sachherrschaft und ein allgemeiner Beherrschungswille i.S.d. § 854 I BGB gegeben ist.

Soll ein rechtsgeschäftlicher Vertreter für den Vertretenen unmittelbar Eigentum erwerben gem. §§ 929, 164 BGB, so muss der Vertreter gleichzeitig Besitzdiener des Vertretenen i.S.d. § 855 BGB sein.

*§ 854 II BGB*

Da für den Besitzerwerb nach § 854 II BGB eine rechtsgeschäftliche Einigung erforderlich ist, kann hier der Besitz mittels rechtsgeschäftlicher Stellvertretung unmittelbar für den Geschäftsherrn erworben werden. Die §§ 164 ff. BGB sind anwendbar. Der Vertreter muss nicht Besitzdiener sein.

In allen anderen Fällen ist ein Erwerb des unmittelbaren Besitzes durch Stellvertretung ausgeschlossen, solange der Vertretene nicht selbst die tatsächliche Sachherrschaft erlangt.

*antizipiertes BMV möglich*

Mittelbaren Besitz kann der Vertretene mit Aushändigung der Sache an den Vertreter erlangen, sofern zwischen Vertreter und Vertretenem ein (antizipiertes) Besitzmittlungsverhältnis besteht. Das Besitzkonstitut kann auch durch Insichgeschäft nach § 181 BGB begründet werden. Für den mittelbaren Besitzerwerb ist kein Realakt erforderlich und daher Stellvertretung möglich. Ebenfalls möglich ist ein derivativer Erwerb des mittelbaren Besitzes durch Stellvertretung nach §§ 870, 398, 164 ff. BGB.

---

217 M. WOLF, Rn. 149.
218 H.M. BGHZ 8, 130(133); PALANDT, § 855 Rn. 4; a.A. MüKo-JOOST, § 855 Rn. 10.
219 KOLLHOSSER, JuS 1992, 393.
220 BGHZ 27, 360(363); PALANDT, § 855 Rn. 1; a.A. MüKo-JOOST, § 855 Rn. 10.

> **hemmer-Methode:** Unterscheiden Sie antizipiertes Besitzmittlungsverhältnis und Insichgeschäft. Während beim antizipierten Besitzmittlungsverhältnis die Vereinbarung vor der Besitzerlangung liegt, wird beim Insichgeschäft frühestens im Augenblick der Besitzerlangung das Besitzmittlungsverhältnis begründet.
> Deswegen ist im Examensfall genau festzustellen, ob die Parteien sich schon vorweg geeinigt haben. Es bedarf nach h.M. der äußerlichen Sichtbarmachung nur beim Insichgeschäft. Hauptfall ist der Kommissionär. Dieser wird als mittelbarer Stellvertreter zunächst Eigentümer der gekauften Sache. Mittels Insichgeschäfts überträgt er das Eigentum auf den Kommittenten, wozu er auch gem. § 384 II, 2.HS. HGB verpflichtet ist.

### 2. Erbenbesitz § 857 BGB

*Erbe, §§ 1922, 857 BGB*

Nach § 1922 BGB tritt der Erbe im Rahmen der Gesamtrechtsnachfolge in die Rechtsstellung des Erblassers ein. Ergänzt wird § 1922 BGB, der nur die Rechte, nicht aber den Besitz erfasst, durch die Regelung des § 857 BGB.[221] Gemäß § 857 BGB ist auch der Besitz vererblich. Der Erbe erlangt daher mit dem Erbfall genau die Besitzstellung, welche auch der Erblasser innehatte. War der Erblasser unmittelbarer Besitzer, so wird dies auch der Erbe, unabhängig davon, ob der Erbe die tatsächliche Sachherrschaft innehat bzw. vom Erbfall weiß. Ein Besitzbegründungswille ist nicht erforderlich.

*Bedeutung des § 857 BGB*

Mehrere Erben erlangen Mitbesitz. Bedeutung erlangt § 857 BGB vor allem im Rahmen des § 935 BGB.[222] Ohne § 857 BGB wäre der Erbe vor dem tatsächlichen Ergreifen des Nachlasses nicht gem. § 935 BGB vor einer Verfügung durch Nichtberechtigte geschützt, weil es bis dahin mangels Besitzes kein Abhandenkommen gäbe. § 857 BGB überwindet diese Lücke und bezweckt damit deutlich den Schutz des Erben.[223]

> **hemmer-Methode:** Dieser Schutz führt also dazu, dass ein gutgläubiger Erwerb gem. § 935 BGB ausgeschlossen ist. Denn die Ergreifung der Sache durch einen Dritten führt beim Erben zu einem Abhandenkommen i.S.d. Vorschrift. Ist der Veräußerer jedoch durch einen Erbschein legitimiert, ist ein gutgläubiger Erwerb gem. § 2366 BGB möglich. Denn nach dieser Vorschrift wird der Erwerber so gestellt, wie er bei einem Erwerb vom wahren Erben stehen würde.

Schlägt der Erbe die Erbschaft aus (§ 1953 BGB), so fällt der Besitz des vorläufigen Erben rückwirkend an den infolge der Ausschlagung berufenen Erben. Gleiches gilt im Falle der Anfechtung (§§ 1957, 2078 BGB) und der Erbunwürdigkeitserklärung (§ 2344 BGB). § 935 BGB ist in den zuletzt genannten Fällen zugunsten des endgültigen Erben jedoch nach h.M.[224] nicht anwendbar.

Hier tritt die doppelte Fiktion der §§ 857, 1953 BGB bei der Besitzfrage hinter der tatsächlichen Besitzergreifung zurück. Anders ist dies, wenn der bisherige Erbe erst nach dem Wegfall des Erbrechts verfügt; hier liegt wegen § 857 BGB ein Abhandenkommen mit der Folge des § 935 BGB vor.[225]

Bedeutsam ist weiter, dass der Erbe den Besitzschutz nach den §§ 861, 862 BGB genießt.

---

221 Umfangreich zu § 857 EBENROTH/FRANK, JuS 1996, 795.
222 PALANDT, § 857 Rn. 2.
223 KOLLHOSSER, JuS 1992, 395.
224 PALANDT, § 857 Rn. 2; WIEGAND, JuS 1972, 87.
225 EBENROTH/FRANK, JuS 1996, 798.

> **hemmer-Methode:** Der Erbe erwirbt nach § 857 BGB den Besitz genau so wie der Erblasser, also ggf. auch fehlerhaft oder bösgläubig hinsichtlich des Besitzrechts. Ergreift der Erbe dann aber tatsächlichen Besitz und ist dabei gutgläubig, geht dieser Glaube nach wohl h.M. vor. Bedeutung hat dies für eine Haftung des Erben des unrechtmäßigen Besitzers aus § 990 I BGB.

*anders: Erbschaftsbesitzer, § 2018 BGB*

Vom Erbenbesitz des § 857 BGB zu unterscheiden ist der Erbschaftsbesitzer nach § 2018 BGB. Dieser besitzt nicht nach § 857 BGB, sondern aufgrund Besitzergreifung nach § 854 I BGB. Der Erbschaftsbesitzer begeht durch diesen Vorgang gegenüber dem wahren Erben und Besitzer nach § 857 BGB verbotene Eigenmacht i.S.d. § 858 BGB.

§ 857 BGB wird zudem in anderen Fällen der Gesamtrechtsnachfolge analog angewendet.[226]

### 3. Besitz von juristischen Personen/Gesamthandsgemeinschaften

#### a) Juristische Personen

*bei juristischen Personen Organbesitz*

Juristische Personen (e.V., GmbH, AG, e.G., KGaA) sind rechtlich den natürlichen Personen gleichgestellt. Sie handeln durch ihre Organe. Der Besitz der Organe wird dabei der juristischen Person unmittelbar zugerechnet. Die juristische Person erwirbt somit selbst Besitz, den sie durch ihre Organe ausübt *(sog. Organbesitz)*.[227] Die Organe sind dabei weder Besitzdiener, noch Besitzmittler. Streiten mehrere Organe untereinander, gilt § 866 BGB analog. Bei Ende der Organschaft wird das besitzende ehemalige Organ zum Besitzmittler; das Besitzmittlungsverhältnis ergibt sich hierbei aus dem noch abzuwickelnden Anstellungsverhältnis zur juristischen Person.[228]

Dieselben Grundsätze gelten auch beim nicht rechtsfähigen Verein.[229]

#### b) OHG / KG

*str. bei OHG / KG*

Umstritten sind die Besitzverhältnisse bei den Personengesellschaften OHG und KG.

*h.M. ⇨ Gft. selbst Besitzerin*

Die wohl h.M. geht davon aus, dass, dass wegen § 124 HGB die OHG und die KG - wie juristische Personen - selbst Besitz haben, der durch die Sachherrschaft der geschäftsführenden Gesellschafter ausgeübt wird[230].

> **hemmer-Methode:** Nach a.A. wird ein (Organ)Besitz der OHG/KG mangels körperschaftlicher Organisation ablehnt. Besitz haben nach dieser Ansicht nur die geschäftsführenden Gesellschafter als solche, nicht aber der Kommanditist.

#### c) Gesamthandsgemeinschaften

*bei BGB-Gesellschaft nur einzelne Gesellschafter*

Gesamthandsgemeinschaften, wie die BGB-Gesellschaft oder die Erbengemeinschaft, haben als solche grundsätzlich keinen Besitz.

---

226  JAUERNIG, § 857 Rn. 4; PALANDT, § 857 Rn. 3.
227  H.M.: PALANDT, § 854 Rn. 12; a.A. SCHWERDTNER, JR 1972, 115(116).
228  PALANDT, § 854 Rn. 12.
229  PALANDT, § 854 Rn. 13; JAUERNIG, § 854 Rn. 14.
230  Vgl. Palandt § 854 Rn. 15 sowie BGH JZ 1968, 69.

Besitzer sind die einzelnen Gesellschafter als Mitbesitzer gem. § 866 BGB. Wegen der gesamthänderischen Bindung liegt regelmäßig qualifizierter Mitbesitz vor.[231]

Zumindest für die GbR ist das seit der Entscheidung des BGH vom 29.01.2001[232], in der die Rechts- wie Parteifähigkeit der (Außen)GbR ausdrücklich anerkannt wurde, bedenklich.

Aus diesem Grund wird zunehmend die Auffassung vertreten, dass für die GbR nichts anderes gelten kann als für die OHG/KG[233].

## C. Besitzschutz

**hemmer-Methode: Lesen Sie die Rn. 191 bis 262 zunächst überblicksmäßig und danach nochmals durch. Diese Problematik ist absolut geeignet für eine Themenklausur „Der Besitzschutz im BGB", gerade weil dieser Schutz über viele Vorschriften des BGB verteilt ist.**

### I. Die Gewaltrechte, § 859 BGB

*Besitzschutz, § 859 BGB*

Der Besitzer darf sich gemäß § 859 BGB gegenüber verbotener Eigenmacht mit Gewalt wehren. Dabei ist zu unterscheiden zwischen Besitzwehr § 859 I BGB und Besitzkehr § 859 II, III BGB. Voraussetzung ist in beiden Fällen, dass der Eingriff in den Besitz mittels verbotener Eigenmacht (§ 858 BGB) erfolgte.

#### 1. Verbotene Eigenmacht, § 858 BGB

*verbotene Eigenmacht*

§ 858 I BGB definiert die *verbotene Eigenmacht* als Besitzentziehung oder Besitzstörung ohne (nicht notwendig gegen) den Willen des Besitzers und ohne Gestattung durch das Gesetz.

Besitz i.S.d. § 858 I BGB ist ausschließlich der *unmittelbare Besitz*.[234] Auf ein Recht zum Besitz oder ein Verschulden kommt es nicht an.[235] Auch der gute Glaube an eine Zustimmung des Besitzers ist irrelevant.[236] Besitzschutz genießt hiernach auch der Besitzmittler gegenüber dem mittelbaren Besitzer und der Besitzherr gegenüber dem Besitzdiener.

Besitzentziehung liegt vor, wenn der Besitzer vollständig und nicht nur vorübergehend von der Ausübung der tatsächlichen Gewalt ausgeschlossen ist; alle anderen Fälle der Besitzbeeinträchtigung stellen eine Besitzstörung dar.[237]

*Wille des Besitzers*

Umstritten ist, ob das Einverständnis des Besitzers rechtsgeschäftlicher Natur sein muss. Da es sich um einen Rechtsverzicht handelt, verlangen *Baur/Stürner*[238] Geschäftsfähigkeit seitens des Besitzers. Auch das Einverständnis des Besitzdieners soll unbeachtlich sein, sofern dieser keine Vertretungsmacht für den Besitzer hat.

---

231 Vgl. BAUR/STÜRNER, § 7 D II 1b; vgl. auch Rn. 134.
232 Vgl. BGH NJW 2001, 1056 ff.; vgl. ausführlich zur Rechtsfähigkeit der GbR Hemmer/Wüst, Gesellschaftsrecht.
233 Vgl. Palandt § 854 Rn. 14; K. Schmidt in NJW 2001, 993 [1001].
234 RG JW 1931, 2904; PALANDT, § 858 Rn. 1; BAUR/STÜRNER, § 9 I 2a.
235 BAUR/STÜRNER, § 9 I 2a; PALANDT, § 858 Rn. 1.
236 PALANDT, § 858 Rn. 1; RGZ 67, 389.
237 KOLLHOSSER, JuS 1992, 567 m.w.N.
238 BAUR/STÜRNER, § 9 I 2a.

# § 3 BESITZ

Nach der *h.M.*[239] muss die Zustimmung nicht rechtsgeschäftlich wirksam sein. Es genügt, wenn der Besitzer den für den Besitzerwerb notwendigen Willen im natürlichen Sinn hat.

*Gestattung durch Gesetz*

Die Widerrechtlichkeit entfällt, wenn der Eingriff durch das Gesetz gestattet ist. Ein bloß schuldrechtlicher oder dinglicher Anspruch des Störers gegen den Besitzer auf Besitzeinräumung (z.B. auf Herausgabe der Sache) stellt jedoch keine Gestattung i.S.d. § 858 I BGB dar. Der Berechtigte muss sich hier zur Durchsetzung seines Anspruchs vielmehr der staatlichen Zwangsmittel bedienen. Daher ist stets zu prüfen, ob ein Gesetz ein eigenes Handeln erlaubt oder aber die Durchsetzung nur im Wege von Klage und Zwangsvollstreckung möglich sein soll.

195

An dieser Differenzierung ändert dann auch die Einschaltung rechtmäßig handelnder staatlicher Stellen nichts:

> **Bsp.:** *A lässt einen von B unterschlagenen PKW nach Anzeige bei der Polizei durch diese sicherstellen und an sich herausgeben.*[240]

Verbotene Eigenmacht setzt kein eigenhändiges Verhalten voraus. Sie ist auch durch Werkzeuge begehbar. Dies sogar dann, wenn diese Werkzeuge – wie vorliegend die Polizei – rechtmäßig handeln.

Maßgeblich ist stets, ob es eine *besitzrechtliche* Rechtfertigung für die Besitzentziehung gibt. Nur dann kann man von „Eingriffsrecht" i.S.d. § 858 I BGB sprechen.

Als Eingriffsrechte i.S.d. § 858 I BGB kommen daher nur amtliche, auf Gesetz begründete Akte (z.B. des Gerichts, des Gerichtsvollziehers ⇨ §§ 758, 808 ZPO, 150 ZVG) sowie Notwehr- und Selbsthilfebefugnisse nach §§ 227, 229, 859, 904 BGB in Betracht.[241]

> In obigem Beispiel hatte die (nach § 861 BGB) Beklagte noch eingewendet, es habe das Selbsthilferecht gem. § 229 BGB bestanden. Dies hätte in der Tat die Widerrechtlichkeit i.S.d. § 858 I BGB entfallen lassen. Allerdings trug die Beklagte hierfür die Beweislast (vgl. Wortlaut: „sofern nicht"). Den erforderlichen Beweis konnte sie nicht führen.

Die vertragliche Begründung eines Wegnahmerechts kann aber u.U. als Zustimmung oder Einverständnis anzusehen sein und dazu führen, dass die Besitzbeeinträchtigung nicht mehr gegen den Willen des Besitzers geschieht.

*Besitz ist dann fehlerhaft, § 858 II BGB*

Nach § 858 II S.1 BGB wird der durch verbotene Eigenmacht erlangte Besitz als fehlerhaft bezeichnet. Diese Fehlerhaftigkeit setzt sich in der Person des *Rechtsnachfolgers* unter den Voraussetzungen des § 858 II S.2 BGB fort. Im Falle der *Gesamtrechtsnachfolge* durch Erbschaft bleibt die Fehlerhaftigkeit immer erhalten. Im Falle der *Sonderrechtsnachfolge* ist der Besitz des Rechtsnachfolgers nur dann fehlerhaft, wenn dieser die Fehlerhaftigkeit bei Besitzerwerb positiv kannte. Nachträgliche Kenntnis schadet dagegen nicht.[242]

196

## 2. Besitzwehr, § 859 I BGB

*Besitzwehr § 859 I BGB*

Das Recht der *Besitzwehr* ist das Recht, bestehenden Besitz zu verteidigen. Die Besitzwehr ist nicht identisch mit dem Notwehrrecht aus § 227 BGB oder dem Selbsthilferecht aus § 229 BGB.[243]

197

---

239 Palandt, § 858 Rn. 2 m.w.N.
240 Nach OLG Saarbrücken, JuS 2004, 250 f.; Lässt jemand durch die Polizei dem Besitzer ohne dessen Willen den Besitz entziehen, muss derjenige, der die Polizei beauftragt hat, die Rechtmäßigkeit dieser Besitzentziehung darlegen und notfalls beweisen.
241 Baur/Stürner, § 9 I 2a.
242 Palandt, § 858 Rn. 9.
243 Palandt, § 859 Rn. 2.

Das Gesetz erweitert vielmehr die Selbsthilferechte des Privaten, der einer rechtswidrigen Handlung eines anderen ausgesetzt ist.[244]

*Abgrenzung zu § 227 BGB*

Die Besitzwehr ist eine besondere Form der Notwehr (§ 227 BGB). Die Selbsthilferechte des Bürgers bestehen nur unter engen Voraussetzungen. Sie sind nur zulässig, wenn obrigkeitliche Hilfe nicht rechtzeitig zu erlangen ist, und ohne sofortiges Eingreifen die Verwirklichung von Rechten und Ansprüchen gefährdet ist. Diese Einschränkung ist im Zusammenhang mit dem Gewaltmonopol des Staates zu sehen. Es kennzeichnet gerade den Rechtsstaat, dass private Gewalt gegen andere grundsätzlich ausgeschlossen und nur als „ultima ratio" zulässig ist.

§ 859 I BGB verzichtet nun in Erweiterung des § 227 BGB auf das Erfordernis, dass obrigkeitliche Hilfe nicht rechtzeitig zu erlangen ist. Er gewährt gegen Handlungen, durch die der unmittelbare Besitzer ohne seinen Willen den Besitz verliert oder in seinem Besitz gestört wird, ein eigenes Notwehrrecht des Besitzers.

Ohne diese Regelung wäre fraglich, ob das Notwehrrecht nach § 227 BGB nur dem Eigentümer zusteht oder auch dem Besitzer.[245]

*Voraussetzungen § 859 I BGB*

**§ 859 I BGB hat folgende Voraussetzungen:**

⇨ Besitzstörung oder Besitzentzug durch verbotene Eigenmacht, § 858 BGB

⇨ Nichtüberschreitung der erforderlichen Gewaltanwendung

*erforderliche Gewalt*

Dabei ist im Rahmen des § 859 I BGB nicht jede Gewaltanwendung des Besitzers gestattet.

> **Bsp.:** *A möchte die Wiese des B überqueren, um den Weg abzukürzen. Trotz des Verbotes des B betritt A die Wiese. B legt daraufhin mit seinem Gewehr auf A an. A wehrt sich mit einem Stock und beschädigt dabei das Gewehr des B. B verlangt Schadensersatz für das Gewehr.*[246]

Eine Einschränkung erfährt § 859 I BGB insoweit, als die Gewaltanwendung nicht über das zur Abwehr gegenwärtiger, verbotener Eigenmacht gebotene Maß hinausgehen darf. Ob eine Überschreitung vorliegt, ist nach der objektiven Sachlage zu beurteilen. Wird das zulässige Maß überschritten, so begeht der Besitzer seinerseits eine widerrechtliche Handlung und macht sich bei Verschulden aus § 823 BGB schadensersatzpflichtig.[247]

> Im Fall hat A objektiv den Tatbestand des § 823 I BGB erfüllt, wenn sein Handeln nicht nach § 227 BGB bzw. § 32 StGB gerechtfertigt war. Dies hätte einen rechtswidrigen Angriff des B erfordert. B hätte rechtmäßig gehandelt, wenn sein Verhalten von § 859 I BGB gedeckt gewesen wäre. Zwar stellte das unbefugte Betreten der Wiese eine Besitzstörung dar. Jedoch überschritt der Waffeneinsatz des B das erforderliche Maß der Besitzwehr, da der durch die Verteidigung drohende Schaden in einem krassen Missverhältnis zu der Besitzstörung stand.
>
> Damit war das Verhalten des B rechtswidrig, und die Abwehr des A rechtmäßig. A muss daher keinen Schadensersatz leisten.

---

244   Vgl. LOPAU JuS 1980, 501(502).
245   Vgl. LOPAU JuS 1980, 501(503).
246   Nach BayObLG NJW 1965, 163.
247   Vgl. PALANDT, § 859 Rn. 2.

## 3. Besitzkehr, § 859 II, III BGB

*Besitzkehr*

Das Recht der Besitzkehr gibt dem Besitzer die Befugnis, dem Störer die bewegliche Sache wieder abzunehmen, wenn er auf frischer Tat betroffen oder verfolgt wird, § 859 II BGB. Entsprechendes gilt für Grundstücke nach § 859 III BGB.

202

*§ 859 II BGB*

**Voraussetzungen des *§ 859 Abs.2 BGB*:**

⇨ bewegliche Sache

⇨ Besitzentziehung durch verbotene Eigenmacht, § 858 BGB

⇨ auf frischer Tat betroffen oder nach der Tat verfolgt (Nacheile)

⇨ Nichtüberschreiten des Rechtes zur Besitzkehr

203

*§ 859 III BGB*

**Voraussetzungen des *§ 859 Abs.3 BGB*:**

⇨ unbewegliche Sache

⇨ Besitzentziehung durch verbotene Eigenmacht, § 858 BGB

⇨ sofortige Wiederbeschaffung des Besitzes

⇨ Nichtüberschreiten des Rechtes zur Besitzkehr

204

*Abgrenzung zu § 227 BGB*

Beide Bestimmungen stellen klar, dass die Gewaltrechte des Besitzers nicht dadurch ausgeschlossen werden, dass die Besitzentziehung bereits vollendet ist. Erneut werden die allgemeinen Selbsthilferechte aus §§ 227, 229 BGB erweitert. Es ist bei § 859 II, III BGB nicht erforderlich, dass noch ein gegenwärtiger Angriff i.S.d. § 227 BGB vorliegt. Allerdings sind zeitliche Grenzen gesetzt. Es muss das Gewaltrecht unmittelbar bei oder alsbald nach der Tat, notfalls im Wege der sog. Nacheile eingesetzt werden. Danach bleibt dem Besitzer nur noch die Klage aus § 861 BGB.

205

*Grenzen der Besitzkehr*

Überschreitet der Besitzer sein Recht zur Besitzkehr, begeht er seinerseits verbotene Eigenmacht, sofern nicht die Voraussetzungen des Selbsthilferechts nach § 229 BGB vorliegen. Die Nacheile setzt aber nicht voraus, dass der Besitzer den Täter bei der Tat beobachtet hat. Es reicht aus, wenn er die Wegnahme, alsbald nachdem sie geschehen ist, entdeckt und unverzüglich die Verfolgung aufnimmt.[248]

206

*Besitzkehr muss sofort erfolgen, § 859 III BGB*

§ 859 III BGB enthält eine engere zeitliche Begrenzung. Die Besitzkehr hat „sofort" zu erfolgen. Dabei bedeutet „sofort" nicht „unverzüglich" wie bei § 121 BGB. Vielmehr hat die Entsetzung so schnell wie nach objektiven Maßstab möglich, ohne Rücksicht auf die subjektive Kenntnis der Entziehung zu erfolgen.[249]

207

*Parken auf fremdem Grundstück*

Praktisch relevant sind im Zusammenhang mit § 859 III BGB die Fälle des Parkens auf einem fremden Grundstück geworden. Dies stellt regelmäßig eine Teilentziehung des Besitzes dar, gegen die sich der Besitzer des Grundstückes durch Entsetzung des Täters wehren kann. Die Entsetzung erfolgt dabei durch Abschleppen des Fahrzeuges. Unzulässig ist hingegen das Versperren der Ausfahrt, da hierdurch die Störung nicht beseitigt wird. Zu beachten ist jedoch die zeitliche Grenze des § 859 III BGB.

208

---

248  Vgl. MÜKO-JOOST, § 859 Rn. 13.
249  Vgl. PALANDT, § 859 Rn. 4 m.w.N.

> hemmer-Methode: Nach wohl überwiegender und überzeugender Ansicht ist ein Abschleppen nach widerrechtlichem Parken auch noch am nächsten Tag zulässig, da es nicht einzusehen ist, warum derjenige, der dem Falschparker „eine Chance gibt", schlechter stehen soll[250]. Anders sieht dies das AG München, das § 859 III BGB beim Abschleppen 7 Stunden nach dem widerrechtlichen Parken abgelehnt hat[251].

### 4. Erweiterung der Gewaltrechte nach § 859 IV BGB

*bzgl. Besitznachfolger § 859 IV BGB*

§ 859 IV BGB erweitert die Gewaltrechte des Besitzers insoweit, als diese nicht nur gegenüber dem Besitzentzieher selbst bestehen, sondern auch gegenüber dessen Besitznachfolger, sofern die Voraussetzungen des § 858 II BGB vorliegen. So stehen dem früheren Besitzer die Gewaltrechte z.B. auch gegen denjenigen zu, der die Sache von einem flüchtenden Dieb zugesteckt erhält. Der zweite Fall des § 858 II BGB, der Erbe des Besitzers, wird in diesem Zusammenhang regelmäßig nicht praktisch relevant.

209

### 5. Inhaber der Gewaltrechte

*Besitzer i.d.S. ist:*

Bisher wurden die Rechte des „Besitzers" aus § 859 BGB aufgezeigt. Zu klären bleibt, welchem Besitzer diese Rechte zustehen und gegen wen er sie ausüben kann.

210

#### a) Unmittelbarer Besitzer

*unmittelbarer Besitzer*

Unstreitig stehen dem bislang unmittelbaren Besitzer die Gewaltrechte aus § 859 BGB zu, unabhängig davon, ob er berechtigter oder unberechtigter Besitzer ist. Die Einwendung des fehlerhaften Besitzes ist gegenüber der Selbsthilfe nach § 859 BGB unzulässig; auch § 864 II BGB gilt nicht[252].

211

Das Selbsthilferecht steht dem unmittelbaren Besitzer gegenüber jedem Dritten zu, auch gegenüber dem mittelbaren Besitzer, z.B. dem Mieter gegen den Vermieter.[253]

#### b) Besitzdiener, § 860 BGB

*Besitzdiener nur § 860 BGB*

Dem Besitzdiener (§ 855 BGB) stehen keine eigenen Gewaltrechte aus § 859 BGB zu. Nach § 860 BGB hat er jedoch die Befugnis, die dem Besitzherrn zustehenden Rechte auszuüben. Die Gewaltrechte dürfen jedoch nur im Interesse des Besitzherrn und nie gegen den Besitzherrn selbst ausgeübt werden.[254]

212

*außer §§ 227, 229 BGB*

Die Selbsthilferechte aus §§ 227, 229 BGB stehen dem Besitzdiener dagegen als eigene Rechte zu.

> hemmer-Methode: Nach ganz h.M.[255] hat der Besitzdiener keinen Gewahrsam i.S.d. § 808 I ZPO. Das bedeutet, dass eine Pfändung trotz fehlender Herausgabebereitschaft eines Besitzdieners nicht an einem Verfahrensfehler (vgl. § 809 ZPO) leidet.[256]

---

250 Vgl. PALANDT, § 859, Rn. 6.
251 Vgl. AG München in NJW 1996, 853.
252 Vgl. PALANDT, § 859 Rn. 2.
253 Vgl. PALANDT, § 859 Rn. 3.
254 PALANDT, § 860 Rn. 1 m.w.N.
255 THOMAS/PUTZO, §808 ZPO, Rn. 3 a.E.
256 HEMMER/WÜST, ZPO II, Rn. 116.

### c) Mittelbarer Besitzer

*Problem: Mittelbarer Besitzer*

Nach dem Gesetzeswortlaut stehen die Gewaltrechte dem mittelbaren Besitzer nicht zu. § 869 BGB verweist hinsichtlich des mittelbaren Besitzers lediglich auf die Ansprüche aus §§ 861, 862 BGB.

*e.A. kein Schutz*

Aufgrund des Gesetzeswortlauts verweigert eine weit verbreitete Ansicht[257] dem mittelbaren Besitzer die Gewaltrechte aus § 859 BGB. Dafür spricht auch, dass der mittelbare Besitzer gerade keine tatsächliche Sachherrschaft ausübt. Zudem besteht kein Bedürfnis für eine Ausweitung, da der mittelbare Besitzer über die §§ 227, 229 BGB ausreichend geschützt ist.

*h.M.: § 869 BGB analog*

Die *wohl h.M.*[258] geht dagegen von einer *analogen* Anwendung der §§ 869, 859 BGB aus. Nur so lässt sich ein lückenloser Besitzschutz verwirklichen. § 868 BGB stellt den mittelbaren Besitz gerade dem unmittelbaren Besitz gleich.

Zudem soll § 869 BGB lediglich eine besondere Ausgestaltung der Ansprüche aus §§ 861, 862 BGB darstellen, nicht aber eine abschließende Regelung des Besitzschutzes des mittelbaren Besitzers. Zudem wird durch die Störung des unmittelbaren Besitzes auch der mittelbare Besitz betroffen, da dadurch der unmittelbare Besitzer an der Ausübung des Besitzes für den mittelbaren Besitzer gehindert wird.

Da der mittelbare Besitzer dem Täter regelmäßig nicht i.S.v. § 859 BGB gegenüberstehen wird, ist die praktische Bedeutung dieser Streitfrage gering. Voraussetzung wäre jedoch, dass verbotene Eigenmacht vorliegt, d.h., dass die Besitzentziehung oder -störung ohne den Willen des *unmittelbaren* Besitzers erfolgt. Der Wille des mittelbaren Besitzers ist hingegen unbeachtlich.[259] Verstößt der unmittelbare Besitzer durch seine Einwilligung in die Besitzentziehung/-störung gegen seine Rechtspflichten gegenüber dem mittelbaren Besitzer, ist dies allein eine Frage des Innenverhältnisses. Die Einwilligung des unmittelbaren Besitzers schließt verbotene Eigenmacht aus. Daher scheidet auch denknotwendig eine Ausübung der Gewaltrechte des mittelbaren Besitzers gegen den unmittelbaren Besitzer aus. Analog § 869 S.2 BGB darf der mittelbare Besitzer seine Gewaltrechte jedoch nur zur Wiederherstellung der alten Besitzlage ausüben. Er darf die Sache somit nicht behalten, sondern muss sie seinem Besitzmittler wieder übergeben.

> *Bsp.: Leasingnehmer M befindet sich im Urlaub, als durch einen Dritten der Sachbesitz an dem PKW des M durch verbotene Eigenmacht entzogen wird. Leasinggeber V ist zufällig im Haus und beobachtet den Vorgang.*
>
> Es stehen ihm dann die Rechte aus § 859 BGB zur Wahrung des früheren Besitzstandes zu. Zwar sagt das Gesetz darüber nichts aus, aber ein lückenloser Besitzschutz verlangt die entsprechende Anwendung des § 859 BGB.[260]

### d) Teilbesitzer / Mitbesitzer / Erbenbesitzer

*Teilbesitzer, § 865 BGB*

Die Rechte aus § 859 BGB stehen nach § 865 BGB auch dem Teilbesitzer zu.

---

257 Vgl. MüKo-Joost, § 869 Rn. 7 m.w.N.
258 Vgl. Palandt, § 869 Rn. 2; Lopau JuS 1980, 501(503); Baur/Stürner, § 9 III 2.
259 Vgl. Lopau JuS 1980, 501(503).
260 Vgl. Baur/Stürner, § 9 IV 2.

*Mitbesitzer, § 866 BGB*

Gleiches gilt für den Mitbesitzer, jedoch mit der Beschränkung des § 866 BGB.

*Erbenbesitzer, § 857 BGB*

Auch dem Erbenbesitzer gem. § 857 BGB stehen die Gewaltrechte zu, was jedoch praktisch nicht relevant wird.

## II. Die possessorischen Besitzschutzansprüche, §§ 861, 862, 867 BGB

### 1. Possessorische Ansprüche

*possessorische Ansprüche*

Die §§ 861, 862 BGB geben sowohl bei beweglichen, als auch bei unbeweglichen Sachen dem im Besitz Beeinträchtigten bei verbotener Eigenmacht einen sog. *possessorischen Besitzschutzanspruch*. Ergänzt werden die Ansprüche durch den Abholungsanspruch aus § 867 BGB.

218

Dabei handelt es sich um echte Ansprüche, im Gegensatz zu den Gewaltrechten aus § 859 BGB, welche eine Art Rechtfertigungsgrund für die Gewaltanwendung darstellen.

*Grundlage von Anspruch ist Besitz als solcher, nicht Recht zum Besitz*

Abgeleitet werden die *possessorischen Ansprüche,* im Gegensatz zu solchen Rechten, die sich aus einem Recht zum Besitz ergeben *(petitorische Ansprüche* ⇨ § 1007 BGB), aus dem Besitz als solchem. Daher ist es unerheblich für den Anspruch wie auch für seine Verteidigung (vgl. § 863 BGB), ob überhaupt ein Recht zum Besitz oder ein besseres Recht zum Besitz besteht.

219

Petitorische Einwendungen, also solche aus einem Recht zum Besitz, sind grundsätzlich gem. § 863 BGB unzulässig. Allein entscheidend ist, ob der Beklagte den Besitz durch verbotene Eigenmacht i.S.d. § 858 BGB erlangt hat.

### 2. § 861 BGB

*§ 861 BGB*

§ 861 BGB korrespondiert mit dem Gewaltrecht der Besitzkehr aus § 859 II, III BGB. Er gibt dem Besitzer, dem der Besitz mittels verbotener Eigenmacht (§ 858 BGB) entzogen wurde, gegen den fehlerhaften Besitzer einen Anspruch auf Wiedereinräumung des Besitzes.

**hemmer-Methode: § 861 BGB entspricht daher dem Recht des Eigentümers aus § 985 BGB die Herausgabe zu verlangen!**

**§ 861 BGB hat somit folgende Voraussetzungen:**

⇨ Besitzentziehung durch verbotene Eigenmacht, § 858 I BGB

⇨ Anspruchssteller war Besitzer

⇨ Anspruchsgegner ist fehlerhafter Besitzer, § 858 II BGB

⇨ Kein Ausschluss nach § 861 II BGB

⇨ Kein Erlöschen nach § 864 BGB

220

## § 3 BESITZ

### 3. § 862 BGB

*§ 862 BGB*

§ 862 BGB entspricht dagegen der Besitzwehr gem. § 859 I BGB. Er gibt dem Besitzer einen Anspruch auf Beseitigung der Störung. Der Anspruch geht darüber hinaus auch auf Unterlassung, sofern weiterhin Tatsachen vorliegen, aus denen sich die Wahrscheinlichkeit weiterer Störungen begründen lässt.

**hemmer-Methode:** § 862 BGB entspricht damit dem Beseitigungs- und Unterlassungsanspruch des Eigentümers aus § 1004 BGB!

> *§ 862 BGB* hat folgende Voraussetzungen:
> ⇨ Anspruchssteller ist Besitzer
> ⇨ Besitzstörung durch verbotene Eigenmacht, § 858 I BGB
> ⇨ Anspruchsgegner ist Störer
> ⇨ Kein Ausschluss nach § 862 II BGB
> ⇨ Kein Erlöschen nach § 864 BGB

221

### 4. § 867 BGB

*§ 867 BGB*

§ 867 BGB ergänzt die Ansprüche aus §§ 861, 862 BGB. Er gewährt dem Besitzer einen Anspruch auf Abholung der Sache (Schulbeispiel: der Fußball im Garten des Nachbarn), nicht jedoch ein Recht zum Betreten des Grundstückes.

222

Das Betreten wäre ohne Gestattung des Grundstückseigentümers verbotene Eigenmacht.[261] Der Anspruch muss notfalls im Klagewege durchgesetzt werden. Nach *allg. Meinung*[262] ist § 867 BGB analog anzuwenden wegen der Gleichheit der Interessenlage, wenn die Sache nicht auf ein Grundstück, sondern in eine andere bewegliche Sache (z.B. ein Pkw) gelangt ist. Voraussetzung ist weiterhin, dass der Grundstücksbesitzer die Sache noch nicht „in Besitz" genommen hat, was zwar nicht gleichbedeutend mit der Verweigerung der Abholgenehmigung ist, aber regelmäßig mit der Verweigerung schlüssig einhergeht.[263]

Nach der Besitzergreifung ist der bisherige Besitzer auf Herausgabeansprüche, z.B. §§ 985, 1007 BGB, beschränkt. § 861 BGB greift nur ein, wenn die Besitzergreifung - wie in der Regel - auch verbotene Eigenmacht darstellt. Die Besitzergreifung nach Klageerhebung erfordert eine Klageänderung, die nach § 264 Nr. 2 oder Nr. 3 ZPO zulässig ist.

223

**hemmer-Methode:** Beachten Sie auch den Aufopferungsanspruch des § 867 S.2 BGB!

### 5. Anspruchsberechtigter

*unmittelbarer Besitzer*

Anspruchsberechtigt ist in allen Fällen der bisherige unmittelbare Besitzer.

224

---

261 Vgl. PALANDT, § 867 Rn. 2.
262 Vgl. MüKo-JOOST, § 867 Rn. 2 m.w.N.
263 STAUDINGER, § 867, Rn. 9; JAUERNIG, § 867, Rn. 1.

*mittelbarer Besitzer*

Über § 869 S.1 BGB stehen die Ansprüche aus §§ 861, 862 BGB auch dem mittelbaren Besitzer zu. Gleiches gilt für § 867 BGB gemäß § 869 S.3 BGB.

Da sich bei der *Besitzstörung* die Ansprüche des unmittelbaren und des mittelbaren Besitzers decken (jeweils gerichtet auf Beendigung der Störung), kann eine Konkurrenz nicht auftreten.

Bei der *Besitzentziehung* trifft dagegen § 869 S.2 BGB eine Sonderregelung. Danach kann der mittelbare Besitzer regelmäßig nur die Wiedereinräumung des Besitzes an den unmittelbaren Besitzer verlangen. Nur in Ausnahmefällen kann er selbst Einräumung des unmittelbaren Besitzes verlangen, § 869 S.2, 2.HS. BGB. Diese Regelung gilt auch entsprechend bei sonstigen Konkurrenzfällen.

*nicht Besitzdiener, da § 860 BGB (-)*

Dem Besitzdiener stehen ohne besondere Ermächtigung keine eigenen Besitzschutzansprüche aus §§ 861, 862, 867 BGB zu, da eine dem § 860 BGB entsprechende Vorschrift fehlt.

*Teil- / Mitbesitz*

Auch Teilbesitzer (§ 865 BGB) und Mitbesitzer - mit den in § 866 BGB genannten Einschränkungen - können die possessorischen Besitzschutzansprüche geltend machen. Dem Mitbesitzer stehen somit nach § 866 BGB gegenüber Dritten die Ansprüche uneingeschränkt zu, jedoch kann er im Falle des § 861 BGB regelmäßig nur Wiedereinräumung des Mitbesitzes verlangen, sofern nicht § 869 S.2, 2.HS BGB eingreift.[264]

Bei Besitzstörungen untereinander besteht unter Mitbesitzern kein possessorischer Rechtsschutz, sondern nur die Möglichkeit einer Schadensersatzklage. Bei Besitzentziehung besteht Besitzschutz nur insoweit, als es sich nicht um die Grenzen des dem Einzelnen zustehenden Gebrauchs handelt, also z.B. bei völliger Besitzentziehung.

**hemmer-Methode:** Nach h.M. bewirkt § 866 BGB keinen Ausschluss eines Schadensersatzanspruchs aus § 823 I BGB zwischen Mitbesitzern. Beschädigt z.B. ein Mitbesitzer den Aufzug im gemeinsamen Wohnhaus, so steht dem anderen ein Schadensersatzanspruch aus § 823 I BGB zu.

### 6. Anspruchsgegner

*§ 861 BGB: unmittelbarer Besitzer*

Anspruchsgegner ist im Fall des § 861 BGB grundsätzlich der gegenwärtige, unmittelbare Besitzer, der auch noch im Zeitpunkt der Klageerhebung fehlerhaft besitzen muss. Sonst kommt nur ein Schadensersatzanspruch in Betracht.

*mittelbarer Besitzer*

Auch der mittelbare Besitzer kann Anspruchsgegner sein, z.B. dann, wenn er sich als mittelbarer Besitzer fehlerhaft den unmittelbaren Besitz verschafft hat, oder wenn ein Dritter zunächst fehlerhaft unmittelbaren Besitz und dann durch Begründung eines Besitzmittlungsverhältnisses mit einem Besitzmittler mittelbaren Besitz erlangt hat.[265]

*§ 862 BGB: Störer*

Im Fall des § 862 BGB ist Anspruchsgegner derjenige, der die Störung zu verantworten hat,[266] d.h. derjenige, mit dessen Willen der beeinträchtigende Zustand besteht oder von dessen Willen die Beseitigung abhängt.[267]

---

264 JAUERNIG, § 866 Rn. 4.
265 Vgl. PALANDT, § 861 Rn. 4; JAUERNIG, § 861, Rn. 9.
266 STAUDINGER, § 862 Rn. 9.
267 PALANDT, § 862 Rn. 4.

## § 3 BESITZ

*§ 867 BGB: Grundstücksbesitzer*

Anspruchsgegner im Fall des § 867 BGB ist grundsätzlich der unmittelbare Grundstücksbesitzer (u.U. auch der mittelbare), aber nur solange dieser die Sache noch nicht in Besitz genommen hat.[268]

### 7. Einschränkung

*§§ 861 II, 862 II BGB*

Grundsätzlich ist für das Bestehen der Ansprüche aus §§ 861, 862 BGB die Art der früheren Besitzerlangung durch den Anspruchssteller unerheblich. Dieser Grundsatz erfährt durch die §§ 861 II, 862 II BGB eine Einschränkung. Danach ist der Anspruch ausgeschlossen, wenn der Besitz des Klägers (oder seines Besitzvorgängers) dem Beklagten (oder seinem Rechtsvorgänger) gegenüber fehlerhaft war und der fehlerhafte Besitz des Klägers innerhalb einer Jahresfrist vor seiner Entsetzung erlangt war. [230]

*§ 864 I BGB: Erlöschen nach Jahresfrist*

Eine weitere Einschränkung ergibt sich aus § 864 I BGB. Diese Vorschrift regelt keinen Fall der Verjährung der Ansprüche aus den §§ 861, 862 BGB, sondern schreibt unmittelbar deren Erlöschen mit dem Ablauf eines Jahres nach der Verübung der verbotenen Eigenmacht an, wenn nicht vorher der Anspruch im Wege der Klage geltend gemacht worden ist. Hierbei handelt es sich um eine von Amts wegen zu beachtende Ausschlussfrist.[269] [231]

*§ 864 II BGB: rechtskräftiges Urteil*

Zu beachten ist auch § 864 II BGB. Danach gehen die Ansprüche aus §§ 861, 862 BGB unter, wenn nach der Verübung der verbotenen Eigenmacht ein rechtskräftiges Urteil mit dem Inhalt ergeht, durch das das Recht zum Besitz des eigenmächtig Handelnden bestätigt wird. Damit steht fest, dass die petitorischen Rechte durchaus zu einer Verdrängung der possessorischen führen können. Gemäß dem Wortlaut des § 864 II BGB muss dabei das Urteil nach der Ausübung der verbotenen Eigenmacht rechtskräftig geworden sein. [232]

Eine entsprechende Anwendung auf den Fall, dass das Urteil schon vorher rechtskräftig wurde, lehnt die h.M.[270] zu Recht ab. Ansonsten würde das Faustrecht die Zwangsvollstreckung verdrängen. Zudem könnte sich in der Zwischenzeit die Rechtslage geändert haben. Dementsprechend kann der Beklagte auch nicht die Einrede „dolo facit, qui petit, quod statim redditurus est" erheben.

### 8. § 863 BGB

*§ 863 BGB*

§ 863 BGB schließt grundsätzlich petitorische Einwendungen gegen die possessorischen Ansprüche aus und stärkt diese damit. [233]

**hemmer-Methode: Bei § 863 BGB geht es um die schnelle Rückgängigmachung eines durch verbotene Eigenmacht beeinträchtigten Besitzstandes. Deswegen bedeutet auch ein Recht zum Besitz grundsätzlich kein Recht zur eigenmächtigen Besitznahme.**

*Widerklage*

Nach h.M.[271] ist eine petitorische Widerklage gem. § 33 ZPO gegen eine possessorische Besitzschutzklage zulässig. Es besteht insoweit keine Gefahr, dass § 863 BGB seine Bedeutung verliert, da die Besitzschutzklage in der Regel zuerst entscheidungsreif und darüber durch Teilurteil gem. § 301 ZPO zu entscheiden ist. Bei gleichzeitiger Entscheidungsreife ist allerdings die Besitzschutzklage zur Vermeidung widersprüchlicher Urteile entsprechend § 864 II BGB abzuweisen, und zwar unabhängig davon, ob die Entscheidung über die Widerklage sogleich rechtskräftig wird oder nicht. [234]

---

268 Vgl. PALANDT, § 867 Rn. 2; JAUERNIG, § 867 Rn. 6.
269 STAUDINGER, § 864 Rn. 2.
270 Vgl. PALANDT, § 864 Rn. 5; STAUDINGER, § 864 Rn. 11 m.w.N.
271 Vgl. PALANDT, § 863 Rn. 3.

## III. Die petitorischen Ansprüche, § 1007 BGB

*§ 1007 BGB ist petitorischer Anspruch; zwei Ansprüche: § 1007 I und II BGB*

§ 1007 BGB enthält in seinen Absätzen I und II **zwei selbständige Anspruchsgrundlagen auf Herausgabe**, die auch nebeneinander bestehen können. § 1007 I BGB regelt die Herausgabepflicht des bei Besitzerwerb bösgläubigen Besitzers, § 1007 II BGB die des gutgläubigen Besitzers, wenn die Sache dem früheren Besitzer abhanden gekommen war. Ist der neue Besitzer bösgläubig und war die Sache abhanden gekommen, stehen dem früheren Besitzer beide Ansprüche zu. Dabei ist die Bösgläubigkeit wie in § 932 BGB zu verstehen, muss sich aber auf ein Recht zum Besitz beziehen.[272] § 1007 BGB erfasst nur *bewegliche* Sachen. Die Herausgabeansprüche aus § 1007 I, II BGB stehen dabei demjenigen früheren Besitzer zu, der gegenüber dem gegenwärtigen Besitzer das bessere Recht zum Besitz hat.

Nicht Voraussetzung ist, dass der frühere Besitzer rechtmäßiger Besitzer war (arg. e. § 1007 III S.1 BGB).

Ausgeschlossen sind beide Ansprüche unter den Voraussetzungen des § 1007 III 1 BGB.

*§ 1007 III 2 i.V.m. §§ 987 ff. BGB*

Aus § 1007 III S.2 BGB i.V.m. §§ 987 ff. BGB können sich darüber hinaus Ansprüche auf Schadensersatz, Herausgabe von Nutzungen oder Ersatz von Verwendungen ergeben. Beim Anspruch auf Schadensersatz ist aber vom Normzweck her nur das Besitzinteresse zu ersetzen, da § 1007 BGB nur den Besitz schützt.[273]

**hemmer-Methode:** Die praktische Bedeutung dieser Besitzschutznormen ist gering. Auf sie wird nur zurückgegriffen, wenn nicht schon über §§ 985, 861, 823 BGB oder mögliche vertragliche Ansprüche (z.B. § 546 BGB) Herausgabe der beweglichen Sache verlangt werden kann. Allerdings können diese Ansprüche auch mit denen aus § 1007 I, II BGB konkurrieren. Dass § 1007 BGB nicht mehr praktische Bedeutung erlangt hat, erscheint auf den ersten Blick erstaunlich, weil man glauben könnte, dass die Voraussetzungen des § 985 BGB schwerer zu beweisen sind. Allerdings ergibt sich aus § 1006 BGB eine erhebliche Beweiserleichterung für § 985 BGB, so dass insoweit beide Ansprüche gleichwertig sind. Daneben ist zu berücksichtigen, dass die Bösgläubigkeit des Beklagten bei § 1007 BGB positiv nachzuweisen ist, was nicht immer leicht sein dürfte.

*Anspruchsberechtigter*

Anspruchsberechtigt ist der frühere Besitzer, unabhängig davon, ob er Eigen-/ Fremd-/ Allein-/ Mit-/ Teil-/ unmittelbarer oder mittelbarer Besitzer war.[274] Dem *Besitzdiener* stehen dagegen keine Ansprüche aus § 1007 BGB zu.

Der frühere *mittelbare Besitzer* kann aber nur entsprechend § 869 S.2, 2.HS BGB Herausgabe verlangen. Der *Mitbesitzer* kann grundsätzlich nur Einräumung von Mitbesitz oder Herausgabe entsprechend § 1011 BGB als Leistung an alle verlangen.

*Voraussetzungen des § 1007 I BGB*

**Die Voraussetzungen des *§ 1007 Abs.1 BGB* im Überblick:**

⇨ bewegliche Sache

⇨ früherer Besitz des Anspruchstellers

---

272 KOLLHOSSER, JuS 1992, 571.
273 JAUERNIG, § 1007 Rn. 8; PALANDT, § 1007 Rn. 4, jeweils m.w.N.
274 MüKo-MEDICUS, § 1007 Rn. 5 m.w.N.; PALANDT, § 1007 Rn. 2.
275 Umstritten ist die Anwendung der Ausschlussgründe des § 1007 II BGB analog auf § 1007 I BGB. Danach wäre der Anspruch aus § 1007 I BGB auch ausgeschlossen, wenn die Sache dem gegenwärtigen Besitzer abhanden gekommen war oder dieser Eigentümer wurde. Pro: WESTERMANN, § 35 I 3; a.A.: PALANDT, § 1007 Rn. 11-13.

# § 3 BESITZ

⇨ jetziger Besitz des Anspruchsgegners

⇨ Bösgläubigkeit beim Besitzerwerb, § 932 II BGB

⇨ kein Anspruchsausschluss

- Ausschlussgrund seitens Anspruchssteller:
  - § 1007 III S.1, 1.HS. BGB
    Bösgläubigkeit bei Besitzerwerb
  - § 1007 III S.1, 2.HS. BGB
    freiwillige Besitzaufgabe
- Ausschlussgrund seitens Anspruchsgegner:
  - §§ 1007 III S.2, 986 BGB
    gegenwärtiges Recht zum Besitz
  - gegenüber Anspruchssteller
    § 1007 II S.1, 2 BGB analog (str.)[275]

*Voraussetzungen des § 1007 II BGB*

**Die Voraussetzungen des § 1007 Abs.2 BGB im Überblick:**

⇨ bewegliche Sache

⇨ früherer Besitz des Anspruchsstellers

⇨ jetziger Besitz des Anspruchsgegners

⇨ Abhandenkommen bei Anspruchssteller, d.h. unfreiwilliger Verlust des unmittelbaren Besitzes

⇨ kein Anspruchsausschluss

- Ausschlussgrund seitens Anspruchssteller:
  - § 1007 III S.1, 1.HS. BGB
    Bösgläubigkeit bei Besitzerwerb
  - § 1007 III S.1, 2.HS. BGB nicht denkbar,
    da Abhandenkommen immer unfreiwillig
- Ausschlussgrund seitens Anspruchsgegner:
  - § 1007 II S.1, 2.HS. BGB
    Sache ist Anspruchsgegner abhanden gekommen
  - §§ 1007 III S.2, 986 BGB gegenwärtiges Recht zum Besitz gegen Anspruchssteller
- § 1007 II S.2 BGB keine Anwendung auf Geld oder Inhaberpapier

## IV. Der Besitzschutz über § 823 BGB[276]

*deliktischer Besitzschutz*

Die bisher erörterten Besitzschutznormen ermöglichen einen Schadensersatzanspruch bei Besitzentziehung/-störung nur bei beweglichen Sachen unter den Voraussetzungen der §§ 1007 III S.2 i.V.m. 989, 990 BGB. Die dadurch entstehende Lücke im Besitzschutz könnte über § 823 BGB ausgefüllt werden.

### 1. Besitz als „sonstiges Recht" i.S.d. § 823 I BGB

*Besitz als Rechtsgut i.S.d. § 823*

Wie die bisher aufgeführten Besitzschutznormen gezeigt haben, ist der Besitz als rechtlich geschützte Position anzuerkennen. Fraglich ist jedoch, ob auch automatisch davon auszugehen ist, dass der bloße Besitz ein sonstiges Recht i.S.d. § 823 I BGB darstellt.

---

276  Vgl. hierzu auch HEMMER/WÜST, Deliktsrecht I, Rn. 46 ff.

| | | |
|---|---|---|
| BGH: (+) | Zum Teil wird der Besitz generell als sonstiges Recht i.S.d. § 823 I BGB bezeichnet. Nach *ganz h.M.*[277] stellt jedenfalls der berechtigte Besitz ein Schutzgut des § 823 I BGB dar. | 244 |
| *Medicus: nur berechtigter Besitzer* | Vorzugswürdig erscheint die Ansicht von *Medicus*.[278] Sonstige Rechte sind nur solche Rechte, die einen absoluten Schutz beinhalten. | 245 |

In diesen Fällen sei auch die Ähnlichkeit mit dem Eigentum gegeben. Das Eigentum hat neben seiner negativen Seite (= Ausschlussfunktion) auch eine positive (= Nutzungsfunktion). Der bloße Besitz berechtigt über die §§ 861 ff. BGB nur zum Ausschluss. Der Besitzer als solcher darf die Sache jedoch nicht gebrauchen oder nutzen. Daher hat nur derjenige Besitzer eine eigentümerähnliche Position, dem das Gesetz außer den Abwehrrechten auch Nutzungsrechte zuspricht.

Dies ist regelmäßig bei allen rechtmäßigen Besitzern der Fall, aber auch bei manchen unrechtmäßigen, wie z.B. dem redlichen entgeltlichen Besitzer vor Rechtshängigkeit. Letzterer darf sogar im Verhältnis zum Eigentümer die Nutzungen behalten (§§ 987, 988, 990, 993 I BGB).

**hemmer-Methode: Für die Möglichkeit eines Schadensersatzanspruchs aus § 823 I BGB spricht auch, dass in § 1007 III S.2 BGB auf § 992 BGB und damit auf § 823 BGB verwiesen wird. Somit geht das Gesetz selbst davon aus, dass es einen solchen Anspruch geben muss. Zudem ist zu bedenken, dass der bloße Besitz keine verlässliche Grundlage zur Berechnung des Schadens bietet, da der Wert des Besitzes i.d.R. nicht berechenbar ist. Nur die Nutzungsberechtigung ermöglicht eine Berechenbarkeit und gewährt eine Ähnlichkeit zum Eigentum.** 246

Zusammenfassend ist davon auszugehen, dass über § 823 I BGB Schadensersatzansprüche nur dann gegeben sind, wenn der Besitz mit einer über den possessorischen Schutz hinausreichenden Befugnis zusammentrifft. 247

| | | |
|---|---|---|
| *mittelbarer Besitz* | Aus diesem Grund ist neben dem unmittelbaren Besitz auch der mittelbare geschützt, unabhängig davon, ob Allein- oder Mitbesitz vorliegt. Jedoch ist ein Schadensersatzanspruch des mittelbaren gegen den unmittelbaren Besitzer ausgeschlossen.[279] | |
| *Ausschluss* | Da nur der befugte Besitz possessorischen Schutz genießt, kann bei Ausschluss der possessorischen Rechte nach §§ 866, 864 BGB kein Schadensersatz bestehen.[280] Ohne Bedeutung ist dagegen der Ausschluss durch §§ 861 II, 862 II BGB. | 248 |
| *Konkurrenzen* | Wenn auch dem Besitzer ein Schadensersatzanspruch aus § 823 I BGB zusteht, kann dieser Anspruch in Konkurrenz mit dem Anspruch des Eigentümers aus § 823 I BGB stehen. | |
| *§ 986 I S.2 BGB analog* | Dieses Konkurrenzproblem löst sich in bestimmten Fällen dadurch, dass man dem Besitzer das Recht gewährt, Leistung nur an sich zu verlangen und dem Eigentümer analog § 986 I S.2 BGB nur einen Anspruch auf Leistung an den Besitzer zugesteht. Ein solcher Fall ist regelmäßig gegeben, wenn der Besitzer zum Besitz berechtigt ist und eine Ersatzleistung an ihn sich in dem durch das Besitzrecht bestimmten Vertrauensrahmen hält (z.B. Fenster in Mietwohnung wird durch Dritten beschädigt). | 249 |

---

[277] BAUR/STÜRNER, § 9 V 2; LOPAU JuS 1980, 501, 505; KOLLHOSSER, JuS 1992, 572.; BGH NJW 1998, 377 ff.
[278] MEDICUS, BR, Rn. 607.
[279] PALANDT, § 861 Rn. 13.
[280] A.A. PALANDT, § 861 Rn. 13.

## § 3 BESITZ

*§ 432 BGB*

Ansonsten ist von § 432 BGB auszugehen, da § 428 BGB nicht sachgerecht wäre.

> **hemmer-Methode:** Lernen Sie exemplarisch: Immer wenn zwei Gläubiger in Betracht kommen (z.B. Eigentümer/Mieter; Sonderfall Leasinggeber/Leasingnehmer; Eigentümer/Anwartschaftsberechtigter; Eigentümer/Pfandgläubiger), ist an § 432 BGB in Abgrenzung zu § 428 BGB zu denken. Die Leistung an einen befreit den Schuldner (z.B. Dritten, der den Gegenstand beschädigt hat) bei Annahme von § 432 BGB grundsätzlich nicht.
> **Ausnahmsweise liegt aber über § 851 BGB eine Schuldnerbefreiung vor. Über § 816 II BGB erhält der Eigentümer, neben Ansprüchen aus Vertrag, Ersatz.**

*i.R.d. Schadensersatzes differenzieren*

Im Hinblick auf den durch die Besitzverteilung entstandenen Schaden ist bei einer gemeinsamen Gläubigerstellung von Eigentümer und Besitzer zu unterscheiden:

**a) Substanzschaden**: Dieser gebührt i.d.R. nicht dem Besitzer, sondern dem Eigentümer (so kann z.B. der Entleiher nicht gemäß §§ 823 I, 251 I BGB Ersatz für das zerstörte Auto verlangen).

**b) Nutzungsschaden** = Beeinträchtigung der Nutzungsmöglichkeit (z.B. der Mieter kann die Wohnung nicht nutzen).

**c) Haftungsschaden** = der Besitzer wird infolge der Besitzverletzung selbst einem Dritten schadensersatzpflichtig.

**d) Sonstige Folgeschäden** (z.B. weil er vorher Verwendungen auf die Sache gemacht hat, die ihm ein Dritter hätte ersetzen müssen).

### 2. Besitzschutz über § 823 II BGB

Voraussetzung für einen Besitzschutz nach § 823 II BGB wäre das Vorliegen eines entsprechenden Schutzgesetzes.

*StGB*

Die Bestimmungen des *StGB* scheiden als Schutzgesetze aus, da diese regelmäßig nur den Eigentümer, nicht aber speziell den Besitzer schützen. Dies gilt insbesondere für § 248b StGB.

*§ 858 BGB*

Als Schutzgesetz in Betracht käme jedoch § 858 BGB. Dem stimmt teilweise die *Literatur*[281] und die *Rspr.* des BGH[282] zu.

Dies würde aber bedeuten, dass ein schadensersatzrechtlicher Schutz jeden Besitzes die Folge wäre, ohne dass eine Differenzierung danach erfolgt, ob eine Befugnis zum Besitz besteht oder nicht. § 858 BGB kennt eine solche Differenzierung gerade nicht. Dies darf aber nach dem zu § 823 I BGB Gesagten nicht sein. § 858 BGB ist daher als Schutzgesetz i.S.d. § 823 II BGB abzulehnen.

In einer neueren Entscheidung stellte auch der BGH bei der Bejahung des § 858 BGB als Schutzgesetz i.S.v. § 823 II BGB einschränkend darauf ab, dass im entschiedenen Fall der Kläger auch besitzberechtigt war.[283]

Damit scheidet ein uneingeschränkter Besitzschutz über § 823 II BGB aus.

---

281  Vgl. PALANDT, § 861 Rn. 13; KOLLHOSSER, JuS 1992, 572; STAUDINGER, § 858 Rn. 29 m.w.N.
282  Vgl. BGHZ 114, 305, 314 m.w.N.
283  BGH DtNZ 1996, 20.

Auch eine der Ansichten, die § 858 BGB als Schutzgesetz verstehen, setzt im Hinblick auf die Besitzberechtigung korrigierend am nach § 823 II BGB zu ersetzenden Schaden an. Der bloße Besitz habe nämlich kein ersatzfähiges Äquivalent in Geld. Geldersatz sei vielmehr nur dort denkbar, wo dem (berechtigten) Besitzer wegen der verbotenen Eigenmacht durch Nutzungsausfall, vergebliche Verwendungen oder eine Haftung gegenüber Dritten ein Verlust entsteht.[284]

## V. Der Besitzschutz über § 812 BGB

Besitzschutz findet auch über das Bereicherungsrecht statt.

### 1. Leistungskondiktion, § 812 I S.1 1.Alt. BGB

*Leistungskondiktion*

Dies gilt uneingeschränkt für die *Leistungskondiktion* nach § 812 I S.1 1.Alt. BGB. „Etwas erlangt" ist jeder vermögenswerte Vorteil.

Dazu zählt auch der unmittelbare oder mittelbare Besitz, nicht aber die Besitzdienerschaft.[285] Dies gilt auch dann, wenn man den Besitz nicht als Recht betrachtet. Voraussetzungen des Bereicherungsanspruchs sind dann nur die üblichen Voraussetzungen der Leistungskondiktion.

### 2. Eingriffskondiktion, § 812 I S.1 2.Alt. BGB

*Eingriffskondiktion*

Umstritten ist, ob auch im Wege der *Eingriffskondiktion* nach § 812 I S.1 2.Alt. BGB der Besitz kondiziert werden kann.

Gegen eine Besitzkondiktion nach § 812 I S.1 2.Alt. BGB spricht die Regelung des Gesetzes. Dies hat in den §§ 861 ff., 1007 BGB eine abschließende Regelung des Besitzschutzes getroffen und dadurch den Fall des Eingriffs in den Besitz als Regelungsgegenstand dem Bereicherungsrecht gerade entzogen. Würde man die Möglichkeit einer Eingriffskondiktion bejahen, hätte es einer so differenzierten Ausgestaltung des Besitzschutzes über §§ 861 ff., 1007 BGB nicht bedurft.

Nach richtiger Ansicht ist daher ein Eingriff in den tatsächlichen Besitz nicht von § 812 I S.1 2.Alt. BGB erfasst. Dagegen ist – wie i.R.d. § 823 BGB – der Eingriff in ein Recht zum Besitz kondiktionsauslösend. Dies wird mit der Zuordnungsfunktion des Besitzes oder aber durch die Verdinglichung obligatorischer Rechte durch den Besitzerwerb begründet.[286]

## VI. Besondere Besitzfragen

### 1. Prozessualer Besitzschutz, § 771 ZPO

*§ 771 ZPO*

Prozessual ist der Besitzschutz in § 771 ZPO verwirklicht. Der berechtigte Besitz stellt ein „die Veräußerung hinderndes Recht" i.S.d. Vorschrift dar und ermöglicht eine Drittwiderspruchsklage.[287]

---

284 STAUDINGER, § 861 Rn. 31 und § 858 Rn. 29.
285 Vgl. PALANDT, § 812 Rn. 19; BAUR/STÜRNER, § 9 V 2.
286 BAUR/STÜRNER, § 9 V 2; LOPAU JuS 1980, 501, 505; PALANDT, § 861 Rn. 12.
287 Vgl. BAUR/STÜRNER, § 9 V 3.

# § 3 BESITZ

## 2. Insolvenz, § 47 InsO

*§ 47 InsO*

Der Anspruch auf Wiedereinräumung des Besitzes nach § 861 BGB, der Anspruch auf Beseitigung einer Besitzstörung nach § 862 BGB und die Ansprüche des früheren Besitzers aus § 1007 BGB sind als Aussonderungsrechte i.S.d. § 47 InsO anerkannt.

## 3. Rechtsbesitz

*Rechtsbesitz*

Der Besitzschutz erstreckt sich auch auf den Rechtsbesitz. Das Gesetz kennt ihn allerdings nur bei der Grunddienstbarkeit und der beschränkt persönlichen Dienstbarkeit, §§ 900 II, 1029, 1090 BGB. An sonstigen dinglichen Rechten scheidet ein Besitzschutz aus. Soweit damit Sachbesitz verbunden ist (z.B. Nießbrauch, Erbbaurecht, Wohnungsrecht), ist der Sachbesitzschutz jedoch ausreichend.

**hemmer-Methode:** Examenstypisch ist in diesem Kontext § 1029 BGB. Wird der durch Grunddienstbarkeit gesicherte Besitz von dem jeweiligen Eigentümer des belasteten Grundstücks gestört, so kommt neben §§ 823 ff. BGB auch ein Anspruch auf Schadensersatz aus §§ 280 I, 1018 BGB wegen Pflichtverletzung in Betracht.
Die Bestellung mit einer Grunddienstbarkeit führt zu einem gesetzlichen Schuldverhältnis. Verletzungen können deswegen zu einem Anspruch aus § 280 I BGB (eventuell i.V.m. mit § 278 BGB) führen. Die Naturalrestitution aus § 249 I BGB hat dann eine ähnliche Wirkung wie der Besitzschutz des § 1029 BGB.
Lesen Sie in diesem Kontext § 1027 BGB. Auch eine Geldrente entsprechend § 912 II BGB kann eventuell verlangt werden, wenn der Beseitigungsanspruch entsprechend § 912 I BGB ausgeschlossen ist.

## 4. Allgemeine Unterlassungsklage, §§ 12, 862, 1004 BGB analog

*§§ 12, 862, 1004 BGB analog*

Ebenfalls möglich ist die allgemeine Unterlassungsklage, falls eine wiederholte Beeinträchtigung droht, §§ 12, 862, 1004 BGB analog.[288]

Ausgeschlossen ist hingegen eine Feststellungsklage auf Anerkennung des Besitzes **als Tatsache**.[289]

---

288 Vgl. PALANDT, § 861 Rn. 14.
289 Vgl. PALANDT, § 861 Rn. 14.

# § 4 EIGENTÜMER-BESITZER-VERHÄLTNIS (EBV)

## A. Einführung

### I. Überblick über die Regelungen

*EBV*

Die §§ 985-1003 BGB regeln das Rechtsverhältnis zwischen dem Eigentümer und dem Besitzer einer Sache, wobei Eigentum und Besitz wenigstens in der Vergangenheit bestanden haben müssen. Man spricht dann vom *Eigentümer-Besitzer-Verhältnis*.

*§§ 985, 986 BGB*

Wird das Eigentum durch Entziehung oder Vorenthaltung des Besitzes gestört, kann der Eigentümer nach § 985 BGB die Wiedereinräumung des Besitzes verlangen *(Herausgabeanspruch = Vindikationsanspruch)*, wenn nicht der Besitzer gem. § 986 BGB ein Recht zur Ausübung der tatsächlichen Gewalt hat.

*§§ 987-1003 BGB*

Der dingliche Herausgabeanspruch wird durch die schuldrechtlichen Hilfsansprüche der §§ 987-1003 BGB ergänzt. Diese Vorschriften sind oft gemeint, wenn vom „EBV" die Rede ist. Sie gewähren dem Eigentümer gegen den unberechtigten Besitzer *Schadensersatz-* (§§ 989 ff. BGB) und *Nutzungsherausgabeansprüche* (§§ 987 ff. BGB) sowie umgekehrt dem unberechtigten Besitzer gegen den Eigentümer *Verwendungsersatzansprüche* (§§ 994 ff. BGB).

*§§ 1004, 1005 BGB*

Bei anderen Störungen des Eigentums, die nicht in einer Entziehung oder Vorenthaltung des Besitzes bestehen, gelten die §§ 1004, 1005 BGB. Nach § 1004 I BGB sind Beeinträchtigungen zu beseitigen und weitere Störungen zu unterlassen.

### II. Hauptregelungszweck

*h.M.: Schutz des redlichen Besitzers*

Die heute h.M.[290] sieht den Grundgedanken der Regelungen des EBV in einem *Haftungsprivileg* für den unverklagten und redlichen Besitzer, der sich in den Grenzen seines vermeintlichen Besitzrechts gehalten hat, was sich vor allem aus den Gesetzesmaterialien zum BGB und § 993 I a.E. BGB ergibt.[291] Ansprüche auf Schadensersatz, Nutzungsherausgabe und Verwendungsersatz werden durch die §§ 987 ff. BGB verdrängt.

> **hemmer-Methode:** Dies gilt jedoch nicht für den Anspruch auf Herausgabe der Sache aus § 985 BGB, da nur schuldrechtliche Ansprüche in den §§ 987 ff. abschließend geregelt sind.
> Ebenfalls nicht ausgeschlossen sind die an die Stelle des § 985 BGB tretenden Rechtsfortwirkungsansprüche nach §§ 951 I, 812 bzw. § 816 I S.1 BGB.

Da der Mangel der Besitzberechtigung für den redlichen, unverklagten Besitzer meist nur schwer oder überhaupt nicht zu erkennen ist, wäre eine unbeschränkte Haftung unbillig.

> **hemmer-Methode:** Denken Sie zuerst beim Eigentümer-Besitzer-Verhältnis an den Haftungsgrund für die Regelungen. Von diesem Gesichtspunkt ausgehend wird § 993 I 2. HS. BGB erst verständlich.

---

290 Vgl. BAUR/STÜRNER § 11 A II 2; BGHZ 39, 186; BGHZ 41, 157; HÖNN, JA 1988, 529.
291 ROTH, JuS 1997, 519 m.w.N.

*Mindermeinungen*

Nach *einer Mindermeinung*[292] wird der Eigentümer durch die §§ 987-993 BGB und der Besitzer durch die §§ 994-1003 BGB privilegiert.

267

Eine dritte Ansicht[293] geht schließlich davon aus, dass sich ein einheitlicher Regelungszweck nicht feststellen lässt. Der Normzweck müsse vielmehr für jede Vorschrift gesondert ermittelt werden.

268

**hemmer-Methode: Gehen Sie in der Klausur von der h.M. aus. Gerade im klassischen Feld des Eigentümer-Besitzer-Verhältnisses rät es sich, konservativ zu entscheiden. Außerdem wird die h.M. dem Regelungskomplex des Eigentümer-Besitzer-Verhältnisses am ehesten gerecht.**

Entscheidend ist der Regelungszweck insbesondere für die Lösung von Konkurrenzfragen. Nur wenn feststeht, ob und für wen die Norm eine Privilegierung darstellen soll, lässt sich die Anwendbarkeit bzw. Nichtanwendbarkeit konkurrierender Ansprüche und Regelungen ermitteln.

269

### III. Grundvoraussetzung

*Vindikationslage notw.*

Das Eigentümer-Besitzer-Verhältnis wird durch den Herausgabeanspruch aus § 985 BGB begründet. Ist § 985 BGB nicht gegeben, können auch keine Ansprüche aus §§ 987 ff. BGB entstehen. Nur wenn zum Zeitpunkt des Umstandes, aus dem die Rechtsfolgen hergeleitet werden (Schadenszufügung, Nutzungsziehung, Vornahme der Verwendung) eine *Vindikationslage* bestand, können Ansprüche aus §§ 987 ff. BGB gegeben sein. Der Eigentümer muss also einen durch kein Besitzrecht gehinderten Herausgabeanspruch gemäß §§ 985, 986 BGB gegen den Besitzer gehabt haben.

270

**hemmer-Methode: Achten Sie beim Lesen des Sachverhalts auf den Zeitpunkt der Verletzungshandlung. In diesem Zeitpunkt muss ein EBV vorgelegen haben. Verletzungshandlungen, die typischerweise in Examensarbeiten vorkommen, sind Beschädigung, Zerstörung, Weiterveräußerung, Einbau und Verarbeitung.**
**Formelhaft können Sie sich merken: Für das EBV muss im Zeitpunkt der Verletzungshandlung ein EBV vorgelegen haben, d.h. zu dieser Zeit durfte der in Anspruch Genommene kein Recht zum Besitz gehabt haben.**

### IV. Entsprechende Anwendung

*weitere Anwendungsfälle*

Kraft Verweisung finden die §§ 985 ff. BGB entsprechende Anwendung auf den Nießbraucher (§ 1065 BGB), den Pfandgläubiger (§ 1227 BGB) und über §§ 804 II ZPO, 1227 BGB auch auf den Pfändungspfandgläubiger.

271

## B. Der Herausgabeanspruch aus § 985 BGB

### I. Voraussetzungen

*§ 985 BGB ist dinglicher Anspruch*

§ 985 BGB ist ein *dinglicher Anspruch*, mit dem der Eigentümer, dem der Besitz an einer beweglichen oder unbeweglichen Sache vorenthalten oder entzogen wurde, die *Herausgabe* (= Verschaffung des mittelbaren oder unmittelbaren Besitzes) von dem Besitzer verlangen kann, sofern diesem kein Recht zum Besitz zusteht (§ 986 BGB).

272

---

292  PINGER, Funktion und dogmatische Einordnung des EBV, 1973; sowie MDR 1974, 184 ff.
293  Vgl. MüKo-MEDICUS, v. § 987 Rn. 7.

*Voraussetzungen*

> **Folgende drei Voraussetzungen müssen gegeben sein:**
> ⇨ Anspruchsberechtigter ist (Mit-)Eigentümer
> ⇨ Anspruchsgegner ist unmittelbarer oder mittelbarer Besitzer
> ⇨ Besitzer hat kein Recht zum Besitz, § 986 BGB

273

**Im Einzelnen:**

### 1. Anspruchsberechtigter

#### a) Eigentümer

*Berechtigter ist Eigentümer*

Anspruchsberechtigter ist der Eigentümer der Sache im Zeitpunkt des Herausgabeverlangens, unabhängig davon, ob Allein- oder Miteigentum besteht.

274

*Vermutung: § 1006 BGB*

Der Anspruchssteller muss sein Eigentum beweisen. Ist die Rechtslage hinsichtlich des Eigentums unklar und kann sie auch nicht mit Hilfe zulässiger angebotener Beweismittel geklärt werden, hilft bei beweglichen Sachen die *Eigentumsvermutung* des § 1006 BGB (bei unbeweglichen Sachen § 891 BGB). § 1006 BGB vermutet, dass der Besitzer beim *Eigenbesitzerwerb* auch das Eigentum erworben hat.[294] Für den Fortbestand des Eigentums beim Erwerber spricht eine allgemeine Rechtsfortdauervermutung.[295] § 1006 BGB gilt nicht, wenn der Besitzer erst nach Besitzerwerb Eigentum erlangt haben will. Die Vorschrift erspart dem Besitzer den Nachweis eines rechtswirksamen Eigentumserwerbs in seiner Person oder der seines Rechtsvorgängers. Es kommt dabei nicht auf die Art des geltend gemachten Anspruchs an, so dass die Vermutung nicht nur für §§ 985, 987 ff. BGB, sondern auch für §§ 812, 816, 823 BGB gilt, soweit letztere Eigentum voraussetzen.

275

*§ 1006 I BGB*

§ 1006 I 1 BGB vermutet, dass der unmittelbare Besitzer im Zeitpunkt des Besitzerwerbs Eigenbesitz begründet und damit zugleich Eigentum erworben hat *(doppelte Vermutung)*. Dies gilt nach § 1006 I 2 BGB jedoch nicht gegenüber einem früheren Besitzer, dem die Sache gestohlen worden, verloren gegangen oder sonst abhanden gekommen ist. Grund dafür ist die Regelung des § 935 BGB, die in diesen Fällen einen rechtsgeschäftlichen Erwerb ausschließt. Ist schon ein gutgläubiger Erwerb ausgeschlossen, wäre es nicht sachgerecht, eine Eigentumsvermutung für den Besitzer aufzustellen.

276

**§ 1006 I BGB hilft im Rahmen des § 985 BGB in erster Linie dem Anspruchsgegner, der ja gegenwärtig Besitzer ist.**

*§ 1006 II BGB*

§ 1006 II BGB vermutet für den früheren Besitzer, dass dieser im Zeitpunkt des Besitzerwerbs Eigenbesitz begründet und damit Eigentum erworben hat sowie während seiner Besitzzeit Eigentümer geblieben ist. Die Eigentumsvermutung überdauert auch den Besitzverlust, sofern nicht dem gegenwärtigen Besitzer die Vermutung des § 1006 I BGB zugute kommt oder ein (früherer) Besitzer sich auf § 1006 II BGB berufen kann und somit für ihn die bessere Vermutung des § 1006 II BGB spricht.

277

---

[294] BGH NJW 1984, 1456; BGH NJW 1967, 2008; BAUR/STÜRNER § 10 II 2; MÜKO-MEDICUS, § 1006 Rn. 13, 20.
[295] MÜKO-MEDICUS, § 1006 Rn. 13.

# § 4 EIGENTÜMER-BESITZER-VERHÄLTNIS (EBV)

**hemmer-Methode:** § 1006 II BGB dient bei der Vindikationslage in erster Linie dem Anspruchssteller.

*§ 1006 III BGB*

§ 1006 III BGB erweitert die Vermutungswirkung der Absätze I und II auf den gegenwärtigen bzw. früheren mittelbaren Besitzer, sofern der mittelbare Besitz feststeht oder nachgewiesen ist.

### b) Dritter

*§ 985 BGB nicht abtretbar; aber Einziehungsermächtigung*

Als dinglicher Anspruch ist § 985 BGB nach h.M.[296] nicht abtretbar. Die Stellung als Eigentümer und der Herausgabeanspruch aus § 985 BGB können nicht auseinanderfallen. 278

Eine Ermächtigung zur Geltendmachung des § 985 BGB nach § 185 BGB ist jedoch möglich. Auf diese Weise kann der Eigentümer einem Dritten gestatten, den Herausgabeanspruch in eigenem Namen geltend zu machen und Herausgabe an sich zu verlangen.

*Prozessstandschaft*

Im Rahmen der sog. *gewillkürten Prozessstandschaft* kann der Eigentümer einen Dritten auch zur klageweisen Geltendmachung des Herausgabeanspruchs ermächtigen.[297] 279

### c) Anwartschaftsberechtigter

*auch bei AWR § 985 BGB (+)*

Der Anspruch aus § 985 BGB kann grundsätzlich auch dem Anwartschaftsberechtigten zustehen.[298] 280

## 2. Anspruchsgegner

*Gegner ist jeder Besitzer*

Anspruchsgegner kann sowohl der unmittelbare als auch der mittelbare Besitzer sowie der Teil- oder Mitbesitzer sein, unabhängig davon, ob Eigen- oder Fremdbesitz vorliegt. 281

> **Bsp.:** A besitzt eine dem B gehörende Vase. Als B zu A kommt und die Vase abholen will, ist nur die Haushälterin H zu Hause. A selbst ist verreist. Steht B ein Anspruch auf Herausgabe aus § 985 BGB gegen H zu?

*Besitzdiener (-)*

Da der Besitzdiener nach § 855 BGB selbst keinen Besitz hat, kommt er als Anspruchsgegner nicht in Betracht. 282

> Im Fall ist H nur Besitzdienerin. Unmittelbarer Besitzer ist allein A, auch wenn er nicht anwesend ist. Ein Anspruch aus § 985 BGB besteht daher nur gegenüber A und nicht gegenüber H.

## 3. Recht zum Besitz

Der Anspruchsgegner darf kein Recht zum Besitz haben. Die Probleme im Zusammenhang mit dem Besitzrecht werden im Anschluss dargestellt. 283

## II. Anspruchsinhalt

### 1. Herausgabe

*Inhalt: Besitzverschaffung*

Der Anspruch aus § 985 BGB geht auf Herausgabe der beweglichen oder unbeweglichen Sache, also Verschaffung des unmittelbaren Besitzes. 284

---

[296] BGH NJW 1983, 112; BAUR/STÜRNER § 11 C I 3 a aa; MEDICUS, BR, Rn. 445.
[297] Vgl. BGH NJW 1985, 753.
[298] MüKo-MEDICUS, § 985 Rn. 4.

Bei Miteigentümern zielt der Anspruch gegenüber anderen Miteigentümern auf Verschaffung von Mitbesitz, gegenüber Dritten auf Herausgabe an alle Miteigentümer, §§ 1011, 432 BGB.

*mittelbarer Besitz*

**285** Ist der Anspruchsgegner nur mittelbarer Besitzer, so richtet sich der Anspruch aus § 985 BGB jedenfalls auf Übertragung des mittelbaren Besitzes (weil Minus im Verhältnis zur Herausgabe) durch Abtretung des Herausgabeanspruchs gegen den unmittelbaren Besitzer aus dem Besitzmittlungsverhältnis nach § 870 BGB.[299] Umstritten ist hingegen, ob der Anspruch auch auf Herausgabe des unmittelbaren Besitzes gerichtet sein kann.

*h.M.: Herausgabe auch des unmittelbaren Besitzes*

**286** Die h.M.[300] bejaht einen solchen Anspruch aus vollstreckungsrechtlichen Überlegungen. Hat der Eigentümer E gegen den unmittelbaren Besitzer U ein Herausgabeurteil und gegen den mittelbaren Besitzer M ein Urteil auf Übertragung des mittelbaren Besitzes erstritten, werden beide Urteile bedeutungslos, wenn U dem M die Sache zurückgibt. Die Vollstreckung gegen U scheitert nach § 883 ZPO, da dieser nicht mehr Besitzer ist. Eine Titelumschreibung nach § 727 ZPO entfällt regelmäßig, da die erforderlichen Nachweise nicht erbracht werden können. Eine Vollstreckung gegen M scheidet nach § 894 ZPO aus, da der Herausgabeanspruch gegen U durch die Rückgabe erloschen und so eine Übertragung des mittelbaren Besitzes nicht mehr möglich ist. Hat E dagegen zusätzlich einen Titel auf Herausgabe des unmittelbaren Besitzes, kann er gegen M vor der Rückgabe nach § 886 ZPO vorgehen und nach der Rückgabe nach § 883 ZPO.

*früher problematisch wegen § 283 BGB a.F.*

Der Anspruch auf Herausgabe des unmittelbaren Besitzes gegen den mittelbaren Besitzer war nach *früher h.M.*[301] jedoch dann ausgeschlossen, wenn der mittelbare Besitzer wegen der Überlassung der Sache an den unmittelbaren Besitzer zur Herausgabe außerstande war (weil eine Rückgabe nicht erfolgt ist), es sei denn, es waren bereits im Herausgabeprozess gegen den mittelbaren Besitzer die Voraussetzungen einer Schadensersatzpflicht des mittelbaren Besitzers gem. §§ 989, 990 BGB sichergestellt. Grund hierfür war, dass der mittelbare Besitzer gegenüber dem Eigentümer sonst ohne das Vorliegen der Voraussetzungen der §§ 989, 990 BGB gemäß § 283 BGB a.F. verschuldensunabhängig auf Schadensersatz gehaftet hätte.

*seit 01.01.2002 gilt § 281 BGB*

**287** Nachdem jetzt § 283 BGB a.F. in § 281 BGB enthalten ist und diese Vorschrift nach Ansicht der neuen Literatur auf § 985 BGB anwendbar ist[302], ist die von der Rechtsprechung gemachte Einschränkung gegenstandslos. **§ 281 BGB regelt** nämlich beim Vorliegen eines Herausgabeurteils **keine verschuldensunabhängige Haftung mehr**.

Daher sind die Haftungsvoraussetzungen der §§ 989, 990 BGB im Herausgabeprozess gegen den mittelbaren Besitzer nicht mehr zu prüfen.

> **hemmer-Methode:** Beachten Sie aber, dass eine Haftung nach § 281 BGB nicht die Privilegierungen des EBV aushöhlen darf. Daher ist (allerdings „erst") im Rahmen des Schadensersatzprozesses aus § 281 BGB zu prüfen, ob zusätzlich die Haftungsvoraussetzungen der §§ 989, 990 BGB (Rechtshängigkeit bzw. Bösgläubigkeit) zum relevanten Zeitpunkt der Nichtleistung vorgelegen haben[303].

---

299  Vgl. PALANDT, § 985 Rn. 11.
300  Vgl. BGHZ 53, 29; BGHZ 12, 380, 397; MÜKO-MEDICUS, § 985 Rn. 10; PALANDT, § 985 Rn. 11.
301  BGHZ 53, 39; PALANDT, § 985 Rn. 3.
302  Vgl. PALANDT § 985 Rn. 16.
303  Vgl. PALANDT § 985 Rn. 11 a.E. und Rn. 16.

## 2. Gegenstand der Herausgabe

*Gegenstand: auch Grundstücke*

§ 985 BGB bezieht sich auf die Herausgabe von beweglichen und unbeweglichen Sachen. Auch der Besitz an einem Grundstück kann herausgegeben werden, so dass § 985 BGB neben dem Grundbuchberichtigungsanspruch aus § 894 BGB eine eigenständige Bedeutung hat.

Eine Grundbuchberichtigung nützt dem wahren Eigentümer in der Regel nichts, wenn er nicht auch den Besitz des Grundstückes erhält. Hierzu ist der Anspruch aus § 985 BGB erforderlich.

*aber Geldwertvindikation (-)*

Gegenstand der Herausgabe kann auch Geld sein. Das Eigentum am Geld ist jedoch in den meisten Fällen nach §§ 948 II, 947 II BGB auf den Empfänger übergegangen. Fraglich ist, ob in diesem Fall noch ein Herausgabeanspruch aus § 985 BGB besteht.

> *Bsp.: Der 5 jährige A kauft sich im Geschäft des B Spielzeug für 10,- €. B steckt den 10 € Schein in seine Kasse. Die Übereignung des Scheines ist nach § 105 BGB nichtig. Kann A die Herausgabe des Geldes nach § 985 BGB von B verlangen?*

*Individualisierbarkeit notw.*

Nach *h.M.*[304] kann Gegenstand des Herausgabeanspruchs auch Geld sein, jedoch nur solange es beim Besitzer individualisierbar vorhanden ist. Hat der Besitzer das Geld bereits gewechselt oder auf sein Konto eingezahlt oder ist er nach §§ 948 II, 947 II BGB Alleineigentümer des Geldes geworden, so kommen nur Ansprüche aus §§ 989, 990 BGB und §§ 812 ff.(i.V.m. § 951) BGB in Betracht. Nach der früher noch von *Harry Westermann*[305] vertretenen Ansicht dagegen ist bei Geld das Leistungsinteresse nicht auf die Sache als solche, sondern auf den in ihr verkörperten Wert bezogen. Herauszugeben sei daher nach § 985 BGB der *Geldwert (Geldwertvindikation)* und nicht der konkret übergebene Schein. Diese Ansicht ist jedoch mit der h.M. abzulehnen, da hier das Geldeigentum gegenüber dem Sacheigentum insbesondere im Insolvenzverfahren (§ 47 InsO) und in der Zwangsvollstreckung (§ 771 ZPO) unangemessen privilegiert wäre.[306]

Im Fall hat B, als er die 10,- € in seine Kasse gesteckt hat, nach §§ 948 II, 947 II BGB Alleineigentum an dem Geld erworben, da das Geld in der Kasse (nach h.M.) als Hauptsache anzusehen ist und ein vorheriger rechtsgeschäftlicher Eigentumserwerb am Geld gem. § 929 BGB an §§ 104 Nr. 1, 105 I BGB scheitert. Daher hat A bei Ablehnung der Geldwertvindikation keinen Anspruch aus § 985 BGB. Er kann aber nach §§ 951 I, 812 I S.1, 1.Alt., 818 II BGB Wertersatz in Höhe von 10,- € verlangen.

## III. Recht zum Besitz, § 986 BGB

*Recht zum Besitz, § 986 BGB*

Ein Anspruch auf Herausgabe nach § 985 BGB besteht nur, wenn der Besitzer *kein Recht zum Besitz* i.S.d. § 986 BGB hat.

*Einwendung, keine Einrede*

Die *h.M.*[307] betrachtet das Recht zum Besitz als Einwendung, d.h. es ist, im Gegensatz zur Einrede, von Amts wegen vom Gericht im Prozess zu prüfen und muss nicht geltend gemacht werden. Es genügt, wenn die Umstände, aus denen sich das Recht zum Besitz ergibt, unstreitig sind, ohne dass sich der Besitzer auf sein Besitzrecht berufen muss. Bedeutung hat dies v.a. im Versäumnisurteil nach § 331 ZPO.

---

304 PALANDT, § 985 Rn. 7; MEDICUS, JuS 1983, 897 m.w.N.
305 WESTERMANN, 8. AUFLAGE, § 30 V.
306 Dieser Ansicht folgt mittlerweile auch Westermann in seiner neuesten Auflage.
307 BGHZ 82, 13, 18; MüKo-MEDICUS, § 986 Rn. 25; PALANDT, § 986 Rn. 1; BAUR/STÜRNER, § 1 B I 1.

Nach a.A.[308] handelt es sich dagegen um eine Einrede, da der Wortlaut des § 986 I S.1 BGB von „kann verweigern" spricht, ähnlich wie in §§ 214, 273 BGB.

Dann müsste sich der Besitzer auf sein Besitzrecht berufen. Die Betrachtung inhaltlich vergleichbarer Vorschriften wie §§ 1004 II, 1007 III, 861 II BGB, die alle eine Einwendung darstellen, spricht jedoch unter Berücksichtigung des Regelungszusammenhanges für die h.M.

*eigenes/abgeleitetes Besitzrecht*

§ 986 I BGB unterscheidet zwischen dem eigenen Besitzrecht nach § 986 I S.1 1.HS BGB und dem von einem Dritten abgeleiteten Besitzrecht nach § 986 I S.1 2.HS BGB.

292

### 1. Eigenes Besitzrecht nach § 986 I S.1 1.HS BGB

Das Besitzrecht muss gegenüber dem Eigentümer bestehen und kann sich aus unterschiedlichen Tatsachen ergeben.

293

*dingliche Rechte (+)*

*Dingliche Rechte,* z.B. Pfandrechte § 1204 ff. BGB, wirken als *absolute Rechte* gegenüber jedermann, also auch gegenüber dem Eigentümer, und geben somit ihrem Inhaber ein Recht zum Besitz.

*Anwartschaftsrecht str.*

Das Anwartschaftsrecht ist „wesensgleiches Minus" zum Eigentum und stellt nach h.M. kein dingliches Recht dar. Dennoch räumt e.A.[309] dem Anwartschaftsberechtigten ein dingliches Recht zum Besitz gegenüber dem Herausgabeverlangen des Eigentümers ein. Die *Rspr. und Teile der Lit.*[310] verneinen dagegen zu Recht ein Besitzrecht aus der Anwartschaft und vermeiden ein unbilliges Ergebnis durch Anwendung des § 242 BGB (dolo facit, qui petit, quod statim redditurus est).

294

> **hemmer-Methode:** Diese Frage stellt sich nur im Fall der Übertragung des Anwartschaftsrechts auf einen Dritten. <u>Grund</u>: Dem originären Anwartschaftsberechtigten (z.B. dem Eigentumsvorbehaltskäufer) steht gegenüber dem Eigentümer (z.B. dem Eigentumsvorbehaltsverkäufer) nämlich bereits ein schuldrechtliches Recht zum Besitz (z.B. aus dem Kaufvertrag) zu!

*schuldrechtl. Vertrag nur relativ*

Schuldrechtliche Rechtsbeziehungen, z.B. Miete §§ 535 ff. BGB, Leihe §§ 598 ff. BGB, Kauf §§ 433 ff. BGB, wirken nur *relativ*, d.h. nur zwischen den Vertragspartnern, aber nicht gegenüber Dritten. Es ist daher darauf zu achten, dass das sich aus dem schuldrechtlichen Vertrag ergebende Recht des Besitzers *gerade gegenüber dem Eigentümer* besteht.

295

> *Bsp.:* D klaut dem E das Fahrrad. Anschließend leiht D dem B das Rad. Hat E gegen B einen Anspruch aus § 985 BGB?

Im Fall ist E Eigentümer und B unmittelbarer Besitzer des Rades. B könnte jedoch aus dem Leihvertrag ein Besitzrecht haben. Da der Leihvertrag nur gegenüber D wirkt, hat B kein Recht zum Besitz gegenüber E. Der Anspruch aus § 985 BGB ist gegeben. Daneben besteht bei Verschulden des B noch ein Anspruch aus §§ 823 I, 249 I BGB (Naturalrestitution führt hier zur Herausgabe des Rades).

Nach mittlerweile einhelliger Ansicht[311] besteht, wenn das Besitzrecht auf einem Vertrag beruht, nach Vertragsbeendigung neben dem vertraglichen Herausgabeanspruch (z.B. § 546 BGB) auch der Anspruch aus § 985 BGB.

296

---

308  RGZ 127, 7, 9; KÜHNE AcP 140, 1, 23 ff.
309  Vgl. Rn. 37 f.; PALANDT, § 929 Rn. 41; BAUR/STÜRNER, § 59 V 5 b cc.
310  BGHZ 10, 69; MEDICUS, BR, Rn. 465.
311  BGHZ 34, 122; MEDICUS, BR, Rn. 590, 593; PALANDT, Einf v. § 985 Rn. 3; HÖNN, JA 1988, 529; vgl. dazu auch Rn. 313.

| | | |
|---|---|---|
| *auch aus gesetzlichen Vorschriften* | Ein Recht zum Besitz kann sich auch aus gesetzlichen Vorschriften ergeben. In Betracht kommen v.a. *besondere Verwaltungsbefugnisse,* wie z.B. das Besitzrecht des Insolvenzverwalters gegenüber dem Gemeinschuldner (vgl. §§ 80, 148 InsO) oder das Besitzrecht der Eltern am Kindesvermögen § 1626 BGB. | 297 |
| *§ 185 BGB analog* | Entsprechend § 185 BGB besteht ein eigenes Besitzrecht auch dann, wenn der Besitzer den Besitz von einem nicht berechtigten Dritten mit Genehmigung des Eigentümers erlangt hat.[312] | 298 |
| *Zurückbehaltungsrechte str.* | Umstritten ist, ob sich aus einem Zurückbehaltungsrecht nach § 273 BGB oder § 1000 BGB ein Recht zum Besitz ergeben kann. | 299 |
| *h.M. (-), nur selbständiges Gegenrecht* | Nach *h.M.*[313] gewähren die Zurückbehaltungsrechte nach §§ 273, 1000 BGB kein Recht zum Besitz, sondern ein selbständiges Gegenrecht. Sie lassen den Herausgabeanspruch unberührt und schränken nur seine Vollstreckung ein. | |
| | Wird ein Zurückbehaltungsrecht im Prozess geltend gemacht, so erfolgt lediglich eine Verurteilung zur Herausgabe Zug um Zug gegen Befriedigung der Ansprüche. Würde ein Recht zum Besitz bejaht, müsste die Klage abgewiesen werden. | |
| *a.A. Rspr.* | Die *Rspr.*[314] nimmt dagegen gelegentlich ein Recht zum Besitz an. Allerdings bedeute dies nur, dass der Besitzer, dem ein Zurückbehaltungsrecht zusteht, die Sache dem Eigentümer nicht ohne weiteres herausgeben muss. So soll dieses Recht zum Besitz nur als Einrede im Prozess geltend gemacht werden können, obwohl das Recht zum Besitz als solches eine Einwendung darstellt. Auch erfolgt nicht eine Klageabweisung, sondern es ist § 274 BGB, also Herausgabe Zug um Zug, anzuwenden. | |
| | **hemmer-Methode: Entscheiden Sie sich für die h.M. Es wäre auch inkonsequent, § 986 BGB und damit ein Recht zum Besitz anzunehmen, und gleichzeitig für die §§ 994 ff. BGB darauf abzustellen, dass der Besitz im Zeitpunkt der Verwendungen unrechtmäßig gewesen sein muss. Nach der ersten Verwendung bestünde aber kein EBV mehr, sodass auch ein Ersatz weiterer Verwendungen ausgeschlossen wäre („Teufelskreisargument").** | |

## 2. Abgeleitetes Besitzrecht nach § 986 I S.1 2.HS BGB

| | | |
|---|---|---|
| *Dreiecksbeziehung* | Ein Recht zum Besitz kann sich auch aus einem Rechtsverhältnis zwischen dem Eigentümer und einem Dritten ergeben, von dem der jetzige Besitzer sein Besitzrecht ableitet. | 300 |
| | *Bsp.:* E hat sein Fahrrad an D verliehen. D leiht es dem B. E verlangt nun von B das Rad nach § 985 BGB heraus. Ist dies möglich? | |
| *§ 986 I S.1 2.HS BGB* | **Voraussetzungen des abgeleiteten Besitzrechts gem. § 986 I S.1 2.HS BGB:**<br><br>⇨ Besitzmittlungsverhältnis zwischen dem Eigentümer und dem Dritten (jetzt mittelbaren Besitzer)<br><br>⇨ Besitzmittlungsverhältnis zwischen dem Dritten (jetzt mittelbaren Besitzer) und dem (unmittelbaren) Besitzer<br><br>⇨ Befugnis des Dritten (jetzt mittelbaren Besitzers) zur Weitergabe des Besitzes, vgl. § 986 I S.2 BGB | 301 |

---

312 Vgl. RGZ 80, 395 (999); RGZ 124, 28 (31 f.); MüKo-Medicus, § 986 Rn. 19.
313 Palandt, § 986 Rn. 6; MüKo-Medicus, § 986 Rn. 17.; a.A. BGH NJW 2002, 1050.
314 BGHZ 64, 122 (125); BGH NJW 1995, 2628; BGH WM 1985, 1420 (1421 f.); BGH NJW-RR 1986, 282; Baur/Stürner, § 11 A II 1.

Der Besitzer muss den Besitz nur von dem Dritten erworben haben, also sein Besitzrecht von einem Dritten, der nicht Eigentümer ist, ableiten.

> **hemmer-Methode:** In der Regel besteht zwischen Besitzer und Drittem ein Besitzmittlungsverhältnis § 868 BGB. Dies ist aber entgegen dem Wortlaut des § 986 I S.1 2.HS BGB nicht zwingend erforderlich,[315] z.B. bei einem Kettenverkauf eines Grundstückes E⇨D⇨B, wobei D und B noch nicht ins Grundbuch eingetragen wurden, B aber bereits im Besitz des Grundstückes ist. Hier ist eine entsprechende Anwendung des § 986 I S.1 2.HS BGB möglich.

*§ 986 I S.2 BGB, Herausgabe an Dritten*

Besteht kein abgeleitetes Recht zum Besitz, weil der Dritte nicht zur Weitergabe befugt war, kann der Eigentümer nach § 986 I S.2 BGB nur Herausgabe an den Dritten verlangen. Herausgabe an sich selbst kann er nur fordern, wenn der Dritte nicht bereit ist, den Besitz zu übernehmen.

Im Fall besteht der Anspruch aus § 985 BGB nicht, wenn D zur Weitergabe befugt war und der Leihvertrag zwischen E und D noch besteht. Dann hat B ein abgeleitetes Besitzrecht gegenüber E aus § 986 I S.1 2.HS BGB. War D nicht zur Weitergabe befugt, so hat B kein Besitzrecht. Nach § 986 I S.2 BGB kann E aber nur Herausgabe an D verlangen, sofern dieser den Besitz übernehmen will.

Ist eines der beiden Besitzmittlungsverhältnisse E-D/D-B unwirksam, so hat B nach h.M. ebenfalls kein Recht zum Besitz und E kann Herausgabe nach § 985 BGB verlangen, im ersten Fall an sich selbst, im zweiten entsprechend § 986 I S.2 BGB an D.[316]

### 3. Die Sonderregelung des § 986 II BGB

*§ 986 II BGB*

Ausnahmsweise kann der Besitzer auch ohne eigenes oder abgeleitetes Besitzrecht die Herausgabe verweigern, wenn die Voraussetzungen des § 986 II BGB vorliegen.

> **Bsp.:** E vermietet seinen Computer für 5 Monate an B. Gleich am ersten Tag veräußert E den Computer nach §§ 929, 931 BGB an D, indem er diesem den Herausgabeanspruch aus dem Mietvertrag (§ 546 BGB) abtritt. Kann der Eigentümer D von dem Besitzer B nunmehr die Herausgabe des Computers nach § 985 BGB verlangen?

§ 986 II BGB setzt eine Veräußerung nach §§ 929, 931 BGB voraus. Er ist daher nur bei *beweglichen Sachen* anwendbar.

> **hemmer-Methode:** Für Grundstücke gibt es aber Sondervorschriften, z.B. §§ 566 (ggf. i.V.m. 578 I BGB) bei Miete [§§ 581 II, 566 BGB bei Pacht und §§ 593b, 566 BGB bei Landpacht], die den Erwerber unmittelbar in die Vermieterstellung einrücken lassen, so dass schon aus dem Miet- oder Pachtverhältnis selbst ein Recht des Mieters oder Pächters zum Besitz gegenüber dem Erwerber nach § 986 I BGB besteht.[317]

§ 986 II BGB wird analog auch bei der Veräußerung nach § 930 BGB angewandt.[318]

Im Fall ist fraglich, ob B dem D gegenüber ein Recht zum Besitz hat. B hat kein eigenes Recht zum Besitz gegenüber D. Der Mietvertrag wirkt nur gegenüber E. Auch steht ihm kein von E abgeleitetes Besitzrecht zu, weil E dem D gegenüber nicht mehr zum Besitz berechtigt ist.

---

315 Vgl. SOERGEL, § 986 Rn. 5.
316 Strittig; vgl. dazu PALANDT, § 986, Rn. 6 a.E.
317 Vgl. MEDICUS, BR, Rn. 445.
318 PALANDT, § 986 Rn. 10; MüKo-MEDICUS, § 986 Rn. 21.

# § 4 EIGENTÜMER-BESITZER-VERHÄLTNIS (EBV)

Da B aber aus dem Mietvertrag für 5 Monate zum Besitz berechtigt gewesen wäre, wenn E Eigentümer geblieben wäre, bestimmt § 986 II BGB, dass B auch dem D die Einwendungen aus dem Mietvertrag entgegenhalten kann. Vor Ablauf der 5 Monate kann D also nicht die Herausgabe von B verlangen.

## IV. Anwendbarkeit der Vorschriften des allgemeinen Schuldrechts

*str.: Anwendbarkeit der allgemeinen Vorschriften*

Die Anwendbarkeit der Vorschriften des allgemeinen Schuldrechts auf den Herausgabeanspruch nach § 985 BGB ist im Einzelnen sehr umstritten.[319]

Zu beachten ist, dass spezielle sachenrechtliche Regelungen nicht vorliegen und Prinzipien des Sachenrechts nicht umgangen werden dürfen.

*§ 242 BGB (+)*

Der Grundsatz von Treu und Glauben nach § 242 BGB gilt auch für den Anspruch aus § 985 BGB.

*§§ 280 I, III, 281 BGB (+)*

Aus dem Allgemeinen Leistungsstörungsrecht findet nach h.M.[320] §§ 280 I, III, 281 BGB Anwendung. Damit kann der Eigentümer dem Besitzer eine Frist zur Herausgabe setzen und bei Nichteinhaltung Schadensersatz verlangen. Der Anspruch kann aber nicht unter Außerachtlassung der Wertungen der §§ 989, 990 BGB bejaht werden. Denn den Besitzer ganz unabhängig von Rechtshängigkeit bzw. Bösgläubigkeit haften zu lassen, wäre mit dem Grundgedanken des EBV (Schutz des redlichen, unverklagten Besitzers) nicht vereinbar.

*Pr Wertungen der §§ 989, 990*

In diesem Zusammenhang ist umstritten, ob § 281 BGB sowohl gegen den verklagten als auch gegen den bösgläubigen Besitzer anwendbar ist.

*e.A. Haftung nur über § 990 II BGB*

Nach e.A. gilt § 281 BGB nur gegenüber dem bösgläubigen Besitzer. Das folgt dieser Ansicht nach aus § 990 II BGB. Die Verzugsregeln gelten über diese Vorschrift nur im Verhältnis zum bösgläubigen Besitzer.[321] § 281 BGB gehöre dem Verzugsrecht an, so dass sich die Anwendbarkeit dieser Vorschrift auf § 985 BGB eben nur über § 990 II BGB begründen lasse.[322]

*a.A. auch bei Rechtshängigkeit*

Da nach anderer Ansicht § 281 BGB nicht über § 990 II BGB auf das EBV anwendbar ist, sondern ganz generell gilt, wäre diesem Ansatz nach auch die Rechtshängigkeit gegenüber dem Besitzer ausreichend für die Anwendung des § 281 BGB auf § 985 BGB. Begründet wird dies damit, dass ganz generell ein Bedürfnis für den Eigentümer bestehe, bei unklarer Herausgabesituation unter Fristsetzung auf einen Schadensersatzanspruch überschwenken zu können.[323]

*Pr: Konkurrenz zu §§ 823 I, 249 I S. 1 BGB*

Wichtig: wenn neben § 985 BGB auch ein Schadensersatzanspruch aus §§ 823 I, 249 I S.1 BGB auf Herausgabe besteht, muss für den Übergang auf eine Entschädigung in Geld gem. § 250 BGB ebenfalls berücksichtigt werden, ob der Besitzer bösgläubig ist oder nicht. Andernfalls würde wiederum die Wertung des EBV unterlaufen, dass der unverklagte, redliche Besitzer nicht haften auf Schadensersatz (in Geld) haften soll.

---

319 Vgl. dazu MEDICUS, BR, Rn. 447 ff.; MüKo-MEDICUS, § 985 Rn. 31-44.
320 Vgl. dazu PALANDT § 985 Rn. 12.
321 Beachten Sie: nicht jede Klageerhebung macht zwingend bösgläubig. Andernfalls wäre in der Tat in jedem Fall der Rechtshängigkeit über § 990 II BGB Verzugsrecht anwendbar, vgl. PALANDT § 990 Rn. 9, BGH NJW 1993, 389 ff.
322 Gebauer/Huber, ZGS 2005, 103 ff. (105); zumindest insoweit überzeugend, als § 281 BGB tatsächlich dem Verzugsrecht angehört. Zwar ist Verzug keine Tatbestandsvoraussetzung des § 281 BGB, jedoch ist kein Fall denkbar, in dem der Tatbestand des § 281 I BGB vorliegt, ohne dass sich der Schuldner auch in Verzug befindet. Passend zu dem dort vertretenen Ansatz finden Sie in dem Aufsatz verschiedene Beispielsfälle.
323 Bamberger/Roth, § 985, Rn. 26.

> **hemmer-Methode:** Versuchen Sie noch einmal im Kopf das Problem der §§ 280 I, III, 281 BGB im Zusammenhang mit dem Anspruch gegen den mittelbaren Besitzer zu entwickeln. Lesen Sie zur Kontrolle noch einmal oben Rn. 287 nach!

*§§ 280 I,III, 283 BGB (-)*

§§ 280 I, III, 283 BGB finden auf § 985 BGB keine Anwendung, da ansonsten der redliche Besitzer, der ja nach den speziellen §§ 989 f. BGB bei Unmöglichkeit der Herausgabe nicht haftet, nach §§ 280 I, III, 283 BGB doch wieder für jede Fahrlässigkeit haften würde.[324]

*§ 285 BGB*

Problematisch ist dagegen die Anwendung des § 285 BGB, der im Unmöglichkeitsrecht einen Anspruch auf das durch die Unmöglichkeit erlangte Surrogat gibt.

> *Bsp.:* D stiehlt dem E das Auto. D veräußert es an B. E ist wegen § 935 BGB Eigentümer des Autos geblieben und kann daher von B Herausgabe nach § 985 BGB verlangen. Kann E von D auch nach §§ 985, 285 BGB Herausgabe des Verkaufserlöses verlangen, weil diesem die Herausgabe des Autos unmöglich ist und der Erlös das Surrogat für das Auto darstellt?

*h.M.: keine Anwendung des § 285 BGB*

Nach ganz *h.M.*[325] ist § 285 BGB auf § 985 BGB nicht anwendbar. Eine Anwendung würde zum einen zu einer Anspruchshäufung beim Eigentümer führen, der gegen jeden früheren Besitzer aus §§ 985, 285 BGB und den jetzigen Besitzer aus § 985 BGB vorgehen könnte. Zum anderen wäre der Anspruchsgegner doppelt belastet und die gesetzliche Opfergrenze überschritten: einmal aus §§ 985, 285 BGB gegenüber dem Eigentümer sowie aus § 311a II gegenüber dem jetzigen Besitzer als seinem Vertragspartner. Zudem bilden die §§ 989, 990 BGB eine abschließende Regelung für den Fall, dass die Sache nicht mehr herausgegeben werden kann.

Über §§ 985, 285 BGB erhielte der Eigentümer auch ein Surrogat für das Eigentum. § 985 BGB will dagegen nur den Besitz wiederverschaffen. Darüber hinaus erfordert § 285 BGB gerade ein Schuldverhältnis, das trotz Unmöglichkeit weiterbesteht. § 985 BGB erlischt hingegen mit dem Besitzverlust des Anspruchsgegners. Im Ergebnis ist daher die Anwendung des § 285 BGB auf § 985 BGB abzulehnen.

> Im Fall kann somit E nur von B Herausgabe des Autos, nicht aber von D Herausgabe des Verkaufserlöses nach § 985 BGB i.V.m. § 285 BGB verlangen.

> **hemmer-Methode:** Bei der gestohlenen Sache, die weiterveräußert wurde, handelt es sich um eine Standardkonstellation, bei der Sie einige Anspruchsgrundlagen parat haben müsse:
> § 687 II i.V.m. § 678 (Schadensersatz) bzw. §§ 681 S.2, 667 BGB (Erlös);
> §§ 985, 285 BGB ⇨ abzulehnen;
> §§ 989, 990 BGB;
> §§ 992, 823 ff. BGB bzw. § 826 BGB;
> §§ 1007 III S.2, 989, 990 I BGB;
> § 816 I S.1 BGB (ggf. mit rechtsfolgenbezogener Genehmigung).
> Erfolgt statt einer Veräußerung ein Einbau, ist an §§ 951, 812 BGB zu denken.
> Trainieren Sie für diese Konstellation Ihre Standardsätze und die wichtigsten Argumente. Lernen Sie aber auch nicht zu schematisch, sondern achten Sie auf die Besonderheiten des jeweiligen Falles!

---

[324] ROTH, JuS 1997, 520; M. WOLF, Rn. 227.
[325] MEDICUS, BR, Rn. 448; MüKo-MEDICUS, § 985 Rn. 33.

## V. Konkurrenzen

*daneben §§ 861, 1007 BGB*

Der Herausgabeanspruch aus § 985 BGB steht zu den dinglichen Herausgabeansprüchen des Besitzers aus §§ 861, 1007 BGB in echter Anspruchskonkurrenz, so dass ein Herausgabeverlangen auf alle drei Anspruchsgrundlagen gestützt werden kann.

**hemmer-Methode:** Denken Sie in diesem Kontext auch an § 2018 BGB. Bei §§ 2018 ff. BGB handelt es sich um einen Gesamtanspruch gegen den Erbschaftsbesitzer, der auf Grund eines beanspruchten, ihm aber tatsächlich nicht zustehendem Erbrechts etwas aus dem Nachlass erlangt hat. Wie § 2029 BGB zeigt, bleiben die dinglichen oder schuldrechtlichen Einzelansprüche auf Herausgabe bestehen, so auch der Anspruch aus § 985 BGB. Im Konkurrenzverhältnis zu § 2018 BGB empfiehlt es sich daher, § 2029 BGB im Rahmen der Einzelansprüche auf Herausgabe zu zitieren und festzustellen, dass diese Ansprüche neben der Gesamtklage modifiziert erhalten bleiben.

*§§ 812 ff., 823 ff. i.V.m. 249 BGB*

Ebenfalls in Konkurrenz steht § 985 BGB mit Bereicherungsansprüchen aus §§ 812 ff. BGB und Schadensersatzansprüchen aus §§ 823 ff. i.V.m. 249 BGB (Naturalrestitution).

**hemmer-Methode:** § 993 I a.E. BGB verdrängt parallele Herausgabeansprüche nicht, da nur schuldrechtliche Ansprüche auf Nutzungs- Schadens- und Verwendungsersatz in den §§ 987 ff. abschließend geregelt sind.

*Vorrang von Vertrag str.*

Umstritten ist das Verhältnis von § 985 BGB zu vertraglichen Herausgabeansprüchen. Nach der von *Raiser*[326] vertretenen *Lehre vom Vorrang des Vertragsverhältnisses* ist der Anspruch aus § 985 BGB gegenüber Rückgabeansprüchen aus vertraglichen oder gesetzlichen Schuldverhältnissen subsidiär. Die heute einhellige Meinung[327] geht dagegen von einer *echten Anspruchskonkurrenz* aus, so dass § 985 BGB neben vertraglichen Rückgabeansprüchen anwendbar bleibt.

Dafür spricht auch, dass § 985 BGB sonst fast nur bei abhanden gekommenen Sachen Bedeutung hätte. Die eigenständige Bedeutung z.B. des § 546 BGB neben § 985 BGB liegt vielmehr darin, auch dem Vermieter einen Herausgabeanspruch zu geben, der nicht Eigentümer ist.

**hemmer-Methode:** Denken Sie bei Herausgabeansprüchen von der Rechtsfolgenseite her. Die wichtigsten Herausgabeansprüche sind: §§ 546, 604, 695, 667; § 812; §§ 985, 861, 1007; 1065, 1227 (jeweils i.V.m. § 985); §§ 1698 I, 1890 S.1, 2018 BGB. Denkbar sind auch Schadensersatzansprüche, z.B. aus c.i.c. gem. §§ 280 I, 311 II, 241 II BGB bzw. § 823 BGB jeweils i.V.m. § 249 I BGB. Vgl. zu den Ansprüchen auf Herausgabe Hemmer/Wüst, Herausgabeansprüche.

## VI. Verjährung

*Verjährung, § 197 I Nr.1 BGB*

Das Eigentum als absolutes Recht richtet sich gegen jedermann. Es ist somit kein Anspruch und verjährt daher nicht. Der Herausgabeanspruch aus § 985 BGB als Anspruch aus dem Eigentum unterliegt dagegen der Verjährung. Diese beträgt gemäß § 197 I Nr. 1 Alt. 1 BGB 30 Jahre.

Ist der Herausgabeanspruch verjährt, kann der Besitzer die Herausgabe verweigern, aber nicht nach § 986 BGB, sondern nach § 214 BGB.

---

326  RAISER, JZ 1958, 681 (684); ders. JZ 1961, 529 ff.
327  BGH NJW 1985, 141; MEDICUS, BR, Rn. 590, 593; PALANDT, Einf v. § 985 Rn. 3; MüKo-MEDICUS, § 985 Rn. 26 ff ; vgl. Sie dazu bereits Rn. 296.

Ein Eigentumsverlust an den Besitzer tritt dabei nicht ein. Hat der Besitzer daher nicht auf andere Weise (z.B. durch Ersitzung) Eigentum erworben, kann auf Dauer Eigentum und Besitz in diesen Fällen auseinanderfallen,[328] auch wenn dieses Ergebnis wenig sinnvoll erscheint.[329]

*keine Verjährung bei § 902 BGB*

Nicht der Verjährung unterliegt wegen § 902 I 1 BGB der Herausgabeanspruch aus § 985 BGB bei Grundstückseigentum.[330]

*Besonderheit: § 198 BGB*

Zu beachten ist hinsichtlich der Verjährung des Anspruchs aus § 985 BGB noch § 198 BGB. Bei Beendigung des Besitzes erlischt der bislang bestehende Anspruch aus § 985 BGB und ein davon unabhängiger Herausgabeanspruch gegen den neuen Besitzer wird begründet. Wenn aber die Besitzübertragung mit dem Willen des bisherigen Besitzers erfolgt (Rechtsnachfolge im Sinne von § 198 BGB), kommt gleichwohl dem neuen Besitzer die während der Besitzzeit des früheren Besitzers verstrichene Verjährungszeit zugute. Das gilt für den wiedererwerbenden Besitzer auch hinsichtlich seiner eigenen früheren Besitzzeit.

## VII. Verwirkung

*Verwirkung, § 242 BGB*

Auch der Anspruch aus § 985 BGB unterliegt grundsätzlich der Verwirkung. Verwirkung tritt ein, wenn die verspätete Geltendmachung eines Anspruchs illoyal ist. Dann liegt ein Fall der unzulässigen Rechtsausübung vor.

Verwirkung setzt voraus, dass sich der Verpflichtete mit Rücksicht auf das Verhalten des Anspruchsinhabers darauf eingerichtet hat, dass dieser das ihm zustehende Recht nicht mehr geltend macht, und es mit Treu und Glauben nicht zu vereinbaren ist, dass der Berechtigte später doch mit dem ihm zustehenden Recht hervortritt.

Diese Voraussetzungen werden bei dem Anspruch aus § 985 BGB nur ganz ausnahmsweise vorliegen können. Denn es gehört zum Kernbestandteil des Eigentums, Herausgabe von einem nicht berechtigten Besitzer verlangen zu können. Andernfalls fielen Eigentum und Besitz auf Dauer auseinander. Im Übrigen ist die gesetzgeberische Wertung zu berücksichtigen, dass der Anspruch zumindest bei Grundstücken nicht der Verjährung unterliegt, § 902 I BGB.

Nach Ansicht des BGH kommt daher Verwirkung nur dann in Betracht, wenn die Herausgabe für den Besitzer „schlechthin unerträglich ist".[331] Das dürfte nur bei existenzgefährdenden Umständen der Fall sein.

## VIII. Herausgabeort

*Herausgabe am Ort der Sache*

Ist der Anspruchsgegner zur Verschaffung des unmittelbaren Besitzes verpflichtet, so stellt sich die Frage, an welchem Ort die Herausgabe zu erfolgen hat.[332] Hier gilt beim redlichen und unverklagten Besitzer als Herausgabeort grundsätzlich der Ort, an dem sich die Sache befindet,[333] jedoch kann sich aus § 242 BGB auch ergeben, dass der Besitzer die Sache an den Eigentümer abschicken muss.[334]

---

328  Vgl. RGZ 138, 296 ff.; PALANDT, § 194 Rn. 4.
329  Vgl. BGHZ 34, 191.
330  Vgl. MüKo-WACKE, § 902 Rn. 5; STAUDINGER, § 902 Rn. 8.
331  Vgl. BGH Life and Law 2007, 747 ff.
332  Vgl. dazu BGH, NJW 1981, 752.
333  PALANDT, § 985 Rn. 13.
334  Für den bösgläubigen/verklagten Besitzer vgl. PALANDT, § 985 Rn. 13.

## C. Haftungssystem des EBV

*neben § 985 BGB: Schadensersatz, Nutzungs- u. Verwendungsersatz*

Der Herausgabeanspruch nach § 985 BGB wird dem Eigentümer in den meisten Fällen nicht genügen. Wurde z.B. sein gestohlenes Auto vom Besitzer beschädigt, so wird er dafür Ersatz verlangen wollen.

Ebenso will er vielleicht Ersatz, weil er das Auto eine Zeit lang nicht benutzen konnte. Auf der anderen Seite kann der Besitzer Reparaturen vorgenommen haben, die er seinerseits ersetzt haben möchte. Ob und welche Schadensersatz-, Nutzungs- und Verwendungsersatzansprüche im Verhältnis Eigentümer und Besitzer bestehen, regelt das BGB in den §§ 987 ff. BGB, die keine dinglichen Ansprüche darstellen, sondern schuldrechtlichen Charakter haben.[335]

### I. Sinn und Zweck der §§ 987 ff. BGB

Um das System der §§ 987 ff. BGB und ihr Verhältnis zu vertraglichen und deliktischen Ansprüchen zu verstehen, muss auf Sinn und Zweck dieser Vorschriften zurückgegriffen werden.

Der Hauptzweck der §§ 987 ff. BGB [336] ist nach h.M. der Schutz des redlichen Besitzers. Im Verhältnis zwischen Eigentümer und nichtberechtigtem Besitzer soll ein sachgerechter Ausgleich ermöglicht werden, und zwar durch Privilegierung des redlichen Besitzers. Derjenige, der glaubt, berechtigter Besitzer zu sein, soll besser gestellt werden als derjenige, der weiß oder zumindest grob fahrlässig nicht weiß (§§ 990 I S.1, 932 II analog BGB), dass er kein Recht zum Besitz hat.

*abschließende Regelung*

Um den Besitzer nun in diesem Sinne wirksam zu schützen, muss von einer grundsätzlich abschließenden Regelung der §§ 987 ff. BGB ausgegangen werden, soweit dort Ansprüche geregelt sind.

Ansprüche aus §§ 823 ff. BGB und §§ 812 ff. BGB finden somit hinsichtlich Schadensersatz und Nutzungen neben §§ 987 ff. BGB grundsätzlich keine Anwendung (Einzelheiten s.u.). Argument ist § 993 I 2.HS. BGB.

*abgestufte Haftung*

Aus dieser Zweckrichtung ergibt sich außerdem das *abgestufte Haftungssystem* der §§ 987 ff. BGB, das zwischen redlichem/unverklagtem Besitzer einerseits und unredlichem/verklagtem Besitzer andererseits unterscheidet.

### II. Anwendbarkeitsvoraussetzungen

*Vindikationslage notw.*

Voraussetzung für die Anwendbarkeit der §§ 987 ff. BGB ist immer das Vorliegen einer *Vindikationslage*, d.h. es müssen die Voraussetzungen für den Herausgabeanspruch aus § 985 BGB gegeben sein.[337]

Zu beachten ist allerdings, dass die §§ 987 ff. BGB beim Bucheigentum auch bzgl. des Grundbuchberichtigungsanspruchs nach § 894 BGB zur Anwendung kommen.[338]

*Zeitpunkt der Schädigung*

*Maßgebender Zeitpunkt* ist dabei grundsätzlich der Zeitpunkt des schädigenden Ereignisses bzw. der Nutzungsziehung bzw. der Verwendung. In der Klausur empfiehlt sich daher als *Obersatz*:

---

335 ROTH, JuS 1997, 519.
336 Vgl. dazu Rn. 266 ff.
337 ROTH, JuS 1997, 520.
338 Ganz h.M., vgl. die Nachweise bei PALANDT, § 894 Rn. 10.

*"Ein Anspruch aus §§ 990 I, 989 BGB (bzw. §§ 990 I, 987 BGB bzw. §§ 994, 996 BGB) setzt voraus, dass im Zeitpunkt des schädigenden Ereignisses (bzw. der Nutzungsziehung bzw. der Verwendung) ein Eigentümer-Besitzer-Verhältnis (Vindikationslage) vorgelegen hat."*

Nicht erheblich ist es, wenn der Eigentümer sein Eigentum z.B. durch Veräußerung oder Untergang der Sache verliert, nachdem der Anspruch aus §§ 987 ff. BGB entstanden ist.[339]

Sind die Voraussetzungen des § 985 BGB nicht gegeben, weil der Besitzer im maßgebenden Zeitpunkt zum Besitz berechtigt war, so gelten nur die gesetzlichen und vertraglichen Sonderregelungen.[340]

> **hemmer-Methode:** Beim EBV handelt es sich um eines der wichtigsten Prüfungsgebiete überhaupt, das sich in seinen Grundproblemen kaum geändert hat. Zum EBV kommt man häufig auch im Fall des so genannten gescheiterten Primäranspruchs, z.B. wenn der Vertrag wegen Minderjährigkeit oder Anfechtung (§ 142 I BGB) scheitert. Lernen Sie frühzeitig diesen Kontext des gescheiterten Vertrags. Denken Sie weiterhin daran, dass in dem Fall des gescheiterten Vertrags auf der schuldrechtlichen Schiene häufig Ansprüche aus c.i.c. gem. §§ 280 I, 311 II, 241 II BGB und §§ 812 ff. BGB erörtert werden müssen.

Auf folgende Probleme sei hier kurz hingewiesen:

### 1. Nicht-so-berechtigter Besitzer

*nicht-so-Berechtigter (-)*

In der *Literatur*[341] wird teilweise die Figur des *nicht-so-berechtigten* Besitzers verwendet (z.B. Untermietfall: Mieter vermietet ohne Einwilligung des Vermieters unter; Mieter beschädigt die gemietete Sache). Gemeint sind damit die Fälle, in denen der eigentlich berechtigte Besitzer sein Besitzrecht überschreitet (berechtigter Fremdbesitzer im Exzess).

Da der Besitzer zwar berechtigt, aber nicht so berechtigt ist, sollen die §§ 987 ff. BGB zur Anwendung kommen (im Fall des Mieters: Anspruch des Vermieters aus §§ 990 I, 989 BGB auf Schadensersatz).

Für diese Figur besteht nach der *h.M.*[342] jedoch kein Bedürfnis, da die vertraglichen (§ 280 I BGB wegen Pflichtverletzung des Mietvertrages) und gesetzlichen Haftungsansprüche (§ 823 BGB wegen Fremdbesitzerexzess, vgl. Rn. 354) ausreichen und der Exzess die Besitzberechtigung als solche nicht berührt.

Eine Anwendung der §§ 987 ff. BGB wird daher völlig zu Recht abgelehnt.

### 2. Nicht-mehr-berechtigter Besitzer

*nicht-mehr-Berechtigter*

Im Falle des *nicht-mehr-berechtigten Besitzers* bestand im eigentlich maßgeblichen Zeitpunkt gerade ein - i.d.R. abgeleitetes - Recht zum Besitz und damit keine Vindikationslage.

> *Bsp.:*[343] K hat von V ein Auto unter Eigentumsvorbehalt gekauft (§§ 929 S.1, 158 I BGB). Als das Auto beschädigt wird, bringt es K zu U in die Werkstatt, wozu er dem V gegenüber berechtigt ist. U repariert das Auto. Da K die Raten an V nicht mehr zahlt, tritt V vom Kaufvertrag zurück.

---

339 JAUERNIG, vor §§ 987 - 993, Rn. 1.
340 Vgl. PALANDT, Vorbem v § 987 Rn. 3.
341 WESTERMANN, § 32 I.
342 Vgl. MEDICUS, BR, Rn. 582 m.w.N.; BAUR/STÜRNER, § 11 B I 1.; ROTH, JUS 1997, 520.
343 Nach BGHZ 34, 122.

# § 4 EIGENTÜMER-BESITZER-VERHÄLTNIS (EBV)

*Da U nun kein abgeleitetes Besitzrecht mehr gegenüber V hat, kann V von U Herausgabe nach § 985 BGB verlangen. Kann aber U von V die Kosten für die Reparatur nach § 994 BGB (Verwendungsersatz) verlangen?*

*BGH: §§ 987 ff. BGB (+)*

Der *BGH*[344] lässt in dieser besonderen Konstellation eine Anwendung der §§ 987 ff. BGB zu. Der nicht-mehr-berechtigte Besitzer dürfe nicht schlechter stehen als der von Anfang an nicht berechtigte Besitzer. Es genüge daher, dass *im Zeitpunkt des Herausgabeverlangens* eine Vindikationslage vorgelegen hat.[345] Im Fall wurde daher ein Verwendungsersatzanspruch des U insoweit bejaht.

**hemmer-Methode: Diese Figur des „nicht mehr berechtigten Besitzers" wendet der BGH aber grundsätzlich nur in 3 – Personen – Verhältnissen an, um unbillige Ergebnisse (Herausgabepflicht nach § 985 BGB ohne Anspruch auf Verwendungsersatz) zu vermeiden. In der Literatur ist diese Billigkeitsrechtsprechung weitgehend auf Ablehnung gestoßen.**[346]

Davon zu unterscheiden ist jedoch der Fall, dass der Besitzer aufgrund eines beendeten Vertrages „nicht-mehr-berechtigter" Besitzer ist. Für die Folgezeit greifen die §§ 987 ff. BGB ein. Soweit allerdings das vertragliche Abwicklungsverhältnis besonders geregelt ist, verdrängen diese Vorschriften die §§ 987 ff. BGB.[347]

*§§ 989 ff. BGB*

Aus denselben Gründen ist umstritten, ob dem Eigentümer gegen den nicht-mehr-berechtigten Besitzer neben einem vertraglichen Schadensersatzanspruch auch ein solcher aus den §§ 989 ff. BGB zustehen soll.

*Bsp.: Der Vermieter hat dem Mieter gekündigt. Der Mieter beschädigt vor der Rückgabe die Mietsache. Nach welchen Vorschriften haftet der Mieter auf Schadensersatz?*

Früher[348] nahm man an, dass der Eigentümer (so wie ihm Herausgabeansprüche sowohl aus Vertrag als auch aus Eigentum zustünden) Schadensersatzansprüche gegen den *Nicht-mehr-Berechtigten* sowohl aus Vertrag (evtl. auch aus §§ 823 ff. BGB) als auch aus den §§ 989, 990 BGB herleiten könne.

Nach der heute *h.M.*[349] besteht für die Anwendung der §§ 989 ff. BGB kein praktisches Bedürfnis. Der Eigentümer wird daher auf die Schadensersatzansprüche aus Vertrag und Delikt beschränkt.

Im Fall haftet der Mieter daher auf Schadensersatz aus § 280 I BGB wegen nachvertraglicher Pflichtverletzung des Mietvertrages (c.p.c.f. bzw. „culpa post contractum finitum"[350]) sowie aus §§ 823 ff. BGB, nicht aber aus §§ 989 ff. BGB.

Achtung: soweit es um die Vorenthaltung der Sache nach Beendigung geht, trifft § 546a BGB eine Sonderregelung. Ob in diesem Fall die §§ 987 ff. BGB anwendbar sind, ist ebenfalls umstritten.[351]

---

344  BGHZ 131, 222; 34, 122 ff.
345  Kritisch dazu MEDICUS, BR, Rn. 587-594; ROTH, JuS 1997, 521 f.
346  Vgl. Sie dazu auch PALANDT, Rn.3 und Rn.9 ff: vor § 987 und Rn.4 vor § 994 jeweils m. w. N.!
347  Vgl. näher dazu PALANDT, § 987 Rn. 5.; BGH NJW 2002, 130.
348  Vgl. JA 1973, ZR 202 (584).
349  BGHZ 54, 34; PALANDT, Vorbem v § 987 Rn. 11 m.w.N.; ROTH, JuS 1997, 522.
350  Vgl. dazu auch HEMMER/WÜST, Schuldrecht I, Rn. 214.
351  PALANDT, § 546a, Rn. 20.

## 3. Aufschwingen vom Fremd- zum Eigenbesitzer

*"Aufschwingen" zum unrechtmäßigen Eigenbesitzer*

Problematisch ist schließlich der Fall, in welchem sich der berechtigte Fremdbesitzer zum unberechtigten Eigenbesitzer aufschwingt.

> *Bsp.:* B veräußert ein von E geliehenes Radio an D.

Die *überwiegende Meinung*[352] steht auf dem Standpunkt, dass die Änderung des Besitzwillens keine Auswirkungen auf die Rechtmäßigkeit des Besitzes habe und somit kein EBV entsteht. In obigem Beispiel bestehen daher Ansprüche des E gegen B nur aus §§ 604, 280 I, III, 283 BGB und §§ 823 ff. BGB, nicht aber aus §§ 990 I S.1, 989 BGB. Für diese Meinung spricht, dass die Verletzung eines Besitzmittlungsverhältnisses grundsätzlich dessen Rechtsgrund nicht beseitigt. Es besteht kein Anlass, hier anders zu entscheiden als in den sonstigen Fällen der Besitzrechtsüberschreitungen durch den rechtmäßigen Fremdbesitzer (sog. *"nicht so berechtigter Besitzer"*, vgl. Rn.324).

Dagegen hat der *BGH*[353] das Aufschwingen vom unrechtmäßigen Fremd- zum Eigenbesitzer als Besitzerwerb i.S.d. § 990 I BGB gewertet (Wesensgleichheit, vgl. auch § 872 BGB) und den Schadensersatzanspruch bejaht.

Diese Rechtsprechung kann aber nur dann gelten, wenn zum Zeitpunkt des "Aufschwingens" zum Eigenbesitzer bereits ein EBV bestand, da ansonsten wiederum lediglich die Figur des *"nicht so berechtigter Besitzer"* vorliegt[354].

## 4. Zusendung unbestellter Waren[355]

*bei Zusendung unbestellter Waren str.*

Der Empfänger unbestellt zugesendeter Ware erhält kein Recht zum Besitz, da ein entsprechender Vertrag vom Absender und Eigentümer erst angestrebt wird. Daher besteht trotz freiwilliger Besitzübertragung durch den Eigentümer grundsätzlich eine Vindikationslage. Dennoch ist man sich im Ergebnis einig, dass der Besitzer nicht wegen jeder, insbesondere auf leichter Fahrlässigkeit beruhender Beschädigung haften soll. Die Begründungen zur Ablehnung des Anspruchs aus §§ 989, 990 BGB divergieren jedoch.

Zum Teil[356] wird bereits eine Besitzbegründung abgelehnt, da der Empfänger den Besitz nur ungewollt erhält. Diese Ansicht ist jedoch wegen des generellen Besitzwillens beim Empfang von Postsendungen abzulehnen.[357]

*Rspr.: § 300 BGB analog*

Die *Rspr.*[358] bejaht einen unrechtmäßigen Besitz bis Vertragsschluss. Allerdings ist analog § 300 BGB eine Haftungsbeschränkung auf grobe Fahrlässigkeit anzunehmen, da das Haftungsprivileg analog § 690 BGB auf "diligentia quam in suis" kein ausreichender Schutz sei!

*Literatur: EBV erst nach Herausgabeverweigerung*

Nach einem *Teil der Lit.*[359] sind dagegen die §§ 987 ff. BGB erst nach der Herausgabeverweigerung bei einem Abholungsversuch anwendbar.

---

352  PALANDT, Vorbem v § 987 Rn. 13; BAUR/STÜRNER § 11 B I 1.
353  BGHZ 31, 129.
354  Vgl. Palandt Vorbem. v. § 987, Rn. 13.
355  Vgl. dazu die Fallbesprechung in JuS 1997, 431 ff.
356  STAUDINGER, § 146 Rn. 8, 11. Aufl.
357  Vgl. PALANDT, § 854 Rn. 5.
358  BGH NJW 1977, 31 (34); MÜKO-MEDICUS, v. § 987 Rn. 16.
359  PALANDT, Vorbem v § 987 Rn. 6.

> **hemmer-Methode:** Beachten Sie bitte, dass in Umsetzung von Art. 9 Fernabsatzrichtlinie für das Zusenden unbestellter Waren *von einem Unternehmer (§ 14 BGB) an einen Verbraucher § 13 BGB)* § 241a BGB eingeführt wurde. Nach § 241a II BGB bestehen gesetzliche Schadensersatzansprüche (z.B. aus §§ 989, 990 BGB) nur noch dann, wenn dem Besteller ein „aliud" geliefert wurde oder der Absender irrtümlich von einer Bestellung des Empfängers ausging und der Empfänger dies hätte erkennen können. Im Umkehrschluss daraus folgt, dass in anderen Fällen ein Wegwerfrecht eingeführt wurde.[360]

## III. Bösgläubigkeit

### 1. Bösgläubigkeit

Wie bereits dargestellt, unterscheidet das Haftungssystem der §§ 987 ff. BGB zwischen redlichem und unredlichem Besitzer.

Maßgebliches Kriterium für die Haftung des Besitzers ist somit seine Gut- bzw. Bösgläubigkeit hinsichtlich seines Rechts zum Besitz gegenüber dem Eigentümer.[361]

*§ 990 I S.1 BGB bei Erwerb*

*Bösgläubig* ist der Besitzer nach § 990 I S.1 BGB i.V.m. § 932 II BGB entsprechend, wenn er *bei Erwerb* des Besitzes weiß oder infolge grober Fahrlässigkeit nicht weiß, dass er gegenüber dem Eigentümer kein Besitzrecht hat.

*§ 990 I S.2 BGB später positive Kenntnis*

*Bösgläubig* ist der Besitzer nach § 990 I S.2 BGB außerdem, wenn er beim Besitzerwerb zwar gutgläubig war, aber *später positive Kenntnis* von seinem fehlenden Besitzrecht erlangt hat. Grobe Fahrlässigkeit hinsichtlich der Unkenntnis genügt hier - anders als bei § 990 I 1 BGB - nicht mehr.

*Verweisung in § 996 BGB*

Dieser Begriff der Bösgläubigkeit gilt nach dem Wortlaut des § 990 I BGB zunächst für den Nutzungsherausgabeanspruch aus § 987 BGB und den Schadensersatzanspruch aus § 989 BGB. Kraft ausdrücklicher Verweisung in § 996 BGB gilt Gleiches jedoch auch für den Ersatz nützlicher Verwendungen.

### 2. Bösgläubigkeit bei Einschaltung Dritter

Werden Dritte/Gehilfen beim Besitzerwerb eingeschaltet, stellt sich die Frage, auf wessen Kenntnis hinsichtlich der Bösgläubigkeit abzustellen ist.

*bei Geschäftsherr immer*

Unstreitig schadet dem *Geschäftsherrn* immer die *eigene Bösgläubigkeit*, wenn er beim Besitzerwerb einen Besitzdiener oder Besitzmittler (kurz: Dritten) einschaltet.

*str. bei Besitzdiener*

Umstritten ist jedoch die Frage, ob und wie sich der Geschäftsherr den *bösen Glauben des Dritten* zurechnen lassen muss.

> **Bsp.:** Der Angestellte V erwirbt für B bei D einen Computer. V weiß, dass D den Computer von E geliehen bekommen hat. B ist gutgläubig. Als V den Computer zu B bringen will, lässt er ihn schuldhaft fallen. Kann E von B Schadensersatz nach §§ 990 I, 989 BGB verlangen?

---

360 Vgl. dazu Bülow/Artz, NJW 2000, 2049 ff. (2056); lesenswert auch Berger in JuS 2001, 649 ff. Vgl. ausführlich auch Hemmer/Wüst, Herausgabeansprüche, Rn. 65a, d.

361 Roth, JuS 1997, 519 m.w.N.

Eine Zurechnung des bösen Glaubens des Besitzdieners zum Geschäftsherrn muss erfolgen. In diesem Ergebnis sind sich alle Meinungen einig. Streit herrscht nur über den Weg der Zurechnung.[362]

*h.M.: § 166 BGB analog*

Die *h.M.*[363] vertritt eine analoge Anwendung des § 166 I BGB. Da es sich bei dem Besitzbegründungswillen um einen tatsächlichen Willen handelt und nicht um eine Willenserklärung, ist insoweit eine Stellvertretung nicht möglich, so dass eine direkte Anwendung des § 166 BGB ausscheidet. Allerdings bestünde zwischen beiden Fällen eine genügende Ähnlichkeit, um eine analoge Anwendung zu rechtfertigen.

Jedoch soll **§ 166 BGB analog nur** dann angewandt werden, **wenn** dem Dritten völlig freie Hand gelassen wird, er also bei Besitzbegründung wie ein Vertreter auftritt und selbständig und eigenverantwortlich darüber entscheidet, ob der Geschäftsherr Besitz erwirbt oder nicht.

*a.A. § 831 BGB analog*

Nach *a.A.*[364] ist dagegen § 831 BGB analog anzuwenden. Begründet wird dies damit, dass die §§ 987 ff. BGB eine Sonderregelung des Deliktsrechts darstellen. Dazu passt nur § 831 BGB. Dagegen spricht jedoch, dass sich der Geschäftsherr seiner Haftung relativ leicht durch die Möglichkeit der Exkulpation nach § 831 I S.2 BGB entziehen könnte.

Nach einer Mittelmeinung ist zu unterscheiden: Tritt der Besitzdiener wie ein Vertreter auf, so ist § 166 BGB analog anzuwenden. Beschränkt sich der Dritte beim Besitzerwerb auf eine rein mechanische Tätigkeit, kommt § 831 BGB analog zur Anwendung.[365]

Folgendes ist immer genau zu unterscheiden:

⇨ Geht es um die Gutgläubigkeit beim Eigentumserwerb nach §§ 932 ff. BGB, so ist § 166 BGB direkt anwendbar.

⇨ Geht es um die Gutgläubigkeit bzgl. des Besitzrechts nach § 990 I BGB, kann § 166 BGB nur analog angewandt werden.

**hemmer-Methode: § 278 BGB kann beim Besitzerwerb durch Erfüllungsgehilfen nicht angewandt werden, da zu diesem Zeitpunkt noch kein Schuldverhältnis besteht. Wurde jedoch erst einmal ein *EBV* begründet, so stellt dieses ein *gesetzliches Schuldverhältnis* dar, in dessen Rahmen § 278 BGB z.B. bei der Frage, ob den Besitzer bei § 989 BGB ein Verschulden trifft, anwendbar ist.**

Im Fall ist zunächst Voraussetzung, dass im Zeitpunkt des schädigenden Ereignisses ein EBV vorlag. B konnte den Computer nicht gutgläubig erwerben (§§ 929, 932 BGB), weil V bösgläubig war und B sich den bösen Glauben des V nach § 166 I BGB zurechnen lassen muss. Damit blieb E Eigentümer. Da V nur Besitzdiener war (§ 855 BGB), ist B Besitzer geworden. Ein Recht zum Besitz lag nicht vor. Damit ist ein EBV gegeben. B müsste bei Besitzerwerb bzgl. seines Besitzrechts bösgläubig gewesen sein (§ 990 I S.1 BGB). B selbst war jedoch gutgläubig. B muss sich aber den bösen Glauben des V nach § 166 I BGB analog zurechnen lassen. Es soll hier davon ausgegangen werden, dass V bei der Auswahl des Computers freie Hand hatte. B müsste auch schuldhaft gehandelt haben. Ein eigenes Verschulden des B liegt nicht vor. Da zwischen E und B das gesetzliche Schuldverhältnis der §§ 987 ff. BGB bestand und V Erfüllungsgehilfe des B war, muss sich B das Verschulden des V nach § 278 BGB zurechnen lassen. Damit haftet B dem E aus §§ 989, 990 I S.1 BGB. Eine weitere Haftung nach § 831 BGB scheidet aus, da kein Fall des § 992 BGB vorliegt.

---

362 Vgl. zum Ganzen ausführlich: KIEFNER, Der bösgläubige Besitzdiener, JA 1984, 189-195.
363 BGHZ 32, 53 (56 ff.); BGHZ 55, 307; PALANDT, § 990 Rn. 6; HOCHE, JuS 1961, 76 ff.; KIEFNER, JA 1984, 189.
364 MEDICUS, BR, Rn. 581; BAUR/STÜRNER, § 5 II 1c; Roth, JuS 1997, 711.
365 HÖNN, JA 1988, 537; PALANDT, § 990, RN.6.

# § 4 EIGENTÜMER-BESITZER-VERHÄLTNIS (EBV)

**hemmer-Methode:** Der Meinungsstreit kann wie häufig dahingestellt bleiben, wenn die Exkulpation scheitern würde. Zeigen Sie so dem Korrektor ihre Fähigkeit zum abwägenden Denken. Lernen Sie nicht zu schablonenhaft Meinungsstreitigkeiten. Sie erwecken ansonsten beim Korrektor den Eindruck, unflexibel und unpragmatisch mit dem Fall umzugehen. Denken Sie im Examen auch taktisch: Wie gebe ich dem Korrektor zu erkennen, dass ich den Fall in seinen Nuancen verstanden habe? Lesen Sie dazu auch HEMMER/WÜST, Basics Zivilrecht Band 1, Rn. 346 ff.
Ist aber der Streit, ob § 166 I BGB oder § 831 BGB jeweils analog anzuwenden ist, zu entscheiden, so sprechen die besseren Argumente für § 166 I BGB. Schlagendes Argument: Wenn der Vertretene schon über den Vertreter gem. § 166 I BGB i.V.m. § 932 BGB gutgläubig Eigentum erwerben kann, so muss auch zu seinen Lasten die Bösgläubigkeit des Vertreters beim Besitzerwerb dem Vertretenen zugerechnet werden.

### 3. Bösgläubigkeit bei Minderjährigen

*bei Minderjährigen str.*

Auch beim Handeln von beschränkt Geschäftsfähigen ist umstritten, auf wessen Kenntnis hinsichtlich der Bösgläubigkeit abzustellen ist.

*e.A.: § 166 BGB analog*

Eine direkte Anwendung des § 166 BGB scheidet aus denselben Gründen wie oben beim Besitzdiener/Besitzmittler aus.

Vertreten wird jedoch auch hier von einer *Mindermeinung*[366] eine *analoge* Anwendung des § 166 BGB, so dass auf die Kenntnis der Eltern abzustellen wäre.

*h.M.: § 828 BGB analog*

Die *h.M.*[367] stellt dagegen entsprechend § 828 BGB auf die Einsichtsfähigkeit des Minderjährigen ab. Grund dafür sei die Ähnlichkeit der §§ 989, 990 BGB mit dem Deliktsrecht. Entscheidend ist also, ob der Minderjährige die nötige Einsicht hatte, das Fehlen seines Besitzrechts zu erkennen.

*Ausnahme: §§ 987, 990 I BGB*

Bei §§ 987, 990 I BGB ist dagegen, da der Anspruch auf Nutzungsersatz vertragsähnlich ist, auf die Kenntnis der Eltern entsprechend § 166 I BGB abzustellen.[368]

**hemmer-Methode:** Der gescheiterte Primäranspruch bei einem Minderjährigen ist ein typisches EBV-Problem. Denken Sie auch an die Prüfung der anderen Anspruchsgrundlagen: Nach der Ablehnung der vertraglichen Haftung wegen §§ 107 ff. BGB entfällt auch ein Anspruch auf Schadensersatz aus c.i.c. gem. §§ 280 I, 311 II, 241 II BGB gegen den Minderjährigen wegen der Vertragsähnlichkeit.
Die Haftung aus § 812 I S.1, 1.Alt. BGB scheitert häufig an § 818 III BGB, da eine verschärfte Haftung des Minderjährigen innerhalb einer Leistungskondiktion in der Regel entfällt. Wiederum gilt dort § 166 BGB entsprechend: Maßgeblich für die Bösgläubigkeit des § 819 I BGB ist die Kenntnis des gesetzlichen Vertreters und nicht die des Minderjährigen gem. § 828 BGB. Vgl. hierzu vertiefend HEMMER/WÜST, Bereicherungsrecht, Rn. 509 ff.

### 4. Erbenbesitz, § 857 BGB

*bei Erbenbesitz §§ 857, 854 BGB*

§ 857 BGB stellt klar, dass der Erbe in dieselbe Besitzposition nachrückt, die der Erblasser innehatte. Bei der Frage der Bösgläubigkeit des Erbschaftsbesitzers ist jedoch nach der *h.M.*[369] zu unterscheiden: Nach § 857 BGB erhält der Erbe dieselbe Besitzposition wie der Erblasser und „erbt" damit auch dessen Bösgläubigkeit.

---

366  PINGER MDR 1974, 187; METZLER NJW 1971, 690.
367  BGHZ 55, 128 (135); MüKo-MEDICUS, § 990 Rn. 15; PALANDT, § 990 Rn. 8; ROTH, JuS 1997, 711 f.
368  Vgl. BGHZ 55, 128 (136); MüKo-GITTER, Vorbem zu § 104 Rn. 28 ff.
369  PALANDT, § 857 Rn. 2; MüKo-JOOST, § 857 Rn. 9; umfangreich hierzu EBENROTH/FRANK, JuS 1996, 800 ff.

Ergreift der Erbe dagegen die tatsächliche Sachherrschaft und begründet Besitz nach § 854 I BGB, so kommt es allein auf den guten Glauben bei Besitzergreifung an. War der Erbe selbst bei Besitzergreifung nach § 854 I BGB gutgläubig, so wird die vorher durch § 857 BGB fingierte Bösgläubigkeit geheilt.[370]

### 5. Prozessbesitzer

*Prozessbesitzer ab Rechtshängigkeit, § 261, 253 ZPO*

Dem bösgläubigen Besitzer gleichgestellt ist der Prozessbesitzer (vgl. §§ 987, 989, 996 BGB), d.h. derjenige, welcher die Sache nach Eintritt der Rechtshängigkeit in Besitz hat. Der Eintritt der Rechtshängigkeit setzt voraus, dass die bei Gericht eingereichte *Vindikationsklage* dem Anspruchsgegner (= Besitzer) zugestellt worden ist (vgl. §§ 253, 261 ZPO).

349

Ab dem Zeitpunkt der Zustellung der Klage muss der Besitzer wie ein Bösgläubiger damit rechnen, dass er die Sache herauszugeben hat.

Umstritten ist, ob eine Klage auf Grundbuchberichtigung gem. § 894 BGB einer Herausgabeklage aus § 985 BGB ausreicht, um die Rechtshängigkeit i.S.v. §§ 987, 989 BGB bejahen zu können.

Der BGH verneint dies überzeugend zumindest für den Fall, in dem der Besitzer für sich ein Recht zum Besitz in Anspruch nimmt, welches von der Frage des Eigentums unabhängig ist. Denn der Grundbuchberichtigungsanspruch stellt nur auf Rechtslage hinsichtlich des Eigentums ab. Irrelevant ist, ob der fälschlich eingetragene Besitzer ein Recht zum Besitz hat. Anders: Ein Recht zum Besitz ist keine Einwendung gegen den Anspruch aus § 894 BGB.[371]

### IV. Konkurrenzen

Die §§ 987 ff. BGB stellen grundsätzlich eine abschließende Regelung dar, soweit es um Schadensersatz, Nutzungen sowie Verwendungen geht.

350

Im Einzelnen ist freilich manches streitig, wobei auch zwischen den §§ 987 ff. und den §§ 994 ff. BGB unterschieden werden muss.

### 1. Veräußerung / Verbrauch / Gesetzlicher Eigentumserwerb

Unberührt bleiben die Ansprüche wegen Veräußerung der Sache (§ 816 BGB) und deren Verbrauch (§ 812 I S.1, 2.Alt. BGB). Der Verbrauch einer Sache ist keine Nutzung, da die Muttersache nicht erhalten bleibt. Auch die § 687 II BGB und § 826 BGB sind uneingeschränkt anwendbar. Als Rechtsfortwirkungsanspruch zu § 985 BGB gelten trotz EBV auch §§ 951, 812 ff. BGB für die Ansprüche des Eigentümers gegen den Besitzer.[372]

351

### 2. §§ 823 ff. BGB

*h.M.: Sperrwirkung ggü. §§ 823 ff. BGB*

Das Verhältnis zwischen §§ 987 ff. BGB und den §§ 823 ff. BGB ist umstritten. Nach einer Literaturmeinung[373] gilt der Ausschluss der §§ 823 ff. BGB nur zugunsten des redlichen und unverklagten Besitzers, im Übrigen seien die §§ 823 ff. BGB voll anwendbar.

352

---

370 A.A. Roth, JuS 1997, 712 und Palandt § 990, Rn. 8.
371 BGH NJW-RR 2005, 965 f.
372 Sehr strittig, wenn es um den Verwendungsersatz des Besitzers geht, vgl. Rn. 357 ff.
373 Berg, JuS 1974, 64; Erman, vor §§ 987 ff., Rn. 21.

## § 4 EIGENTÜMER-BESITZER-VERHÄLTNIS (EBV)

Nach h.M.[374] sind die §§ 823 ff. BGB - mit Ausnahme des § 826 BGB - immer dann ausgeschlossen, wenn während des schadensbegründenden Ereignisses ein EBV bestand. Dies ergibt sich aus dem Sinn und Zweck der §§ 987 ff. BGB, den redlichen, unverklagten Besitzer haftungsrechtlich zu privilegieren, §§ 992, 993 I 2.HS. BGB.

*Ausnahmen*

Von diesem Grundsatz gibt es jedoch auch nach h.M. zwei Ausnahmen:

*§ 992 BGB*

§ 992 BGB erklärt die §§ 823 ff. BGB neben dem EBV für anwendbar, wenn sich der Besitzer die Sache durch verbotene Eigenmacht (vgl. § 858 BGB) oder durch eine *strafbare Handlung* verschafft hat. Die verbotene Eigenmacht, für die es nach § 858 BGB nur auf die objektive Widerrechtlichkeit ankommt, muss jedoch schuldhaft begangen sein.[375] Ansonsten würde § 992 BGB zu einer Haftung nach den §§ 823 ff. BGB ohne Verschulden führen würde, da der deliktische Besitzer gem. § 848 BGB auch für Zufall haftet.

353

**hemmer-Methode: Nach h.M. ist die Unterschlagung nach § 246 StGB keine Straftat i.S.d. § 992 BGB, wenn der Besitzer nicht deliktisch *den Besitz* der Sache erlangt hat. Wenn aber eine Unterschlagung durch unbefugte Besitzverschaffung erfolgte, ist § 246 StGB eine Straftat i.S.d. § 992 BGB.[376]**

*Fremdbesitzerexzess*

Ferner werden die §§ 823 ff. BGB nach der *h.M.*[377] auch im Falle des *Fremdbesitzerexzesses* angewandt. Grund dafür ist der sich aus § 991 II BGB ergebende allgemeine Grundsatz, nach dem der redliche, unrechtmäßige Fremdbesitzer, der sein vermeintliches Besitzrecht überschreitet, nicht besser stehen soll als ein rechtmäßiger Fremdbesitzer. Er soll dem Eigentümer wenigstens insoweit haften, als er im Falle eines bestehenden Vertrages haften würde.

354

**hemmer-Methode: Die häufig zu lesende pauschale Behauptung, dass das Gesetz die Konstellation des Fremdbesitzerexzesses nicht geregelt habe bzw. dass es sich hierbei um eine ungeschriebene Ausnahme des abschließenden Charakters der §§ 987 ff. BGB handele, ist so nicht richtig bzw. nur die halbe Wahrheit.
Denn für das Drei-Personen-Verhältnis enthält § 991 II BGB ja gerade eine Regelung, nur für das an sich näher liegende Zwei-Personen-Verhältnis muss auf allgemeine Wertungen zurückgegriffen werden.**

355

*Bsp.: V hat dem E das Auto gestohlen. Er vermietet dieses daraufhin an den redlichen B. B beschädigt das Auto fahrlässig. Kann E von B Schadensersatz verlangen?*

*im 3-Personen-Verhältnis: § 991 II BGB*

Besitzt der Besitzer die Sache im Rahmen eines Besitzmittlungsverhältnisses für einen Dritten, so haftet er diesem gegenüber für Beschädigungen aus Vertrag. Nach § 991 II BGB soll der unmittelbare Besitzer in diesem Fall dem Eigentümer in derselben Weise haften wie gegenüber dem mittelbaren Besitzer. Der unmittelbare Besitzer muss ja mit einer Haftung rechnen und ist insofern nicht schutzwürdig.

Dabei bestimmt sich der Haftungsmaßstab nach dem konkret vereinbarten Besitzmittlungsverhältnis, so dass vertragliche Haftungsbeschränkungen zur Anwendung kommen.

---

374  BGHZ 56, 73, MEDICUS, JuS 1974, 223.
375  JAUERNIG, § 992 Rn. 2.
376  Vgl. PALANDT § 992, Rn. 3.
377  PALANDT, Vorbem v § 987 Rn. 3.

Im Fall ist E Eigentümer des Autos und B hat gegenüber E kein Recht zum Besitz. Im Zeitpunkt der Schädigung lag also ein EBV vor. §§ 990 I, 989 BGB kommen nicht in Betracht, da B redlich und unverklagt ist. Wegen § 993 I 2.HS BGB besteht auch kein Anspruch aus § 823 I BGB. Hier greift nun § 991 II BGB. Zwischen B und V bestand ein Besitzmittlungsverhältnis (§ 868 BGB). B ist hier als Unterbesitzer insoweit nicht gegenüber E schutzwürdig. Der Haftungsmaßstab bestimmt sich nach dem Vertrag zwischen V und B. Wurde z.B. zwischen B und V vereinbart, dass B nur für grobe Fahrlässigkeit haften soll, so gilt dies auch gegenüber E. Dem Grunde nach hat E gegen B jedenfalls einen Anspruch aus §§ 991 II, 989 BGB.

**hemmer-Methode:** Bei dem Fremdbesitzerexzess im 3-Personen-Verhältnis handelt es sich genau genommen um kein Konkurrenzproblem zu den §§ 823 ff. BGB. Die Darstellung erfolgte gleichwohl an dieser Stelle, damit Ihnen die in § 991 II BGB zum Ausdruck kommende Wertung vermittelt und so ein Grundverständnis für das Haftungssystem der §§ 987 ff. BGB geschaffen wird. Vermeiden Sie isoliertes Lernen ohne das Herstellen von Querverbindungen!

*2-Personen-Verhältnis*

Viel einfacher ist an sich die Konstellation des Fremdbesitzerexzesses im Zwei-Personen-Verhältnis.

*Bsp.: Der unverkannt geisteskranke E vermietet sein Auto an den redlichen B. Infolge eines Wutanfalls zertrümmert B das Auto.*

Der Mietvertrag ist nach §§ 104 Nr.2, 105 I BGB nichtig. Ein EBV liegt damit vor. Ein Schadensersatzanspruch aus §§ 990 I, 989 BGB scheidet aus, weil B redlich ist. B haftet wegen § 993 I 2.HS. BGB an sich auch nicht aus § 823 I BGB. Dies erscheint unbillig. Wäre der Mietvertrag wirksam, so hätte E gegen B einen Anspruch auf Schadensersatz wegen Pflichtverletzung gem. § 280 I BGB und § 823 I BGB gehabt. B konnte nicht damit rechnen, „ungestraft" fremdes Eigentum vorsätzlich beschädigen zu dürfen. Ein Festhalten an der abschließenden Regelung des EBV würde zu dem unsinnigen Ergebnis führen, dass der unrechtmäßige Besitzer besser stünde als der rechtmäßige. Daher wird in diesen Fällen § 823 I BGB trotz § 993 I 2.HS. BGB angewandt, ein Ergebnis, das der Wertung des § 991 II BGB entspricht. E hat somit gegen B einen Anspruch aus § 823 I BGB.

**hemmer-Methode:** Beachten sie aber, dass beim vorsätzlichen Exzess des unrechtmäßigen Besitzers sehr oft auch § 826 BGB einschlägig sein wird, der nach allgemeiner Meinung neben dem EBV einschlägig ist![378] Die „Brücke" des § 992 BGB braucht man für die Anwendbarkeit des § 826 BGB gerade nicht !

*356*

### 3. §§ 812 ff. BGB

*§§ 812 ff. BGB*

Hier ist zwischen Nutzungsersatz und Verwendungsersatz zu differenzieren.

*357*

*bei Nutzungen nach BGH generell (-)*

**a)** Soweit es um **Nutzungsersatz** geht, werden nach Ansicht des *BGH* die §§ 812 ff. BGB von den §§ 987 ff. BGB als abschließende Regelung verdrängt.[379]

*358*

*Lit.: LK anwendbar*

Die *Lit.* lässt z.T. wenigstens die Leistungskondiktion als genuine Regelung über die Rückabwicklung gescheiterter Verträge zu.[380]

**hemmer-Methode:** Zu erörtern ist dieser Streit regelmäßig, wenn es um die analoge Anwendung des § 988 BGB für den Fall des rechtsgrundlosen Erwerbs geht.[381]

---

378 Vgl. nochmals Rn. 351!
379 Vgl. dazu die interessante Entscheidung des BGH in Life and Law 2007, 507 ff.
380 JAUERNIG, vor §§ 987 - 993, Rn. 13 m.w.N.
381 Vgl. Rn. 382 ff.

## § 4 EIGENTÜMER-BESITZER-VERHÄLTNIS (EBV)

*bei Verwendungen EBV abschließend*

**b)** Nach *Rspr. und h.M. in der Lit.*[382] bilden die §§ 994 ff. BGB eine abschließende Sonderregelung für das Verhältnis zwischen nicht besitzendem Eigentümer und nicht berechtigtem Besitzer auch insoweit, als sich **Verwendungsersatzansprüche** über Bereicherungsrecht und insbesondere über §§ 951, 812 BGB herleiten lassen[383].

*h.M.: § 951 BGB subsidiär, wenn § 994 BGB (+)*

Es ist ganz herrschende Meinung, dass der § 951 BGB dann zurücktritt, wenn ein Fall der §§ 994 ff. BGB tatsächlich vorliegt. Bei diesen Vorschriften handelt es sich um eine Sonderregelung für das EBV, die dem § 951 BGB grundsätzlich vorgeht.

359

*strittig, wenn § 994 BGB wegen engem Verwendungsbegriff (-)*

Sehr fraglich ist aber, ob dies auch gelten kann, wenn wegen Anwendung des sog. „engen Verwendungsbegriffes" der Rspr. ein Anspruch nach §§ 994 ff. BGB gar nicht gegeben ist. Die Frage ist stark umstritten.[384]

360

> *Bsp.:* P besitzt ein Grundstück des E auf Grund unwirksamen Pachtvertrags. Er baut eine unterkellerte Hütte auf dieses Grundstück. Als der E Rückgabe des Grundstücks verlangt, will der P die Kosten des Baus ersetzt haben.

P könnte Ersatz nach §§ 994, 996 BGB verlangen.

> **hemmer-Methode: Vergleichen Sie aber § 1001 BGB!** Danach ist der Verwendungsersatzanspruch aufschiebend bedingt (nach a.A. erst fällig) durch die Genehmigung oder die Wiedererlangung durch den Eigentümer; vorher besteht nur das Zurückbehaltungsrecht gem. § 1000 BGB.

Ein Eigentümer-Besitzer-Verhältnis liegt vor, weil P auf Grund der Unwirksamkeit des Pachtvertrags kein Besitzrecht i.S.d. § 986 I BGB an dem überbauten Grundstück hatte.

*BGH: enger Verwendungsbegriff*

Nach BGH[385] scheitert dieser Anspruch hier aber schon daran, dass gar keine Verwendungen vorliegen.

Verwendungen liegen nach BGH vor, wenn eine *willentliche* Vermögensaufwendung vorliegt, die der Sache zugute kommen soll, indem sie sie wiederherstellt, erhält oder verbessert, sie aber nicht grundlegend verändert (sog. enger Verwendungsbegriff, str.).

> **hemmer-Methode:** Diese Auffassung des BGH ist zwar mit dem Willen des historischen Gesetzgebers sicherlich nicht zu vereinbaren, da bereits im Römischen Recht das Errichten eines Gebäudes unstreitig als nützliche Verwendung auf das Grundstück anerkannt war. Dennoch ist es klausurtaktisch sinnvoll, ihr zu folgen, weil man nur so die bereicherungsrechtlichen Folgeprobleme diskutieren kann.
> Beachten Sie aber, dass sich in der Literatur immer mehr die Kritik am sog. „engen Verwendungsbegriff" verstärkt. So gibt bspw. auch Palandt[386] diese Ansicht auf und folgt dem „weiten Verwendungsbegriff". Die Lösung erfolgt dann über § 996 BGB, wonach nur dem redlichen/unverklagten Besitzer ein Anspruch zustehen kann. Der Schutz des Eigentümers erfolgt dann ähnlich wie bei der aufgedrängten Bereicherung über das „Regulativ" der subjektiven Brauchbarkeit.

> Daher stellt sich die Frage, ob wegen §§ 946, 94 BGB (der Eigentümer des Grundstücks hat das Eigentum an der Hütte erworben) statt dessen auf § 951 BGB i.V.m. § 812 I S.1, 2.Alt. BGB zurückgegriffen werden kann.

---

382  BGHZ 41, 157 (159); HÖNN, JA 1988, 534 f.; PALANDT, § 951 Rn. 21.
383  Vgl. dazu ausführlich HEMMER/WÜST, Bereicherungsrecht Rn. 45 ff.
384  Vgl. PINGER/SCHARRELMANN/THISSEN, 20 Probleme aus dem EBV, 18. Problem.
385  NJW 1996, 52.
386  PALANDT, § 994, RN. 4.

Zu prüfen ist daher, wie weit die Sperrwirkung der §§ 994 ff. BGB geht. Hierzu werden verschiedene Auffassungen vertreten:

**1. Theorie der absoluten Sperrwirkung der §§ 994 ff. BGB:**

*Theorie der abs. Sperrwirkung*

Nach Auffassung des BGH schließen die §§ 994 ff. BGB die Anwendbarkeit aller Vorschriften, die auf demselben Sachverhalt beruhen, aus. Der Ausschluss erstreckt sich nicht nur auf Ansprüche aus Geschäftsführung ohne Auftrag und aus direkter Anwendung der §§ 812 ff. BGB, sondern auch auf den Anspruch aus § 951 I BGB.[387]

In einigen Fällen bleibt hiernach lediglich das Wegnahmerecht aus § 997 BGB.[388] In Ausnahmefällen soll dann auch ein „Quasi-Verwendungsersatzanspruch" aus § 242 BGB gegeben sein.[389]

*Grd. 1:*
*Wertung d. §§ 994 ff. BGB abschl.*

Begründung: Eine uneingeschränkte Zulassung des § 951 BGB neben den §§ 994 ff. BGB würde die in den §§ 994 ff. BGB enthaltene, sorgfältig abgestufte und ausgewogene Regelung praktisch ausschalten und damit die in diesen Vorschriften getroffenen gesetzgeberischen Wertentscheidungen unterlaufen. Da es sich auch bei dem über § 951 BGB gegebenen Anspruch um einen Bereicherungsanspruch handle, müsse auch hier der Satz gelten, dass Ansprüche aus Bereicherungsrecht nicht neben EBV anwendbar sind.

*Grd. 2: Interessenlage*

Auch die Interessenlage spreche für diesen Ausschluss: Eine Zulassung des § 951 BGB würde dazu führen, dass selbst ein bösgläubiger unrechtmäßiger Besitzer für Maßnahmen, die nicht unter den Verwendungsbegriff fallen, Ersatz verlangen könnte. Daher stehe der bösgläubige Besitzer hier bei völliger Umgestaltung des Eigentums besser als bei weniger einschneidenden Maßnahmen, die man als Verwendungen ansehe. Bei diesen kann er nur unter den engen Voraussetzungen der §§ 994 ff. BGB Ersatz verlangen (vgl. §§ 994 II, 996 BGB).

*a.A.: Verwendungskondiktion mögl.*

**2.** Nach der überwiegend in der Literatur vertretenen Auffassung stehen dem Besitzer dagegen für solche Aufwendungen, die keine Verwendungen im engeren Sinne sind und daher nicht unter die §§ 994 ff. BGB fallen, Ansprüche auf Wertersatz nach §§ 951, 812, 818 II BGB zu.[390] Die Sperrwirkung der §§ 994 BGB setze also voraus, dass der Anspruch des Besitzers überhaupt eine Verwendung i.S.d. §§ 994 ff. BGB betreffe.

*Grd.1:*
*Ausschlusswirkung ist ohne weiteres nicht anzunehmen*

Begründung: Es sei zwar nicht ausgeschlossen, dass die Ausschlusswirkung einer Norm auch dort eingreifen könne, wo ihr eigener Tatbestand nicht erfüllt sei, da sich aus der Nichterwähnung anderer Sachverhalte dann ein Umkehrschluss ergeben könne. An den Nachweis, dass eine derartig weitgehende Ausschlusswirkung vom Gesetz gewollt ist, müssten jedoch immer ganz besonders hohe Anforderungen gestellt werden.

*Grd.2:*
*Wegnahmerecht (§ 997) wegen regelm. hoher Kosten für Verwender kein ausreichender Schutz*

Dies könne man hier nicht annehmen, da andernfalls unbillige Ergebnisse die Folge wären. Die Unbilligkeit bestehe darin, dass der Besitzer für Umgestaltungsmaßnahmen nie Ersatz verlangen könne, auch wenn diese eine erhebliche Wertsteigerung des Eigentums bewirkt hätten, während er andererseits bei einem etwas geringeren Grad der Einwirkung auf die Sache, der sich noch im Rahmen des Verwendungsbegriffes gehalten hätte, diese Wertsteigerung voll nach den §§ 994 ff. BGB hätte abschöpfen können. Das Wegnahmerecht gemäß § 997 BGB sei kein ausreichender Schutz, weil hiermit regelmäßig hohe Kosten verbunden seien, vgl. §§ 997 I S.2, 258 S.1 BGB.

*Grd.3:*
*ansonsten Schlechterstellung des besitzenden ggü. dem nicht besitzenden Verwender*

Durch die Rechtsprechung werde außerdem der besitzende Verwender wesentlich schlechter gestellt als der nicht besitzende, da für diesen mangels Anwendbarkeit der §§ 994 ff. BGB keine Sperrwirkung in Frage komme.

---

[387] BGH NJW 1996, 52.
[388] So BGHZ 41, 157 ff.
[389] Vgl. WIELING, Sachenrecht, § 12 V 2 b m.w.N.
[390] Vgl. etwa MEDICUS, BR, Rn. 895 ff.; KLAUSER, NJW 1965, 514; WESTERMANN, § 33 I 3a.

# § 4 EIGENTÜMER-BESITZER-VERHÄLTNIS (EBV)

Der Schutz des Eigentümers kann in so einem Fall durchaus auch anders erreicht werden, nämlich über die Anwendung der Grundsätze der „aufgedrängten Bereicherung" (dazu später bei § 818 II BGB).

Die sich hieraus ergebende Lösung erscheint eher interessengerecht, weil sie flexibler den Besonderheiten des jeweiligen Einzelfalles Rechnung tragen kann.

*Schutz d. Eigentümers ü. § 814 BGB*

Weiterhin kann man zum Schutz des Eigentümers den Rechtsgedanken des § 814 BGB heranziehen. Dies hat zur Folge, dass ein Anspruch aus §§ 951, 812, 818 II BGB nur bei einer Fehlbeurteilung der Sachlage in Frage kommt, nicht aber bei einer bewussten unbefugten Einmischung in die Angelegenheiten des Eigentümers.[391]

Auch der BGH ist nicht in allen einschlägigen Urteilen von der absoluten Sperrwirkung ausgegangen.[392]

*Verhältnis Verwendungsersatz und Leistungskondiktion*

Problematisch kann in der Klausur aber auch das Verhältnis von Leistungskondiktion und Verwendungsersatz nach EBV werden.[393]

*Bsp.:* V hat sein heruntergekommenes Haus an M vermietet. Dieser soll fünf Jahre lang keinen Mietzins zahlen, sondern statt dessen das Haus reparieren. Der Mietvertrag ist nichtig.

Aufgrund der Unwirksamkeit des Mietvertrags liegt ein EBV zwischen V und M unproblematisch vor. Die Renovierung stellt auch zugleich eine Leistung i.S.d. § 812 I 1 1.Alt. BGB und eine Verwendung i.S.d. §§ 994, 996 BGB dar.

Der Unterschied zwischen Bereicherungsrecht und Verwendungsersatz nach EBV zeigt sich vor allem, wenn M die Nichtigkeit des Mietvertrages in grob fahrlässiger Weise verkannt hat, denn als unredlicher Besitzer würde sich sein Ersatzanspruch ausschließlich nach § 994 II BGB bestimmen, während die grob fahrlässige Unkenntnis bei § 812 I 1 1.Alt. BGB ohne Belang wäre.

In diesem Fall spricht viel dafür, die Leistungskondiktion neben den §§ 994 ff. BGB zuzulassen - ein Ergebnis, das mit der Literatur übereinstimmt, die im Fall des rechtsgrundlosen Erwerbs dem Eigentümer ebenfalls die Leistungskondiktion bzgl. der Herausgabe der Nutzungen gibt.[394]

## D. Schadensersatz, §§ 989 ff. BGB

### I. Redlicher / unverklagter Besitzer

*keine Verpflichtung zum Schadensersatz*

Der redliche unverklagte, aber unrechtmäßige Besitzer haftet grundsätzlich nicht aus §§ 989 ff. BGB wegen Verlustes oder Verschlechterung der Sache, § 993 I BGB a.E.

Es besteht also auch keine Haftung nach den §§ 823 ff. BGB, da die Voraussetzungen des § 992 BGB nicht vorliegen und das EBV hinsichtlich der Verpflichtung zum Schadensersatz abschließend ist.[395]

*Bsp.:* B ist redlicher Besitzer eines Autos, das dem E gehört. Verursacht B mit dem Auto einen Totalschaden, so haftet er dem E auch dann nicht nach § 823 I BGB, wenn er für den Unfall allein verantwortlich ist, denn § 993 I 2.HS. BGB entfaltet gerade für diesen Fall Sperrwirkung.

**hemmer-Methode:** Lernen Sie in Zusammenhängen und sehen Sie das EBV vor allem auch in Verbindung mit den Wertungen der Vorschriften über den gutgläubigen Erwerb.

---

391  Vgl. KLAUSER, NJW 1965, 513.
392  Anders etwa noch in BGHZ 10, 171,179. Ebenso in BGHZ 55, 176 für einen Fall der Verarbeitung gemäß § 950 BGB.
393  Vgl. MEDICUS, BR, Rn. 894.
394  Vgl. Rn. 384.
395  Vgl. oben Rn. 353 ff.

> Zugunsten des Geschäftsverkehrs hat sich das BGB in den §§ 932 ff. BGB grundsätzlich für die Möglichkeit des gutgläubigen Erwerbs entschieden. Dagegen sieht das Gesetz den Eigentümer als schutzwürdiger an, wenn ihm die Sache abhanden gekommen ist.
> § 935 I BGB macht in diesem Fall jeglichen Gutglaubenserwerb zunichte. Konsequenz ist dann das Entstehen eines EBV, und hier schützt das Gesetz wiederum die Interessen des Erwerbers, der trotz seines guten Glaubens nicht Eigentümer geworden ist und mit seiner Verpflichtung zur Rückgewähr der Sache nicht rechnet.
> Geht die Sache bei ihm unter, ist er zum Ersatz des Schadens in keiner Hinsicht verpflichtet - mehr als die Sache selbst kann daher auch der redliche Erwerber, der wegen § 935 I BGB kein Eigentum erwirbt, nicht verlieren.

Von dem Grundsatz, dass der redliche und unverklagte Besitzer zum Schadensersatz nicht verpflichtet ist, gibt es nur die oben beschriebenen Ausnahmen des Fremdbesitzerexzesses.[396]

## II. Unredlicher / verklagter Besitzer

*unredlicher Besitzer bei Verschulden*

Der *unredliche* Besitzer haftet auf Schadensersatz nach §§ 990 I, 989 BGB, wenn ihn ein Verschulden hinsichtlich des Umstandes trifft, aufgrund dessen die Sache nicht herausgegeben werden kann. Der *verklagte* Besitzer haftet bei Verschulden ab Eintritt der Rechtshängigkeit nach § 989 BGB.

> **Voraussetzungen der §§ 990 I, 989 BGB:**
> ⇨ EBV im Zeitpunkt der Verletzungshandlung
> ⇨ Verklagter (§ 989 BGB) oder bösgläubiger (§ 990 I BGB) Besitzer
> ⇨ Verschulden (§§ 989 BGB)

*Voraussetzungen*

Die Verweisung von § 990 I BGB auf § 989 BGB ist insoweit eine *Rechtsgrundverweisung*, als das Verschulden des Besitzers bei der Beeinträchtigung der Herausgabepflicht gegeben sein muss.

Das Verschulden ist somit beim unredlichen Besitzer *zweimal* zu prüfen: zum einen bei der Frage der Bösgläubigkeit (§ 990 I BGB), zum anderen bei der schadensstiftenden Handlung (§ 989 BGB).

*Verschulden notw.*

Der Besitzer muss die Sache schuldhaft beschädigt haben. Nach einer *Ansicht*[397] findet § 276 BGB Anwendung. Nach *a.A.*[398] genügt jedes zurechenbare freiwillige Verhalten des Anspruchsgegners, das die Eigentumsverletzung herbeigeführt hat. § 278 BGB findet nach jeder Ansicht Anwendung. Beim Minderjährigen gelten die §§ 827, 828 BGB.

*bei Verzug auch ohne Verschulden §§ 990 II, 286 ff. BGB*

Ohne Verschulden haftet der unredliche Besitzer nur, wenn er in Verzug ist, §§ 990 II, 286 ff. BGB. Hier hat der Besitzer auch für Zufall einzustehen, § 287 S.2 BGB. Diese Haftungsverschärfung gilt nur für den bösgläubigen, nicht aber für den gutgläubigen, unverklagten Besitzer. § 990 II BGB findet auf den verklagten Besitzer keine Anwendung.

> **hemmer-Methode:** Achten Sie bei § 990 II BGB auf die Anspruchsgrundlage: Wird der bloße Verzögerungsschaden geltend gemacht (z.B. Rechtsanwaltskosten nach Verzug), ergibt sich die Anspruchsgrundlage aus § 990 II BGB i.V.m. §§ 280 I, II i.V.m. 286 BGB.

---

396 Vgl. Rn. 354 f.
397 PALANDT, § 989 Rn. 6; JAUERNIG, § 989 Rn. 1.
398 STAUDINGER, § 989 Rn. 9.

**Befand sich der Anspruchsgegner mit der Herausgabe, zu der er gem. § 985 BGB verpflichtet war, in Verzug und ging die Sache unverschuldet während des Verzugs unter, so ist die Rückgabe der Sache unmöglich geworden. Als Anspruchsgrundlage kommt dann nicht §§ 990 II i.V.m. §§ 280 I, II, 286 BGB in Betracht, sondern §§ 989, 990 BGB. Innerhalb des Verschuldens ist dann aber festzustellen, dass wegen §§ 990 II, 287 S.2 BGB auch eine Haftung für Zufall besteht. § 287 S.2 BGB setzt aber Verzug voraus.**
**Examenstypisches Problemfeld: Wie immer kann der Verzug schon durch das Bestehen einer Einrede scheitern. Grundsätzlich gilt: Schon das Bestehen einer Einrede wirkt verzugshindernd. Dies gilt aber nicht bei Einreden gem. §§ 273 und 1000 BGB. Auf diese muss sich der Schuldner berufen, um dem Gläubiger die Möglichkeit der Abwendung zu geben, und sie wirken auch erst ab der Geltendmachung. Hat sich der Schuldner nicht auf die mögliche Einrede, z.B. § 1000 BGB, berufen, so bleibt es beim Verzug und damit beim § 287 S.2 BGB.**[399]

*Umfang der Haftung*

Der Umfang des Schadensersatzanspruchs ergibt sich aus den §§ 249 ff. BGB. Es ist nach §§ 990, 989 BGB der Schaden zu ersetzen, der dadurch entsteht, dass infolge Verschuldens die Sache verschlechtert wird, untergeht oder aus einem anderen Grunde nicht mehr herausgegeben werden kann. Grundsätzlich zählt zu diesem Schaden auch der *entgangene Gewinn*.[400] Nicht dagegen ersetzt wird nach h.M. der sog. *Vorenthaltungsschaden*,[401] also der Schaden, der dadurch entsteht, dass dem Eigentümer die Sache für eine bestimmte Zeit durch den Besitzer vorenthalten wurde.

In diesem Fall ist der entgangene Gewinn nicht zu ersetzen. Eine genaue Differenzierung ist daher in der Klausurprüfung angebracht.

**hemmer-Methode: Im Falle des Verzuges kann über §§ 990 II, 280 I, II, 286 BGB) jedoch auch der Vorenthaltungsschaden ersetzt werden.**

*Konkurrenzen*

Nach h.M.[402] bestehen neben §§ 989, 990 BGB keine weiteren Ansprüche, wenn keiner der oben genannten Ausnahmefälle vorliegt.

### III. Deliktischer Besitzer, § 992 BGB

*deliktischer Besitzer*

Derjenige, der sich eine Sache durch (schuldhaft) verbotene Eigenmacht oder eine gegen das Eigentum gerichtete Straftat (z.B. §§ 242, 249, 253, 263 StGB; str. für § 246 StGB[403]) verschafft hat *(deliktischer Besitzer)*, soll nicht nur nach §§ 990, 989 BGB haften, sondern gem. § 992 BGB darüber hinaus auch nach den §§ 823 ff. BGB.

**hemmer-Methode: Die verbotene Eigenmacht, für die es nach § 858 BGB nur auf die objektive Widerrechtlichkeit ankommt, muss i.R.d. § 992 BGB nach h.M. schuldhaft begangen worden sein.**[404] **Ansonsten würde § 992 BGB zu einer Haftung nach den §§ 823 ff. BGB ohne Verschulden führen würde, da der deliktische Besitzer gem. § 848 BGB auch für Zufall haftet.**

*§ 848 BGB*

Diese Haftung ist nach § 848 BGB verschärft. Der Besitzer haftet danach auch für Zufall, sofern die Besitzerlangung über den § 992 BGB hinaus eine schuldhafte, unerlaubte Handlung war.

**hemmer-Methode: § 858 II S.2 BGB ist im § 992 BGB nicht anwendbar!**

---

399 PALANDT, § 990 Rn. 9.
400 So h.M., vgl. PALANDT, § 989 Rn. 8.
401 Vgl. MüKo-Medicus, § 989 Rn. 11; PALANDT, § 989 Rn. 9.
402 Vgl. PALANDT, Vorbem v § 987 Rn. 19 ff.
403 Vgl. PALANDT, § 992 Rn. 3.
404 JAUERNIG, § 992 Rn. 2.

*Achtung!*      Der Dieb haftet bzgl. der Verletzungshandlung „Diebstahl" nur nach den allgemeinen Vorschriften, da in diesem Zeitpunkt noch kein EBV bestanden hat, sondern erst begründet wurde. In der Folgezeit greifen dann aber die Regeln des EBV ein.[405]

*Verjährung*      Die Ansprüche aus §§ 989, 990 und §§ 823 ff. BGB verjähren einheitlich nach der regelmäßigen Verjährungsfrist des § 195 BGB in 3 Jahren. Der Beginn der Verjährung richtet sich nach § 199 BGB.[406]

---

[405] Vgl. PALANDT, § 992 Rn. 6; NJW 1990, 719 wonach daneben auch eine Haftung aus §§ 989, 990 BGB möglich sein soll.
[406] Näher zur Verjährung nach der Schuldrechtsreform: HEMMER/WÜST, Die Schuldrechtsreform, Rn. 280 ff.

## E. Nutzungsherausgabe, §§ 987 ff. BGB

*Nutzungen, § 100 BGB*

Nutzungen sind nach der Legaldefinition des § 100 BGB Früchte (§ 99 BGB) einer Sache oder eines Rechts sowie die Vorteile, welche der Gebrauch einer Sache oder eines Rechts gewährt. § 99 BGB unterscheidet hinsichtlich der Früchte einer Sache zwischen *unmittelbaren Sachfrüchten* (§ 99 I BGB; z.B. Kalb in Bezug auf die Kuh) und *mittelbaren Sachfrüchten* (§ 99 III BGB; z.B. Pachtzins in Bezug auf das verpachtete Grundstück). *Gebrauchsvorteile* entstehen ohne Rücksicht darauf, ob der Besitzer die Sache tatsächlich genutzt hat (z.B. Benutzung eines Autos).

Da diese Gebrauchsvorteile nicht rückwirkend herausgegeben werden können, kommt als Nutzungsentschädigung regelmäßig nur Wertersatz in Betracht, der sich in der Höhe nach dem üblichen Miet- oder Pachtzins richtet.[407]

*Verbrauch / Veräußerung*

Eine Nutzung ist nur möglich, solange die „Muttersache" erhalten bleibt. Keine Nutzung ist daher der Veräußerungserlös und der Verbrauch der Muttersache.[408]

**hemmer-Methode: Verwenden Sie die Formulierung „Nutzung nur dann, solange die Muttersache erhalten bleibt". Sammeln Sie leichte Punkte mit dieser Formulierung, die in vielen Musterklausuren zu finden ist. Gängig ist auch der Merksatz: Nutzungen sind die Früchte des Gebrauchs und nicht des Verbrauchs!**

*Herausgabe/Übereignung*

Die §§ 987 ff. BGB regeln die Herausgabe der während einer bestehenden Vindikationslage gezogenen Nutzungen. Herausgabe bedeutet in diesem Zusammenhang auch die Übereignung, wenn der Besitzer der Muttersache z.B. über § 955 BGB Eigentum an dem Erzeugnis erlangt hat, das er aber nach den §§ 987 ff. BGB nicht behalten darf.

**hemmer-Methode: Hat der Eigentümer der Muttersache das Eigentum nach §§ 953 ff. BGB erworben, so besteht bereits gemäß § 985 BGB eine Herausgabepflicht.[409]**

### I. Redlicher / unverklagter Besitzer

### 1. Grundsatz des § 993 I BGB

*redlicher Besitzer*

Der redliche und unverklagte Besitzer haftet nach § 993 I 2.HS BGB grundsätzlich nicht.

**hemmer-Methode: Denken Sie wieder an den Grund für das Haftungsprivileg: Der unrechtmäßige gutgläubige Besitzer soll genauso wenig auf Schadensersatz wie auf Nutzung haften. Wie bei jedem Grundsatz gibt es aber auch hier Ausnahmen. Das Verhältnis von Regel und Ausnahme sollten Sie kennen. Die nachfolgenden Beispiele sollten Sie sich deswegen einprägen.**

---

407 Vgl. Hönn, JA 1988, 530.
408 Vgl. Palandt, § 100 Rn. 1.
409 Vvgl. Palandt, § 987, Rn. 2 a.E.

## 2. Übermaßfrüchte, § 993 I BGB

*Übermaßfrüchte*

Der redliche / unverklagte (entgeltliche) Besitzer hat nach § 993 I BGB die *gezogenen Übermaßfrüchte* nach Bereicherungsrecht herauszugeben, soweit er noch bereichert ist (§ 818 III BGB!). Übermaßfrüchte sind nach § 993 I BGB diejenigen Früchte, die im Rahmen einer ordnungsgemäßen Wirtschaft nicht als Ertrag einer Sache anzusehen sind (z.B. Kahlschlag eines Waldes). § 993 I BGB stellt eine Rechtsfolgenverweisung auf das Bereicherungsrecht (§ 818 II, III BGB) dar.[410]

**hemmer-Methode:** Auch dies kann als Argument dafür herangezogen werden, dass bei der Verfügung eines Nichtberechtigten trotz EBV § 816 BGB anwendbar ist bzw. beim gesetzlichen Eigentumserwerb des unrechtmäßigen Besitzers auf §§ 951, 812 ff. BGB zurückgegriffen werden darf.[411]

Im Übrigen werden die §§ 812 ff. BGB hinsichtlich Nutzungsersatz nach einer weit verbreiteten Ansicht[412] von den §§ 987 ff. BGB verdrängt.

## 3. Unentgeltlicher Besitzer, § 988 BGB

*unentgeltlicher Besitzer*

Etwas anderes gilt dann, wenn der Besitzer den Besitz unentgeltlich erlangt hat. Nach § 988 BGB hat er alle Nutzungen herauszugeben, soweit er noch bereichert ist (Rechtsfolgenverweisung auf §§ 818 II, III BGB[413]). Derjenige, der den Besitz ohne Gegenleistung erhält, verdient geringeren Schutz als derjenige, der ein Vermögensopfer dafür erbracht hat. Der Schutz des Eigentümers geht hier ähnlich wie bei § 816 I S.2 BGB vor.

**hemmer-Methode:** „Wie gewonnen, so zerronnen!"

*Voraussetzungen*

**§ 988 BGB hat die folgenden Voraussetzungen:**

⇨ EBV im Zeitpunkt der Nutzungsziehung

⇨ Eigenbesitz oder Fremdbesitz aufgrund dinglichen oder schuldrechtlichen Nutzungsrechts

⇨ Unentgeltlicher Besitzerwerb

⇨ Redlicher/unverklagter Besitzer

*Eigen- und Fremdbesitz*

Nach dem Wortlaut gilt § 988 BGB nur für den Eigenbesitzer („als ihm gehörig besitzt") und den Fremdbesitzer, der die Sache aufgrund eines vermeintlichen dinglichen Nutzungsrechts (z.B. Nießbrauch/ Pfandrecht) besitzt.

Entgegen dem Wortlaut hat die *Rspr.*[414] die Vorschrift aber auch auf den Fremdbesitzer ausgedehnt, der aufgrund eines *schuldrechtlichen* Nutzungsrechts die Sache besitzt (z.B. Leihe).

*Bsp.:* D stiehlt dem E das Auto und verleiht es an den redlichen B. Nach § 993 I BGB hätte B keine Nutzungen herauszugeben. Weil B aber aufgrund der Leihe (schuldrechtliches Nutzungsrecht) unentgeltlicher Fremdbesitzer war, hat B die Nutzungen nach § 988 BGB zu ersetzen.

---

410 JAUERNIG, § 993 Rn. 2.
411 Vgl. dazu schon Rn. 351!
412 PALANDT, Vorbem v § 987 Rn. 15.
413 JAUERNIG, § 988 Rn. 3; ROTH, JuS 1997, 899.
414 Vgl. BGHZ 71, 216 (225); PALANDT, § 988 Rn. 2.

## § 4 EIGENTÜMER-BESITZER-VERHÄLTNIS (EBV)

*auch bei Eigentumserwerb*

§ 988 BGB gilt auch dann, wenn der Besitzer an den Früchten Eigentum erworben hat, z.B. über § 955 BGB.

*unentgeltlich*

Unentgeltlich ist der Besitzerwerb dann, wenn der Besitz ohne Gegenleistung erworben wurde, sei es durch ein wirksames unentgeltliches Rechtsgeschäft, sei es dadurch, dass sich der Besitzer die Sache selbst verschafft hat.

### 4. Rechtsgrundloser Erwerb, § 988 BGB analog

Umstritten ist, ob im Rahmen des § 988 BGB der rechtsgrundlose Besitzerwerb dem unentgeltlichen Besitzerwerb gleichzustellen ist.

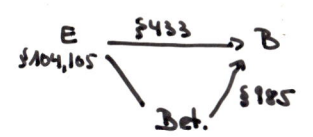

*Ausgangsfall:* Der unerkannt geisteskranke E verkauft sein Auto an B für 10.000 €. Später verlangt der Betreuer des E in dessen Namen das Auto nach § 985 BGB heraus. Dieser Anspruch ist begründet, da die Übereignung nichtig ist (§§ 104 Nr.2, 105 I BGB) und der Besitzer B kein Besitzrecht hat. Muss B auch die Nutzungen herausgeben?

*Rspr.: Rechtsgrundlos = unentgeltlich*

Nach *ständiger Rspr.*[415] ist der rechtsgrundlose Erwerb dem unentgeltlichen Erwerb gleichzustellen und daher § 988 BGB analog anzuwenden.

Wäre nur der schuldrechtliche Vertrag, nicht aber die Übereignung nichtig, müsste der rechtsgrundlose Eigentümer die Nutzungen über §§ 812 I S.1 1.Alt., 818 II BGB herausgeben. Ist aber auch die Übereignung nichtig, dürfte der Besitzer die Nutzungen behalten. Dadurch würde der Eigentümer schlechter stehen als der Besitzer. Dieses Ergebnis wäre unbillig. Da die §§ 987 ff. BGB nach der Rspr. eine abschließende Sonderregelung darstellen, die einen Rückgriff auf das allgemeine Bereicherungsrecht ausschließt, ist es nur konsequent, den § 988 BGB auf den rechtsgrundlosen Erwerb auszudehnen. Dabei macht es keinen Unterschied, ob der Erwerb von Anfang an unwirksam war oder dies erst rückwirkend durch Anfechtung (§ 142 I BGB) wurde.

**hemmer-Methode: Denken Sie an die abschließende Regelung des EBV. Bei konsequenter Anwendung könnte deswegen im vorliegenden Fall kein Anspruch bestehen. Nur aus diesem Grund kommt die Rspr. zur analogen Anwendung des § 988 BGB.** Eignen Sie sich Fakten nicht isoliert an, sondern immer im Zusammenhang. Sie werden als Jurist nur besser, indem Sie die Fähigkeit erlernen, die Rechtsinstitute richtig einzuordnen.

*Literatur: § 812 BGB direkt*

Die *Literatur*[416] hingegen lehnt diese Gleichstellung ab und kommt zu einer unmittelbaren Anwendung der §§ 812 ff. BGB.

Im Ausgangsfall scheidet ein Anspruch nach §§ 990 I, 987 BGB aus, da B weder bösgläubig noch verklagt war. § 988 BGB entfällt, da ein entgeltlicher Besitzerwerb vorliegt. Dieses Ergebnis ist aber ungerecht. Wäre nur der Kaufvertrag nichtig, so hätte B (als Eigentümer) die Nutzungen nach §§ 812 I S.1, 1.Alt., 818 II BGB herauszugeben. Daher kann B, wenn er nicht einmal Eigentümer der Sache geworden ist, nicht besser behandelt werden. Nach der Rspr. sind somit die Nutzungen nach § 988 BGB analog herauszugeben. Nach Ansicht der Lit. finden §§ 812 I S.1, 1.Alt., 818 II BGB direkte Anwendung.

Zu unterschiedlichen Ergebnissen führt die Meinung der Literatur nur in Dreipersonenverhältnissen, wenn der Besitzer den Besitz rechtsgrundlos durch die Leistung eines Dritten und nicht vom Eigentümer erlangt.

---

415  Vgl. RGZ 163, 348 ff.; BGHZ 10, 350; BGH NJW 1983, 164.
416  MüKo-Medicus, § 988 Rn. 7 m.w.N.; Baur/Stürner, § 11 B II 3; Medicus, BR, Rn. 600.

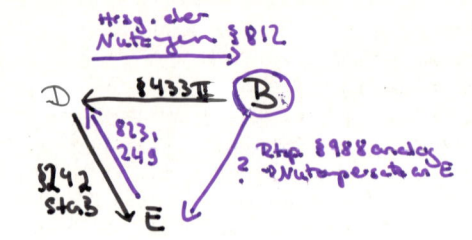

**Bsp.:** B erwirbt eine Sache rechtsgrundlos von D, der sie dem Eigentümer gestohlen hat.

Hier muss B nach § 988 BGB analog gemäß der Rspr. an den Eigentümer Nutzungsersatz leisten, ohne dass er diesem den an D gezahlten Kaufpreis entgegenhalten kann. Nach der h.L. kann dagegen D die Nutzungen von B kondizieren, weil B den Besitz durch Leistung des D erlangt hat. E kann seinerseits von D die Nutzungen, die er selbst gezogen hätte, nach §§ 823, 249 BGB ersetzt verlangen.

Soweit E keine Nutzungen gezogen hätte, kann er sie von D nach § 687 II BGB oder §§ 812 ff. BGB verlangen.[417] Eine Nichtleistungskondiktion gem. § 812 I S.1, 2.Alt. BGB des E scheitert an der Subsidiarität zur Leistungskondiktion im Verhältnis D zu B.

### II. Unredlicher/verklagter Besitzer, §§ 987, 990 BGB

*unredlicher Besitzer*

Der unredliche Besitzer haftet nach §§ 990, 987 BGB, der Prozessbesitzer nach § 987 BGB dem Eigentümer auf Nutzungsersatz.

> **Voraussetzungen des § 987 I BGB:**
> ⇨ EBV im Zeitpunkt der Nutzungsziehung
> ⇨ Verklagter oder unredlicher (§ 990 I BGB) Besitzer
> ⇨ Tatsächlich nach Rechtshängigkeit oder Bösgläubigkeit gezogene Nutzung

*§ 987 I BGB*

Nach §§ 987 I, 990 I BGB hat der unredliche/verklagte Besitzer *alle nach Bösgläubigkeit oder Rechtshängigkeit gezogenen Nutzungen* herauszugeben. Das bedeutet:

*Bei Früchten Herausgabe bzw. §§ 275 ff. BGB*

Bei Früchten i.S.d. § 99 I BGB sind Besitz und Eigentum zu übertragen. Ist die Herausgabe nicht mehr möglich, weil die Nutzung nicht mehr vorhanden ist, gelten die §§ 275 ff. BGB. Ein Ersatzanspruch kommt nur unter den Voraussetzungen der §§ 280 I, III, 283 BGB in Betracht. Es besteht also keine verschuldensunabhängige Wertersatzpflicht.[418] Das ändert sich erst, wenn sich der Besitzer im Verzug befindet, da dann über die §§ 990 II, 287 S.2 BGB eine verschärfte Haftung eingreift.

*Bei Gebrauchsvorteilen: Wertersatz*

Da bei Nutzungen in Form von Gebrauchsvorteilen eine Herausgabe von vorneherein ausscheidet (z.B. Nutzung eines PKW), geht der Anspruch hier stets auf *Wertersatz*.[419] Da § 987 BGB nicht auf das Bereicherungsrecht verweist, kann sich der Besitzer nicht auf Entreicherung nach § 818 III BGB berufen.

Ein Ersatzanspruch für Nutzungen eines Rechts kann sich aus § 987 BGB nicht ergeben, da es im EBV um Folge- bzw. Begleitansprüche zu § 985 BGB geht. Das kann im Einzelfall zu Problemen führen:

Erzielt jemand aus einem überlassenen Unternehmen Erträge, kann man diese Erträge nicht als Nutzungen hinsichtlich der einzelnen zu dem Betrieb gehörigen Sachen auffassen. Es handelt sich um eine Nutzung des Unternehmens als Sach- und Rechtsgesamtheit. Es wird hier gleichwohl eine analoge Anwendung der §§ 987 ff. BGB befürwortet.[420]

---

417 Vgl. zum Ganzen HEMMER/WÜST/GOLD, Bereicherungsrecht, Rn. 33 ff., sowie MEDICUS, BR, Rn. 600.
418 Palandt, § 987, Rn. 7.
419 Vgl. BGHZ 63, 365 (368).
420 Palandt, § 987 Rn.5.

# § 4 EIGENTÜMER-BESITZER-VERHÄLTNIS (EBV)

*§ 987 II BGB*

> **Voraussetzungen des § 987 II BGB:**
> ⇨ EBV im Zeitpunkt der Nutzungsziehung
> ⇨ Verklagter oder unredlicher (§ 990 I BGB) Besitzer
> ⇨ Schuldhaft nicht gezogene Nutzung

Nach §§ 987 II, 990 I BGB sind auch alle nach Bösgläubigkeit oder Rechtshängigkeit schuldhaft nicht gezogenen Nutzungen, die der Besitzer im Rahmen einer ordnungsgemäßen Wirtschaft hätte ziehen können, ersatzpflichtig. Zu ersetzen ist der objektive Wert der unterlassenen Nutzung.

Hinweis für Referendare: Ermöglicht der Besitz objektiv eine Nutzung, handelt der bösgläubige bzw. verklagte Besitzer regelmäßig schuldhaft, wenn er seine Pflicht zur ordnungsgemäßen Bewirtschaftung nicht erfüllt.[421] Demgemäß hat der Besitzer in entsprechender Anwendung des § 280 I S.2 BGB darzulegen und zu beweisen, dass ihm die unterlassene Ziehung von Nutzungen nicht vorzuwerfen ist. Für die Zeit nach Rechtshängigkeit oder Eintritt der Bösgläubigkeit ist die Klage des Eigentümers auf Nutzungsersatz daher unabhängig davon schlüssig, wie der Besitzer die Sache genutzt hat.[422]

Hat er z.B. die Sache unter Wert vermietet, schuldet er Herausgabe der Mieteinnahmen nach § 987 I BGB und Ersatz der Differenz zum üblichen Mietzins nach § 987 II BGB. Es obliegt dann dem Besitzer einzuwenden, dass er einen geringeren Betrag schuldet, weil er ohne sein Verschulden ganz oder teilweise keine Nutzungen aus der Sache gezogen hat.

**hemmer-Methode: Beachten Sie, dass in der Konstellation der Bösgläubigkeit eine verschuldensunabhängige Haftung nicht über §§ 990 II, 297 S.2 hergeleitet werden kann. Die verschärfte Haftung greift für § 987 II BGB nicht ein. Denn anders als beim Schadensersatz nach § 989 BGB geht es nicht darum, dass die Sache nicht mehr ordnungsgemäß herausgegeben werden kann. Der Besitzer befindet sich ja nicht im Verzug hinsichtlich des Ziehens der Nutzungen.**

*§ 991 I BGB*

Der unredliche Fremdbesitzer, der für einen Dritten besitzt, haftet ausnahmsweise nicht, wenn sein Oberbesitzer gutgläubig und unverklagt ist, § 991 I BGB. § 991 I BGB will den redlichen mittelbaren Besitzer schützen,[423] der bei einer Herausgabepflicht seines Besitzmittlers von diesem in Regress (etwa nach § 536 III BGB) genommen werden könnte. § 991 I BGB findet nach seinem Sinn und Zweck keine Anwendung, wenn der unmittelbare Besitzer den Mangel im Besitzrecht positiv kennt, da in diesem Fall keine Regressansprüche gegen den Oberbesitzer entstehen können (etwa wegen § 536b BGB).[424] § 991 I BGB gilt nur für den unredlichen Besitzer gem. § 990 I BGB, da § 987 BGB unabhängig von der Redlichkeit des Besitzers Anwendung findet.

### III. Deliktischer Besitzer, § 992 BGB

Derjenige, der sich eine Sache durch (schuldhaft) verbotene Eigenmacht oder eine gegen das Eigentum gerichtete Straftat verschafft hat *(deliktischer Besitzer)*, haftet über § 992 BGB nach den §§ 823 ff. BGB. War er daneben unredlich/verklagt, haftet er natürlich auch nach §§ 987, 990 BGB.

---

421 BGH NJW 2002, 1050 (1052).
422 BGH, Urteil v. 03.06.2005, AZ V ZR 106/04.
423 Vgl. MEDICUS, BR, Rn. 584.
424 JAUERNIG, § 991 Rn. 2; strittig (a.A. bspw. PALANDT, § 991, RN. 2).

> **hemmer-Methode:** War der Besitzer redlich (d.h. es lag schuldlose verbotene Eigenmacht vor), und erwarb unentgeltlich, haftet er (nur) über § 988 BGB.

*bei Zufall § 848 BGB*

Die Haftung ist nach § 848 BGB verschärft, so dass der Besitzer auch für Zufall haftet.

*Umfang, §§ 249 ff. BGB*

Der Umfang der Haftung richtet sich nach §§ 249 ff. BGB. Gezogene Nutzungen sind in Natur (§ 249 I BGB) herauszugeben, ansonsten ist Wertersatz (§ 251 I BGB) zu leisten. Beides gilt auch, wenn der Eigentümer die Nutzungen selbst nicht hätte ziehen können.[425] Nicht gezogene Nutzungen sind nach §§ 992, 823 I, 252 BGB zu ersetzen, wenn der Eigentümer zur Nutzung in der Lage gewesen wäre.[426]

## F. Verwendungsersatz, §§ 994 ff. BGB

### I. Verwendung - Begriff/Arten

Die §§ 994 ff. BGB lösen den Konflikt zwischen dem Interesse des Besitzers, Ersatz für die von ihm auf die Sache gemachten Aufwendungen zu erhalten, und dem Interesse des Eigentümers, keine für ihn sinnlosen Zahlungen leisten zu müssen.

*trennen: Nützliche und notwendige Verwendungen*

Bei der Haftung wird nicht nur nach der *Schutzwürdigkeit des Besitzers* differenziert, sondern auch nach der *Art der Verwendung*. Es ist zu unterscheiden zwischen *notwendigen* (§ 994 BGB), *nützlichen* (§ 996 BGB) und *Luxusverwendungen*.

*enger und weiter Verwendungsbegriff: Grundlegende Veränderung der Sache?*

Der Begriff der Verwendung ist im Gesetz nicht legaldefiniert und daher umstritten. Nach der h.L. sind *Verwendungen* willentliche Vermögensaufwendungen, die der Sache zugute kommen sollen (*weiter Verwendungsbegriff*[427]).

Dabei kommt es nicht darauf an, ob der Wert der Sache gesteigert wird.[428] Strittig ist aber, ob der Begriff auch solche Verwendungen erfasst, welche die Sache grundlegend verändern. Nach dem *engen Verwendungsbegriff des BGH*[429] kann von einer Verwendung nur dann gesprochen werden, wenn die Sache als solche erhalten bleibt. Grundlegende Veränderungen (z.B. Bau eines Hauses auf unbebautem Grundstück) fallen daher nicht mehr unter den Verwendungsbegriff.[430]

*Arten*

Folgende Arten der Verwendungen lassen sich unterscheiden:

*notwendige Verwendungen sind erforderlich, um die Sache zu erhalten*

*Notwendige Verwendungen*[431] sind solche Verwendungen, die objektiv - bei vernünftiger wirtschaftlicher Betrachtungsweise - erforderlich sind, um die Sache in ihrem wirtschaftlichen Bestand zu erhalten (z.B. Reparatur einer Sache). Es handelt sich also um solche Aufwendungen, die auch der Eigentümer selbst vernünftigerweise hätte vornehmen müssen. Darunter fallen auch die gewöhnlichen Erhaltungskosten (§ 994 I S.2 BGB). Nach § 995 I BGB fallen hierunter ebenfalls die Lasten einer Sache, z.B. Grundsteuer.

---

425 PALANDT, § 992 Rn. 5.
426 PALANDT, § 992 Rn. 5 a.E.
427 Vgl. BAUR/STÜRNER, § 11 C IV 1; MüKo-MEDICUS, § 994 Rn. 6; SCHMIDT, JuS 1988, 292; jetzt auch PALANDT, 59. Auflage, § 994 Rn. 4 (ANDERS NOCH IN DER 58. AUFLAGE).
428 Vgl. HÖNN, JA 1988, 531.
429 Vgl. BGHZ 41, 157 (160); 41, 341 (346).
430 Vgl. dazu oben Rn. 360.
431 Vgl. MüKo-MEDICUS, § 994 Rn. 16; PALANDT, § 994 Rn. 1.

*Bsp.: Reparaturkosten für einen alten, heruntergekommenen und nicht mehr TÜV-fähigen Wagen, die den Kaufpreis vor Reparatur um mehr als 100 % übersteigen, sind keine notwendigen Verwendungen.*[432]

*nützliche Verwendungen steigern Gebrauchsfähigkeit, sind aber nicht notwendig*

*Nützliche Verwendungen*[433] sind solche Verwendungen, die zwar nicht notwendig sind, aber den Wert der Sache objektiv erhöhen oder ihre Gebrauchsfähigkeit steigern (§ 996 BGB, z.B. Einbau eines Autoradios). Damit dem Eigentümer solche Verwendungen nicht ohne weiteres aufgezwungen werden können, spricht einiges dafür, auf die *Brauchbarkeit für den Eigentümer* abzustellen.[434] Ähnlich wie bei der aufgedrängten Bereicherung gilt damit ein subjektiver Maßstab bei § 996 BGB.

*nicht: Luxusverwendungen*

*Luxusverwendungen* sind solche Verwendungen, die den Wert der Sache objektiv nicht erhöhen oder für den Eigentümer nicht von Nutzen sind.

**hemmer-Methode: In all den Fällen, in denen dem Besitzer ein Anspruch auf Ersatz seiner Verwendungen nicht zusteht, bleibt ihm nur das Wegnahmerecht aus § 997 BGB, das aber wegen der Verpflichtung aus § 258 BGB häufig wenig vorteilhaft ist.
Beachten Sie diesbzgl. auch den Streit um die Verweisung des § 951 II 2 BGB.**[435]

## II. Redlicher/unverklagter Besitzer

### 1. Notwendige Verwendungen

*§ 994 I S.1 BGB Ersatz notwendiger Verwendungen*

**Voraussetzungen des § 994 I BGB:**

⇨ EBV im Zeitpunkt der Verwendung

⇨ Unverklagter und redlicher (§ 990 I BGB) Besitzer

⇨ Notwendige Verwendung

Der unverklagte und der redliche (§ 990 I BGB) Besitzer können nach § 994 I S.1 BGB Ersatz aller notwendigen Verwendungen verlangen.

*Erhaltungskosten/Lasten*

Die *gewöhnlichen Erhaltungskosten* kann der Besitzer nach § 994 I S.2 BGB jedoch nur verlangen, wenn er nicht die Nutzungen behalten darf. Also kann regelmäßig nur der unentgeltliche bzw. rechtsgrundlose Besitzer Ersatz der gewöhnlichen Erhaltungskosten verlangen, da dieser die Nutzungen nach § 988 BGB nicht behalten darf. Entsprechendes gilt nach § 995 BGB für die Lasten.

**hemmer-Methode: Im Fall des nicht-mehr-berechtigten Besitzers im 3-Personen Verhältnis**[436] **genügt nach der Rspr. das Vorliegen eines EBV im Zeitpunkt des Herausgabeverlangens.**

*Zeitpunkt für EBV ist Zeitpunkt der Verwendung*

Grundsätzlich ist maßgeblicher Zeitpunkt für das Vorliegen des EBV der Zeitpunkt der Verwendung.

---

432  OLG Celle, NJW-RR 1995, 1527.
433  Vgl. MüKo-MEDICUS, § 996 Rn. 5.
434  Vgl. PALANDT, § 996 Rn. 1; a.A. mit beachtlichen Gründen MEDICUS, BR, Rn. 879.
435  MEDICUS, BR, Rn. 904.
436  Vgl. Rn. 325 ff.

## SACHENRECHT I

*Verwenderbegriff str.*

Verwender ist grundsätzlich derjenige, der den Verwendungsvorgang steuert.[437] Im Fall des *nicht-mehr-berechtigten Besitzers* wäre dies an sich derjenige, der die Sache reparieren lässt.[438] Der Unternehmer dagegen erfüllt nur seine Pflicht aus dem Werkvertrag.

Mit diesem Argument lehnt die *h.L.*[439] eine Anwendung der §§ 994 ff. BGB auf den Unternehmer ab. Die *Rspr.*[440] sieht dagegen den Begriff des Verwenders weiter und lässt darunter *auch* den Unternehmer fallen, um zu einem billigen Ergebnis zu kommen.

### 2. Nützliche Verwendungen

*§ 996 BGB*

**Voraussetzungen des § 996 BGB:**
- ⇨ EBV im Zeitpunkt der Verwendung
- ⇨ Unverklagter und redlicher (§ 990 I BGB) Besitzer bei Verwendung
- ⇨ Nützliche Verwendung

401

*nützliche Verwendungen*

Nach § 996 BGB kann der redliche (§ 990 I BGB) und der unverklagte Besitzer auch Ersatz der nützlichen Verwendungen verlangen. Die Werterhöhung muss bei der Herausgabe noch vorliegen.

402

*Problem: Wessen Sicht ist maßgebend?*

Fraglich ist, auf wessen Sicht bzgl. der Notwendigkeit und Nützlichkeit der Verwendungen abzustellen ist.

> **Bsp.:** Der redliche und unverklagte Besitzer macht Aufwendungen für den Erhalt eines Hauses, das der Eigentümer abreißen lassen will.

*subjektive Brauchbarkeit für den Eigentümer*

Für den Standpunkt des Eigentümers könnte sprechen, dass der Herausgabeanspruch nach § 985 BGB durch die Verpflichtung zum Ersatz von Verwendungen nicht wirtschaftlich ausgehöhlt werden darf.[441]

*a.A.: Sicht des Besitzers, Arg. aus § 994 II BGB*

Auf der anderen Seite liegt den §§ 987 ff. BGB insgesamt die Wertung zugrunde, den redlichen und unverklagten Besitzer zu privilegieren. Insbesondere der Vergleich von § 994 I BGB mit § 994 II BGB spricht aber wohl dafür, die Sicht des Besitzers maßgebend sein zu lassen, denn im Rahmen der GoA kommt es nach § 683 BGB unstreitig auf das Interesse und den Willen des Eigentümers an, und die Abstufung in § 994 I, II BGB verfolgt ja gerade den Zweck, den redlichen Besitzer im Verhältnis zum bösgläubigen besser zu stellen.

Medicus[442] vertritt diesbzgl. eine vermittelnde Ansicht: Notwendigkeit und Nützlichkeit sollen jedenfalls dann an dem vom Besitzer verfolgten Zweck zu messen sein, wenn der Eigentümer diesen Zweck - notfalls durch Veräußerung der Sache - übernehmen kann.

> **hemmer-Methode:** Auch hier gilt wieder: Lernen Sie keine Meinungen auswendig, sondern schärfen Sie Ihr Problembewusstsein, um dann mit eigener Argumentation zu einem vertretbaren Ergebnis zu gelangen.
> Wichtig ist vor allem, dass Sie die gesetzgeberische Grundkonzeption der §§ 987 ff. BGB verstanden haben und hieraus Ihre Argumentation entwickeln.

---

[437] Vgl. MEDICUS, BR, Rn. 591.
[438] Vgl. dazu den Fall unter Rn. 325.
[439] Vgl. MEDICUS, BR, Rn. 591.
[440] BGHZ 34, 122.
[441] PALANDT, § 996, RN. 2.
[442] MEDICUS, BR, 879.

### 3. Luxusverwendungen

*Luxusverwendungen*

Für Luxusverwendungen ist hingegen der redliche/unverklagte Besitzer auf das *Wegnahmerecht* nach § 997 BGB beschränkt. Nach § 997 I BGB kann der Besitzer wesentliche Bestandteile abtrennen und sich aneignen. Wird aber eine Sache bei einer Verwendung nur unwesentlicher Bestandteil, bleibt der Besitzer insoweit Eigentümer und kann die Sache auch nach § 985 BGB herausverlangen.

Auf Zubehör findet § 997 BGB keine Anwendung, da Zubehörstücke gem. § 985 BGB herausverlangt werden können. Die Einschränkung des § 997 II BGB soll die Zerstörung wirtschaftlich einheitlicher Werte verhindern.[443]

### 4. Rechtsnachfolge, § 999 BGB

Veräußert der Eigentümer die Sache (insbesondere nach § 931 BGB), so haftet der neue Eigentümer auch für Verwendungen, die vor seinem Eigentumserwerb entstanden sind, § 999 II BGB.

*§ 999 I BGB*

Nach § 999 I BGB kann auch der Besitzer für Verwendungen, die sein Vorbesitzer getätigt hat, in demselben Umfang Ersatz oder Wegnahme nach § 997 BGB verlangen, wie sein Vorbesitzer. Grund dafür ist, dass der jetzige Besitzer die von dem Vorbesitzer gemachten Verwendungen regelmäßig mit dem an diesen gezahlten Kaufpreis abgegolten hat.

Daraus schließt die *h.M.*,[444] dass der an den Vorbesitzer gezahlte Kaufpreis die Obergrenze für den zu leistenden Verwendungsersatz bildet.

## III. Unredlicher/verklagter Besitzer

### 1. Notwendige Verwendungen

*§ 994 II BGB*

> **Voraussetzungen des § 994 II BGB:**
> ⇨ EBV im Zeitpunkt der Verwendung
> ⇨ Verklagter oder unredlicher (§ 990 I BGB) Besitzer
> ⇨ Notwendige Verwendung nach Rechtshängigkeit oder Bösgläubigkeit
> ⇨ Voraussetzungen der §§ 683, 670 BGB oder der §§ 684, 818 BGB

*notwendige Verwendungen*

Der verklagte bzw. der unredliche Besitzer (§ 990 I BGB) kann Ersatz für notwendige Verwendungen nur verlangen, wenn die Voraussetzungen der GoA gegeben sind. § 994 II BGB verweist auf §§ 683, 684 BGB. Entspricht die Verwendung dem Interesse und dem wirklichen oder mutmaßlichen Willen des Eigentümers, so besteht ein Anspruch auf Verwendungsersatz aus §§ 994 II, 683, 670 BGB.

---

443 Vgl. HÖNN, JA 1988, 533.
444 Vgl. HÖNN, JA 1988, 532; PALANDT, § 999 Rn. 3; a.A. MÜKO-MEDICUS, § 999 Rn. 8.

Andernfalls wird auf das Bereicherungsrecht verwiesen, §§ 994 II, 684, 818 BGB (Rechtsfolgenverweisung; beachte § 818 III BGB!).

**hemmer-Methode:** Aus dieser Abstufung ergibt sich auch, dass der Ersatzanspruch nach §§ 994 II, 684, 818 BGB der Höhe nach durch die tatsächlich gemachten Aufwendungen begrenzt wird. Sonst stünde der Besitzer bei Verwendungen, die dem Interesse des Eigentümers nicht entsprechen, besser als bei solchen, die ihm entsprechen, wenn er z.B. günstig arbeiten lässt und daher der verbleibende Wert höher ist als die tatsächlich getätigten Verwendungen.[445]

### 2. Nützliche Verwendungen/Luxusverwendungen

Hinsichtlich nützlicher Verwendungen und Luxusverwendungen ist der unredliche/verklagte Besitzer auf das Wegnahmerecht nach § 997 BGB beschränkt.

### 3. Rechtsnachfolge, § 999 BGB

*Rechtsnachfolge, § 999 BGB*

Hinsichtlich der Haftung bei Rechtsnachfolge gilt für den verklagten/unredlichen Besitzer ebenfalls § 999 BGB.

## IV. Deliktischer Besitzer

Auch der deliktische Besitzer kann Ersatz seiner notwendigen Verwendungen nach Geschäftsführungsgrundsätzen verlangen, §§ 994 II, 683, 684 BGB (vgl. auch § 850 BGB).

Dies gilt sogar für die gewöhnlichen Erhaltungskosten und die gewöhnlichen Lasten, da er die Nutzungen herausgeben muss.[446] Für nützliche Verwendungen gilt wiederum § 996 BGB: also keine Ersatzfähigkeit.

## V. Geltendmachung des Verwendungsersatzanspruchs

Hat der Besitzer einen Verwendungsersatzanspruch nach den §§ 994 ff. BGB, so hat er gegenüber dem Herausgabeanspruch des Eigentümers (zunächst nur) ein *Zurückbehaltungsrecht* nach § 1000 BGB, das nach § 1003 BGB als *Befriedigungsrecht* ausgestaltet ist. Die Sonderregelung des § 1000 BGB neben § 273 BGB war erforderlich, da der Verwendungsersatzanspruch erst unter den Voraussetzungen des § 1001 BGB i.S.d. § 273 BGB fällig wird, also nach Rückgabe. Ein Zurückbehaltungsrecht nach Rückgabe wäre aber widersinnig.

*Fälligkeit, § 1001 BGB*

Fällig und damit auch klageweise durchsetzbar wird der Verwendungsersatzanspruch nach § 1001 BGB erst, wenn der Eigentümer die Verwendung genehmigt oder die Sache wiedererlangt.

*Erlöschen, § 1002 BGB*

Der Anspruch erlischt nach § 1002 BGB mangels Genehmigung oder gerichtlicher Geltendmachung mit Ablauf eines Monats, bei Grundstücken von sechs Monaten.

*Haftungsumfang: Sache selbst*

Verwendungsersatzansprüche entstehen kraft Gesetzes und grundsätzlich ohne den Willen des Eigentümers. Daher kann für deren Durchsetzung nicht das gesamte Vermögen des Eigentümers haften. Zu dessen Schutz ist die Haftung zunächst auf die Sache selbst beschränkt.[447]

---

445  Vgl. auch MEDICUS, BR, Rn. 900.
446  PALANDT, v. § 994 Rn. 10.
447  Vgl. zum Ganzen HÖNN, JA 1988, 533.

## § 4 EIGENTÜMER-BESITZER-VERHÄLTNIS (EBV)

> **hemmer-Methode:** Denken Sie daran, der Verwendungsersatzanspruch aus §§ 994, 1000 BGB kommt als selbständiges Gegenrecht (h.M.) immer in Betracht, wenn ein Herausgabeanspruch geltend gemacht wird. Der Herausgabeanspruch kann sich auch auf ein Pfandrecht (z.B. beim Vermieterpfandrecht) stützen. Anspruchsgrundlagen sind dann §§ 985 i.V.m. 1257, 1227 BGB. Bei der Verwertung macht es dann keinen Unterschied mehr, ob man ein Werkunternehmerpfandrecht über § 1207 BGB annimmt oder § 1000 BGB, da § 1003 BGB auf den Pfandverkauf verweist.

### VI. Abschließender wichtiger Fall zur Verwendungsproblematik

*Beispielsfall*

**Sachverhalt**[448]: Die Klägerin, ein Leasingunternehmen, begehrt vom Beklagten, der eine Autoreparaturwerkstatt betreibt, die Zahlung einer Nutzungsentschädigung wegen Vorenthaltens eines ihr gehörenden PKWs.

*2001 hatte die Klägerin dem Leasingnehmer O. ein Fahrzeug zur Verfügung gestellt, welches dieser nach dem Leasingvertrag in einem betriebs- und verkehrssicheren Zustand zu halten sowie fällige Wartungsarbeiten pünktlich und erforderliche Reparaturen unverzüglich durch einen vom Hersteller anerkannten Betrieb reparieren zu lassen hatte.*

*Nach einem Unfall vom 30.05.2002 verbrachte der Leasingnehmer das Fahrzeug in die Werkstatt des Beklagten, um es dort zunächst begutachten zu lassen. Mit einem an den Haftpflichtversicherer des Unfallgegners gerichteten Schreiben vom 04.06.2002, das sie auch dem Beklagten übersandte, teilte die Klägerin mit, dass sie mit einer Weiterleitung von Entschädigungsleistungen des Fahrzeugversicherers an die Werkstatt oder den Leasingnehmer nach Vorlage der Reparaturrechnung einverstanden sei.*

*Daraufhin beauftragte der Leasingnehmer am 06.06.2002 den Beklagten mit der Durchführung der Reparatur und erhielt das Fahrzeug am 15.06.2002 zurück. Auf die vom Beklagten in Rechnung gestellten Reparatur- und Mietwagenkosten i. H. v. 10.283,26 € zahlte die Versicherung lediglich 8.864,83 €.*

*Am 31.08.2002 brachte der Leasingnehmer O. den PKW erneut zum Beklagten; diesmal wegen eines vermuteten Motorschadens. Für die Fehlversuche berechnete der Beklagte 78,88 €. Der Leasingnehmer hatte der Klägerin kurz zuvor erklärt, zahlungsunfähig zu sein und zahlte ab 01.09.2002 auch keine Leasingraten mehr, worauf die Klägerin am 03.09.2002 den Leasingvertrag fristlos kündigte und den Beklagten aufforderte, das Fahrzeug bis 08.09.2002 zur Abholung bereitzustellen. Dieser verweigerte jedoch die Herausgabe im Hinblick auf die noch ausstehenden Zahlungen aus den durchgeführten Werkarbeiten vom Juni und August. Auch nachdem die Klägerin den Betrag von 78,88 € am 28.09.2002 gezahlt hatte, gab der Beklagte das Fahrzeug nicht heraus. Dies geschah erst am 30.03.2003 im Rahmen eines Herausgabeprozesses.*

*Die Klägerin verlangt von dem Beklagten Nutzungsentschädigung für die Vorenthaltung des PKW. Zu Recht?*

**Lösung:** Im vorliegenden Fall geht es v. a. um die Frage, ob der beklagte Werkstattinhaber wegen eines Zurückbehaltungsrechts berechtigt war, die Herausgabe des Fahrzeugs an die Klägerin zu verweigern. Ein solches Zurückbehaltungsrecht konnte sich möglicherweise aus einem Gegenanspruchs auf Verwendungsersatz ergeben haben.

*§§ 990 I, 987 I BGB*

#### A. Anspruch aus §§ 990 I, 987 I BGB

In Betracht kommt ein Anspruch der klagenden Leasinggeberin gegen den beklagten Werkstattinhaber auf Nutzungsersatz aus §§ 990 I, 987 I BGB.

---

[448] Vgl. **BGH Life & Law 2002, 793 ff.** = NJW 2002, 2875 ff. = JuS 2002, 1230 f.

Fraglich ist aber, ob von dem beklagten Werkstattinhaber überhaupt Nutzungen gezogen wurden, die eventuell nach § 987 I BGB herausverlangt oder ersetzt verlangt werden können. Nach § 100 BGB umfasst der Begriff der Nutzungen Früchte (§ 99 BGB) und Gebrauchsvorteile. Gebrauchsvorteile entstehen aus der Verwendung eines Gegenstandes zu seinem bestimmungsgemäßen Gebrauch. Gebrauchsvorteile bei einem PKW entstehen folglich dadurch, dass mit dem PKW gefahren wird. Hierfür ist aber nichts vorgetragen. Es ist davon auszugehen, dass der Beklagte den PKW nur in seiner Werkstatt stehen hatte. Mithin zog er keine Nutzungen.

**hemmer-Methode:** Werden Ansprüche aus den §§ 987 ff. BGB geprüft, ist erster Prüfungspunkt grundsätzlich das Vorliegen einer Vindikationslage. Dass hier gleich danach gefragt wird, ob überhaupt Nutzungen gezogen wurden, hat klausurtaktische Gründe. Die Frage nach der Vindikationslage, insbesondere zu welchem Zeitpunkt eine Vindikationslage vorliegen muss, ist hier nämlich gar nicht so einfach zu beantworten; dass keine Nutzungen gezogen wurden, ist hingegen offensichtlich. Es bietet sich daher an, die nicht gegebene Anspruchsgrundlage möglichst unkompliziert abzulehnen.

*§§ 990 I, 987 II BGB*

### B. Anspruch aus §§ 990 I, 987 II BGB

Da Nutzungen vom Beklagten nicht gezogen wurden, ist ein Ersatzanspruch der Klägerin wegen entgegen den Regeln einer ordnungsgemäßen Wirtschaft schuldhaft nicht gezogener Nutzungen nach §§ 990 I, 987 II BGB denkbar.

Auch hier bietet es sich an, zunächst zu prüfen, ob vom Beklagten entgegen den Regeln einer ordnungsgemäßen Wirtschaft schuldhaft Nutzungen nicht gezogen wurden. Nutzungen aus einem PKW können, wie gesagt, dadurch gezogen werden, dass der PKW zu seinem Bestimmungszweck, also zum Fahren, eingesetzt wird. Der Beklagte ist mit dem PKW allerdings nicht gefahren; deswegen hat er ja auch keine Nutzungen gezogen.

Zu prüfen ist, ob dieses Nichtziehen von Nutzungen den Regeln einer ordnungsgemäßen Wirtschaft widersprochen hatte. Das Tatbestandsmerkmal der „ordnungsgemäßen Wirtschaft" ist allein objektiv zu bestimmen[449]; nach objektiven Maßstäben würde es ordnungsgemäßer Wirtschaft entsprechen, einen PKW nicht *nutz*los herumstehen zu lassen, sondern von ihm den bestimmungsgemäßen Gebrauch zu machen. Jedoch stellt sich die Frage, ob das Nichtziehen von Nutzungen durch den Werkstattinhaber als schuldhaft i. S. d. § 987 II BGB zu qualifizieren ist. Ein Verschuldensvorwurf kann dem Beklagte hier nicht gemacht werden. Ein Werkunternehmer, der ein Fahrzeug zur Reparatur bekommen hat, kann und muss davon ausgehen, dass der Eigentümer nicht wünscht, dass mit diesem Fahrzeug über das notwendige Maß hinaus fährt.

*§§ 990 II, 280 I, II, 286 BGB*

### C. Anspruch aus §§ 990 II, 280 I, II, 286 BGB

Der Klägerin könnte aber ein Schadensersatzanspruch wegen der Vorenthaltung des PKW nach §§ 990 II, 280 I, II, 286 BGB als Verzögerungsschaden[450] zustehen. Eine Verzugshaftung wird durch die Vorschriften des Eigentümer – Besitzer – Verhältnisses nicht berührt (§ 990 II BGB).

Zu prüfen ist also, ob der beklagte Werkstattinhaber mit der Erfüllung eines Herausgabeanspruchs aus § 985 BGB hinsichtlich des PKW in Verzug war.

---

449 Palandt, § 987 Rn. 8.
450 Nach §§ 280 I, II, 286 BGB ist nur der Schaden ersatzfähig, der dem Gläubiger daraus erwächst, dass die Leistung sich verspätet (Verzögerungsschaden). Dieser tritt neben den bestehen bleibenden Leistungsanspruch. Bei einem Schadensersatzanspruch „statt der Leistung" ist mit dem Schadensersatzbegehren hingegen der Leistungsanspruch ausgeschlossen (vgl. § 281 IV BGB). Als Verzögerungsschaden der klagenden Leasinggeberin kommt der Betrag in Betracht, der ihr als Gewinn (§ 252 BGB) infolge der nicht möglich gewesenen Neuverleasung des PKW entgangen ist.

## I. Fälliger Anspruch

*Vss´en des § 985 BGB (+)*

Die klagende Leasingunternehmerin müsste gegen den beklagten Werkstattinhaber einen fälligen Anspruch aus § 985 BGB gehabt haben. Die Klägerin war unproblematisch Eigentümerin des Fahrzeugs. Weiter hatte der Beklagte Besitz an dem Fahrzeug, genau gesagt unmittelbaren Fremdbesitz, da er dem Leasingnehmer O. den Besitz aufgrund des Werkvertrages vermittelte.

*Problem: RzB gem. § 986 BGB ?*

Fraglich ist, ob der Beklagte ein Recht zum Besitz i. S. d. § 986 I BGB hatte. Gegenüber der Klägerin war ein Recht zum Besitz nicht ersichtlich. § 986 I Alt. 1 BGB scheidet mithin aus. Genügend wäre aber auch, wenn der mittelbare Besitzer, von dem der unmittelbare Besitzer sein Besitzrecht ableitet, dem Eigentümer gegenüber zum Besitz berechtigt ist, § 986 I Alt. 2 BGB. Vorliegend wäre dies der Fall gewesen, wenn der Leasingnehmer O. gegenüber der klagenden Leasinggeberin ein Besitzrecht gehabt hätte.

Ein Leasingvertrag, wie er auch zwischen Klägerin und O. geschlossen wurde, gibt dem Leasingnehmer unproblematisch ein Recht zum Besitz. Die Besitzüberlassung ist sogar die Hauptleistungspflicht des Leasinggebers. Jedoch kündigte die Klägerin gegenüber dem Leasingnehmer O. den Leasingvertrag am 03.09.2002 fristlos.

**hemmer-Methode: Von der Wirksamkeit der Kündigung ist hier auszugehen. Sollte ein Leasingvertrag verbraucherdarlehensrechtlichen Vorschriften unterfallen (vgl. §§ 499, 500 BGB), so wären bei einer Kündigung die Voraussetzungen des § 498 BGB zu beachten.**

*RzB durch Kündigung des LV erloschen*

Seit dem Zeitpunkt der Kündigung ist folglich das Besitzrecht von O. erloschen. Damit hatte auch der beklagte Werkstattinhaber kein abgeleitetes Besitzrecht, das er der Klägerin nach § 986 I Alt. 2 BGB entgegenhalten könnte.

Ob ein Zurückbehaltungsrecht bestand, kann an dieser Stelle dahingestellt bleiben, da ein solches kein Recht zum Besitz gibt[451].

Mangels Rechts zum Besitz war ein Herausgabeanspruch der Klägerin gegen den Beklagten aus § 985 BGB gegeben. Dieser Anspruch war auch fällig (vgl. § 271 I BGB).

## II. Nichtleistung

*Nichtleistung*

Der ab dem 04.09.2002 (vgl. § 187 I BGB) fällige Herausgabeanspruch wurde zunächst durch den Beklagten auch nicht erfüllt (§ 286 I 1 BGB). Herausgegeben wurde das Fahrzeug erst am 30.03.2003 im Laufe eines Herausgabeprozesses.

## III. Mahnung

*Mahnung*

Verzugseintritt setzt grundsätzlich eine Mahnung voraus, § 286 I 1 BGB. Die Klägerin forderte den Beklagten auf, das Fahrzeug bis 08.09.2002 zur Abholung bereitzustellen. Darin ist die für die Annahme einer Mahnung erforderliche, an den Schuldner gerichtete Aufforderung zu sehen, die geschuldete Leistung zu erbringen.

## IV. Verzugshinderung wegen Einrede

*Verzugsausschließende Einrede ?*

Jedenfalls die Erhebung einer Einrede hindert den Verzugseintritt. Wer den Anspruch durch Einrede abwehrt, braucht nicht zu leisten. Zumindest hat er die Nichtleistung nicht zu vertreten, § 286 IV BGB.

Möglicherweise stand dem Beklagten hier eine Einrede wegen eines Verwendungsersatzanspruchs zu.

---

451 Palandt, § 986 Rn. 4.

## 1. Ersatzfähige Verwendungen

In Betracht kommt hier, dass der Beklagte nach §§ 994 I 1, 1001 S. 1 BGB ersatzfähige Verwendungen getätigt hat. Nach § 994 I 1 BGB kann der Besitzer für die auf die Sache gemachten notwendigen Verwendungen von dem Eigentümer Ersatz verlangen.

### a) Notwendige Verwendungen?

Fraglich ist, ob der Beklagte hier Verwendungen getätigt hat. Verwendungen sind Vermögensaufwendungen, die der Sache zugute kommen, in dem sie ihrer Wiederherstellung, Erhaltung oder Verbesserung dienen[452].

*Notwendige Verwendung (+)*

Notwendig ist eine Verwendung, wenn sie zur Erhaltung oder ordnungsgemäßen Bewirtschaftung der Sache nach objektivem Maßstab zur Zeit der Vornahme erforderlich ist[453].

*Problem: Wer ist der Verwender?*

Die Reparatur nach dem Unfallschaden war demnach unproblematisch eine notwendige Verwendung auf das Fahrzeug. Problematisch ist nur, *wer* hier die Verwendung tätigte. Für den BGH ist das der Beklagte.

> **hemmer-Methode:** Diese Annahme ist überaus problematisch, wenn nicht sogar falsch. Verwender i. S. d. §§ 994 ff. BGB ist vielmehr nur derjenige, der den Verwendungsvorgang auf eigene Rechnung veranlasst und ihn steuert (Medicus, BR Rn. 591 m.w.N.). Dass der BGH hier den Werkstattinhaber als Verwender sieht, erfolgt aus Billigkeitsgründen. Dem vom BGH für schutzbedürftig gehaltenen Werkunternehmer soll so ein Verwendungsersatzanspruch zukommen; dazu gleich.

### b) Vindikationslage

*Verwendungsvornahme zum Ztpkt des Vorliegens einer Vindikationslage?*

Weiter ist für den Verwendungsersatzanspruch nach § 994 I 1 BGB eine Vindikationslage im Zeitpunkt der Verwendungsvornahme notwendig[454].

Freilich war eine Vindikationslage hier nicht gegeben, denn sieht man mit dem BGH den Beklagten als Verwender, hatte er zu diesem Zeitpunkt ein vom Leasingnehmer O. abgeleitetes Besitzrecht nach § 986 I Alt. 2 BGB bis zur Kündigung des Leasingvertrags.

*späteres EBV reicht nach BGH aus (sehr str.)*

Doch auch hierüber kommt der BGH hinweg. Nach der Rspr. des BGH[455] ist allein entscheidend, dass Verwendungen vom Besitzer vorgenommen worden sind und dieser zur Zeit der Geltendmachung der Verwendungsersatzansprüche einem Herausgabeanspruch des Eigentümers ausgesetzt ist. Anderenfalls wäre er in nicht zu rechtfertigender Weise schlechter gestellt als ein im Zeitpunkt der Verwendungsvornahme nicht berechtigter Besitzer.

> **hemmer-Methode:** Auch dagegen kann eingewendet werden (Medicus, BR Rn. 591): Das Argument aus der angeblichen Schlechterstellung ist „schlicht irreführend". Der berechtigte Besitzer steht insgesamt nicht besser oder schlechter als der nicht berechtigte, sondern anders (z. B. mag er einerseits die Nutzungen behalten können, während er andererseits ein Entgelt zahlen muss).

Folgt man der Ansicht des BGH, so tätigte der Beklagte mit der Reparatur des KFZ nach § 994 I 1 BGB ersatzfähige Verwendungen.

---

452 Palandt, § 994 Rn. 2.
453 Palandt, § 994 Rn. 5.
454 Palandt, vor § 994 Rn. 2.
455 BGHZ 34, 122, 132.

## 2. Zurückbehaltungsrecht

**a)** Zu denken wäre zunächst an ein Zurückbehaltungsrecht nach **§ 1000 BGB**. Danach kann der Besitzer die Herausgabe der Sache verweigern, bis er wegen der ihm zu ersetzenden Verwendungen befriedigt wird.

*§ 1000 gilt als Verteidigungsrecht gegen § 985 BGB nach Rückgabe nicht mehr*

Vorliegend wird jedoch ein Zurückbehaltungsrecht wegen eines Verwendungsersatzanspruchs geltend gemacht, der sich nicht auf Verwendungen bezieht, die aus der *aktuellen* Vindikationslage resultieren. Nach § 1000 BGB besteht ein Zurückbehaltungsrecht aber nicht wegen solcher Verwendungen, die im Rahmen früherer Reparaturarbeiten vorgenommen worden sind, nach deren Abschluss das Fahrzeug bereits wieder an den Eigentümer zurückgegeben worden war[456].

In ihrer Durchsetzbarkeit nach § 1000 BGB voneinander abhängig sind folglich nur die Ansprüche und Gegenansprüche aus demselben Eigentümer – Besitzer – Verhältnis.

**b)** In Betracht kommt aber ein **Zurückbehaltungsrecht nach § 273 II BGB**. Voraussetzung dafür ist aber, dass der Beklagte gegen die Klägerin nach der Reparatur einen *fälligen* Verwendungsersatzanspruch gegen die Klägerin hatte.

*§ 273 II (+), wenn fälliger Anspruch gem. § 1001 ⇨ Vss wäre „Genehmigung"*

Möglicherweise liegt eine Genehmigung der Verwendungen nach § 1001 S. 1 Alt. 2 BGB vor. Nach der Legaldefinition in § 184 I BGB besteht eine Genehmigung in der nachträglichen Zustimmung. Eine solche ist hier jedoch nicht gegeben. Die Terminologie der §§ 182 ff. BGB wird im BGB jedoch nicht strikt durchgehalten. So wird der Begriff der „Genehmigung" etwa in den §§ 841, 1643, 1819 – 1822 BGB als Oberbegriff für die vorherige und nachträgliche Zustimmung verwendet.

*Kernproblem: Ist eine Einwilligung eine Genehmigung i.S.d. § 1001 BGB?*

Da sich aus dem auch an den Beklagten gerichteten Schreiben der Klägerin vom 04.06.2002 nach Auslegung (§§ 133, 157 BGB) entnehmen lässt, dass die Klägerin mit der Vornahme der Reparaturen (d. h. Verwendungen) durch den Beklagten einverstanden gewesen war, in diesem Schreiben also eine Einwilligung zur Vornahme der Verwendungen gesehen werden kann, kommt es entscheidend darauf an, ob auch bei § 1000 S. 1 Alt. 2 BGB eine Einwilligung der Genehmigung gleichsteht.

Die Genehmigungsvoraussetzung in § 1001 S. 1 Alt. 2 BGB hat den Zweck, den Eigentümer nicht gegen oder ohne seinen Willen einem Ersatzanspruch für möglicherweise als aufgedrängt empfundene Verwendungen auszusetzen, von deren Vornahme er gar nichts wusste und die deshalb auch nicht seine Billigung gefunden haben[457]. Liegt eine vorherige Zustimmung (= Einwilligung) vor, so ist dieser Zweck erst recht gewahrt. Mithin ist auch bei § 1001 S.1 2.Alt. BGB die vorherige Zustimmung (= Einwilligung) der nachträglichen Zustimmung (= Genehmigung) gleichzusetzen

Die Richtigkeit dieser Auffassung folgt letztlich auch aus einem Vergleich mit dem bösgläubigen, unrechtmäßigen Besitzer. Jener erhält notwendige Verwendungen nach den Vorschriften über die Geschäftsführung ohne Auftrag ersetzt (§ 994 II BGB), so dass sich die Ersatzpflicht gem. § 683 S. 1 BGB grundsätzlich nach dem Interesse und dem wirklichen oder mutmaßlichen Willen des Geschäftsherrn richtet. Dabei kann der geäußerte wirkliche Wille selbstverständlich auch schon vor Vornahme der Verwendungen erklärt worden sein. Wollte man dies im Falle des Verwendungsersatzanspruchs nach §§ 994 I 1, 1001 S.1 2.Alt. BGB anders sehen, käme das einer nicht gerechtfertigten Schlechterstellung des zum Zeitpunkt der Verwendungen berechtigten Fremdbesitzers gegenüber dem unrechtmäßigen, bösgläubigen Besitzer gleich.

---

456 BGHZ 51, 250, 253 [254]; BGH NJW 1993, 2140.
457 MüKo-Medicus § 1001 Rn. 1.

> **hemmer-Methode:** Eine strikte Orientierung an der Terminologie der §§ 182 ff. BGB erscheint auch deswegen nicht angebracht, da es bei §§ 182 ff. BGB um die Zustimmung zu einem *Rechtsgeschäft* geht. Bei §§ 994 ff. BGB geht es hingegen um die Billigung eines tatsächlichen Verhaltens.

Folglich hatte der Beklagte nach Abschluss der Reparatur einen fälligen Verwendungsersatzanspruch aus § 994 I 1 BGB gegen die Klägerin.

Ihrem Herausgabeverlangen konnte er nach § 273 II BGB ein Zurückbehaltungsrecht geltend machen.

Diese – vom Beklagten auch geltend gemachte Einrede – hinderte den Verzugseintritt.

Daher besteht kein Anspruch auf Ersatz des Verzögerungsschadens nach §§ 990 II, 280 I, II, 286 BGB. Die Klage ist unbegründet.

**hemmer-Methode: Das Fazit des Falles lautet:**
Eine Genehmigung i. S. d. §§ 1001, 1002 BGB erfordert lediglich das Einverständnis zwischen Eigentümer und Besitzer hinsichtlich der Vornahme bestimmter Verwendungen. Sie kann daher nicht nur als nachträgliche Zustimmung (§ 184 BGB), sondern auch vor der Durchführung der Verwendungen als Einwilligung (§ 183 BGB) erteilt werden.
Arbeiten Sie diesen Fall jetzt gleich noch ein zweites mal durch und versuchen Sie anschließend eine eigene Gliederung. Vertrauen Sie unserer jahrelangen Erfahrung. Es handelt sich hier um eine Konstellation, die geradezu nach einer Verwertung im Examen „schreit".

# § 5 BESEITIGUNGS- UND UNTERLASSUNGSANSPRUCH AUS § 1004 BGB[458]

## A. Einführung

412

In der gerichtlichen Praxis häufen sich Entscheidungen zu § 1004 BGB. Gerichtliche Streitigkeiten in diesem Bereich („Nachbarstreitigkeiten") bereiten insbesondere deshalb Schwierigkeiten, weil § 1004 BGB im Gegensatz zu den §§ 985 ff. BGB eine eher knappe Regelung darstellt. Zudem stellen sich Streitigkeiten hier oftmals nur als mehr oder weniger zufälliges Symptom eines schon länger schwelenden Konflikts unter Nachbarn dar, der sich oft auf persönliche Zerwürfnisse zurückführen lässt.

### I. Abgrenzung zu anderen Ansprüchen aus Eigentum

413

*§ 1004 I BGB*

§ 1004 I BGB gewährt dem Eigentümer, dessen Eigentum in anderer Weise als durch Entziehung oder Vorenthaltung des Besitzes beeinträchtigt wird, gegen den Störer einen Anspruch auf Beseitigung gegenwärtiger (Satz 1) und Unterlassung drohender Beeinträchtigungen (Satz 2). § 1004 BGB wird auch „negatorischer" Anspruch genannt, was soviel wie „zur Störungsabwehr" heißt.

414

*daneben §§ 985 ff. BGB*

§ 1004 I BGB will den Schutz des Eigentümers bei Eigentumsbeeinträchtigungen ergänzen. Er schließt daher nach seinem Wortlaut Eigentumsbeeinträchtigungen, die in der Entziehung oder Vorenthaltung des Besitzes liegen, aus. In diesem Bereich wird dem Eigentümer durch die §§ 985 ff. BGB ausreichender Schutz gewährt. Überschneidungen beider Bereiche sind jedoch denkbar, so dass in diesen Fällen sowohl Ansprüche aus § 1004 BGB, als auch aus §§ 985 ff. BGB in Betracht kommen.

*Bsp.: Der Störer hat sich eines fremden Grundstücks bemächtigt und darauf ein Haus errichtet. Nach § 1004 I 1 BGB schuldet er die Beseitigung des Hauses, nach § 985 BGB die Herausgabe des Grundstücks.*[459]

415

*für § 1004 BGB kein Verschulden notwendig, -⇨ grds. kein Geldersatz*

§ 1004 I BGB gibt dem Eigentümer einen verschuldensunabhängigen Beseitigungs- und Unterlassungsanspruch. Er zielt jedoch nicht auf Ersatz von Schäden ab. Das im deutschen Recht herrschende Haftungssystem macht den Ersatz von Schäden im Regelfall von einem Verschulden des Schädigers abhängig. Die Fälle der verschuldensunabhängigen Garantie- oder Gefährdungshaftung sind im Gesetz ausdrücklich und abschließend geregelt. Da § 1004 I BGB gerade kein Verschulden voraussetzt, scheidet Geldersatz grundsätzlich aus. Wird das Eigentum daher in rechtswidriger und schuldhafter Weise verletzt, kann der Eigentümer nur nach §§ 823 I, 989 ff., 687 II BGB Schadensersatz verlangen.

**hemmer-Methode: Unterscheiden Sie die Beseitigung von einer Wiederherstellung i.S.d. schadensersatzrechtlichen Naturalrestitution.
Als typisches Beispiel wird oft der Fall herangezogen, dass bei einem Autounfall ein Fahrer dem anderen seitlich in die Tür fährt. Nach § 1004 BGB kann das Unfallopfer nun Beseitigung der Störung, d.h. Beseitigung des Wagens des Unfallverursachers aus der Tür des Wagens, nicht aber die Reparatur der Tür verlangen.
So klar die Abgrenzung theoretisch sein mag, so schwierig und umstritten ist sie im Einzelfall. Sie muss aber oft trotzdem getroffen werden, damit nicht ohne Verschulden des Störers entgegen § 823 BGB durch die Hintertür des § 1004 BGB eine Naturalrestitution durchgesetzt werden kann.**

416

---

[458] Vgl. hierzu auch HEMMER/WÜST, Deliktsrecht I, Rn. 414 ff.
[459] BGH LM, § 1004 BGB Nr. 14.

Bei unberechtigter Nutzung stehen dem Eigentümer Ersatzansprüche aus §§ 987 ff., 812 ff. BGB zu. Bei Verbindung, Vermischung, Vermengung oder Verbrauch der Sache hat der Eigentümer einen Anspruch auf Wertersatz aus §§ 951, 812 BGB. Wird über das Eigentum seitens eines Dritten wirksam verfügt, kann der Eigentümer den Erlös nach §§ 816, 687 II BGB oder gem. § 823 I BGB Schadensersatz verlangen. Auch in diesen Fällen greift § 1004 I BGB nicht.

*§ 823 II BGB*

Nach verbreiteter Ansicht stellt § 1004 BGB ein Schutzgesetz im Sinne von § 823 II BGB dar.[460] Danach könnte bei einer Verletzung des § 1004 BGB über § 823 II BGB Schadensersatz verlangt werden, was aber gem. § 823 II 2 BGB wiederum Verschulden erfordert. Deshalb kommt dem Schadensersatzanspruch aus § 823 II, 1004 BGB neben dem aus § 823 I BGB keine besondere Bedeutung zu.

*§ 894 BGB*

Der Grundbuchberichtigungsanspruch aus § 894 BGB stellt gegenüber § 1004 BGB eine *Spezialregelung* dar, so dass trotz bestehender Eigentumsbeeinträchtigung in anderer Weise ein Anspruch aus § 1004 BGB entfällt.[461]

> **hemmer-Methode:** Weiteres Argument für die Klausur: Die Kosten der Berichtigung hat nach § 897 BGB der Anspruchssteller zu tragen. Dieser Grundsatz würde aber durch § 1004 BGB völlig umgekehrt, da dann regelmäßig der Störer die Kosten zu tragen hätte.

## II. Anwendungsbereich

*entsprechende Anwendung aufgrund von Verweisen*

Der Anwendungsbereich der § 1004 I BGB wird andererseits durch zahlreiche Verweisungen stark erweitert. § 1004 I BGB gilt danach entsprechend bei Beeinträchtigungen dinglicher Rechte und Immaterialgüterrechte.

> **Solche Verweisungen finden sich in:**
> ⇨ § 1027 BGB für die Grunddienstbarkeit
> ⇨ §§ 1090 II, 1027 BGB für beschränkte persönliche Dienstbarkeiten
> ⇨ § 1065 BGB für den Nießbrauch
> ⇨ § 1227 BGB für das Pfandrecht
> ⇨ § 11 ErbbauVO für das Erbbaurecht
>
> **Weitere Verweisungen finden sich in:**
> ⇨ § 34 II WEG für das Dauerwohnrecht
> ⇨ § 97 I UrhG für Urheberrechte
> ⇨ § 16 I, III UWG für Fälle des unlauteren Wettbewerbs

> **Life&Law:** Um einen Unterlassungsanspruch des Inhabers einer beschränkt persönlichen Dienstbarkeit ging es in Life&Law 1998, 767 ff.: Dort war ein Gaststättengrundstück zugunsten einer Brauerei mit einer Dienstbarkeit belastet (Getränkevertriebs- und -werbeverbot). Nachdem der Eigentümer das Grundstück verkauft, aber noch nicht übereignet hatte, verkaufte der neue Pächter des Käufers auch fremde Getränke.

---

460  BGHZ 30, 7; BGH NJW 1971, 42; DB 1964, 65.
461  JAUERNIG, § 1004 Rn. 26.

# § 5 BESEITIGUNGS- UND UNTERLASSUNGSANSPRUCH AUS § 1004 BGB

> Die klagende Brauerei begehrte vom Noch-Eigentümer des Grundstücks Unterlassung gem. §§ 1090 II, 1027, 1004 I 2 BGB. Der BGH verneinte den geltend gemachten Anspruch. Der Noch-Eigentümer sei weder Handlungs- noch Zustandsstörer (BGH Urteil vom 10.07.1998).

*Rechtsgüter des § 823 I BGB quasinegatorischer Abwehranspruch*

Erhebliche Bedeutung hat § 1004 I BGB i.V.m. § 823 I BGB als sog. *quasinegatorischer Abwehranspruch*[462] für die Fälle der Beeinträchtigung der in § 823 I BGB geschützten Rechtsgüter und absoluten Rechte.

Aus der drohenden Erfüllung eines Deliktstatbestandes werden so über den nur Schadensersatzansprüche regelnden Gesetzestext hinaus Beseitigungs- und Unterlassungsansprüche hergeleitet.

421

In Rechtsanalogie wird darüber hinaus § 1004 BGB auf alle absoluten Rechte und rechtlich geschützten Stellungen entsprechend angewendet, so z.B. auf den Schutz des Persönlichkeitsrechts, des „eingerichteten und ausgeübten Gewerbebetriebs", der „privaten" und „geschäftlichen Ehre" oder des „Kredits".[463]

> **Life&Law:** Um einen Unterlassungsanspruch wegen geschäftsschädigender Äußerungen über ein Unternehmen ging es in Life&Law 1999, 144 ff.: Der BGH bejaht in dieser Entscheidung einen rechtswidrigen Eingriff in den eingerichteten und ausgeübten Gewerbebetrieb der Klägerin und kommt wegen Wiederholungsgefahr gem. § 1004 I BGB analog zu einem Unterlassungsanspruch (BGH Urteil vom 13.10.1998).

## B. Voraussetzungen

### I. Übersicht

*Voraussetzungen*

> **§ 1004 BGB hat die folgenden Voraussetzungen:**
> 
> ⇨ Anspruchssteller ist Eigentümer
> 
> ⇨ Eigentumsbeeinträchtigung
> 
> ⇨ Anspruchsgegner ist Störer
> 
> ⇨ Keine Duldungspflicht

422

### II. Eigentum des Anspruchsstellers

*Eigentümer, Miteigentümer*

Der Anspruchssteller muss der Eigentümer der beeinträchtigten Sache sein. Auf gleichzeitigen Besitz kommt es nicht an. Bei *Miteigentum* kann gemäß § 1011 BGB jeder Miteigentümer den Anspruch selbständig gegenüber Dritten geltend machen.[464] Gegenüber den anderen Miteigentümern gilt § 1004 BGB unmittelbar, aber nur im Hinblick auf den jeweiligen Anteil.[465]

423

---

462 Vgl. PALANDT, § 1004 Rn. 2; JAUERNIG, § 1004 Rn. 2.
463 Vgl. PALANDT, § 1004 Rn. 2; BAUR/STÜRNER, § 12 I 4; JAUERNIG, § 1004 Rn. 2.
464 Vgl. PALANDT, § 1011 Rn. 2.
465 PALANDT, § 1011 Rn. 1; JAUERNIG, § 1011 Rn. 1; M. WOLF, Rn. 232.

| | | |
|---|---|---|
| *Nichteigentümer* | Bloß obligatorisch Berechtigte (Mieter, Pächter) werden nur als Besitzer über § 862 BGB geschützt; § 1004 BGB gilt hier nur für im Eigentum der obligatorisch Berechtigten stehende Sachen auf dem Grundstück. Im Falle der entsprechenden Anwendung auf andere absolute Rechte ist der Inhaber des jeweiligen Rechts berechtigt. | 424 |
| *Sache* | § 1004 BGB schützt sowohl bewegliche, als auch unbewegliche Sachen, wobei in der Praxis grundstücksbezogene Fälle deutlich im Vordergrund stehen. | 425 |
| | Bei Grundstücken erstreckt sich nach § 905 BGB das Recht des Eigentümers auch auf den Raum über der Oberfläche und den Erdkörper unter der Oberfläche. | |
| *kein Verschulden notwendig* | Der Anspruch auf Beseitigung und Unterlassung setzt kein Verschulden des Störers voraus. Nur bei vorliegendem Verschulden kann der Eigentümer jedoch neben der Beseitigung/Unterlassung auch Schadensersatz unter den Voraussetzungen der §§ 823 I, 989 ff., 687 II BGB verlangen. | |

**hemmer-Methode:** Diese Grenze wird durch die neuere Rspr. des BGH immer mehr verwischt (vgl. dazu Rn. 467 ff.)

## III. Eigentumsbeeinträchtigung

| | | |
|---|---|---|
| *Beeinträchtigung ist jede Einwirkung auf Herrschaftsmacht* | Eine gesetzliche Definition der Eigentumsbeeinträchtigung fehlt. Begrifflich fällt darunter jede Einwirkung auf die dem Eigentum innewohnende Herrschaftsmacht des Eigentümers (vgl. § 903 BGB), also Eingriffe in die *rechtliche Stellung* des Eigentümers wie auch die *tatsächliche Seite* der Eigentümerbefugnisse, die nicht unter § 985 BGB fallen.[466] | 426 |

### 1. Tatsächliche Einwirkungen

| | | |
|---|---|---|
| *tatsächliche Einwirkung* | Eine Eigentumsbeeinträchtigung i.S.d. § 1004 BGB liegt vor, wenn auf die Sache selbst tatsächlich eingewirkt wird. | 427 |

*Bsp.: Das unbefugte Befüllen eines in fremdem Eigentum stehenden Flüssiggasbehälters. Dies auch dann, wenn der Behälter nicht mit einer auf den Eigentümer hinweisenden Kennzeichnung versehen ist.[467]*

| | |
|---|---|
| *Beschädigung* | Dies kann auch durch Beschädigung oder Umgestaltung der Sache oder Veränderung der Erdoberfläche erfolgen. |

*Bsp.: S baut auf seinem Grundstück ein Haus mit Garage. Dabei erkennt er, dass die Garage zum überwiegenden Teil auf dem Grundstück des E steht. E hat hier einen Anspruch auf Beseitigung.*

| | | |
|---|---|---|
| *Nachbargrundstück* | Zum anderen können auch tatsächliche Handlungen des Störers auf seinem Grundstück Eigentumsbeeinträchtigungen auf dem Nachbargrundstück hervorrufen. Die §§ 907-910 BGB enthalten für diese Fälle Sonderregelungen, neben denen aber § 1004 BGB Anwendung findet.[468] Das Selbsthilferecht aus § 910 BGB stellt damit nur einen zusätzlichen Rechtsbehelf dar.[469] | 428 |

*Bsp.: E verlegt Abwasserleitungen aus Steinzeugrohren. Nachbar S pflanzt kurz darauf Kastanienbäume. Im Laufe der Jahre dringen die Wurzeln der Kastanien in die Rohre ein und verstopfen diese. Auch hier hat E einen Beseitigungsanspruch gegen S.[470]*

---

466 Vgl. dazu den sehr lehrreichen Fall in Life and Law 2004, 14 ff.
467 BGH Life and Law 2007, 442 ff.
468 JAUERNIG, § 910 Rn. 1 und § 1004, Rn. 26.
469 Vgl. MüKo-MEDICUS, § 1004 Rn. 77.
470 Vgl. BGH NJW 1986, 2641 m.w.N.

## § 5 BESEITIGUNGS- UND UNTERLASSUNGSANSPRUCH AUS § 1004 BGB

*unbefugte Benutzung*

Eine tatsächliche Beeinträchtigung stellt auch die unbefugte Benutzung einer Sache bzw. die Benutzung der Sache über die eingeräumte Befugnis hinaus dar. 429

*Bsp.: Nachbar S benutzt das Grundstück des E als Abkürzung zur nächsten Straße.*

*§ 906 BGB*

Auch die Zuführung grenzüberschreitender unwägbarer Stoffe i.S.d. § 906 I BGB, sog. Imponderabilien, stellt eine Eigentumsbeeinträchtigung dar. Dies gilt auch für nur unwesentliche Beeinträchtigungen, jedoch kann hier eine Duldungspflicht bestehen. § 906 I BGB gilt auch für mit den genannten Immissionen vergleichbare Stoffe.[471] 430

*Bsp.: Nachbar S verbrennt regelmäßig Gummiabfälle aus seiner Werkstatt. Der Ruß setzt sich in einer dünnen Schicht auf dem Kleingarten des E ab.*

*Grobimmissionen*

Erst recht liegt eine Eigentumsbeeinträchtigung bei grenzüberschreitenden wägbaren Stoffen, sog. Grobimmissionen vor, so z.B. größere, feste Körper wie Steine.[472] 431

Einen weiteren Fall des § 1004 BGB stellt der Einwurf unerwünschter Werbung in den Briefkasten dar. Wird Werbematerial in einen Hausbriefkasten geworfen, obwohl der Empfänger dies durch einen Aufkleber untersagt hat, liegt in dem Einwerfen eine Eigentumsbeeinträchtigung. Falls der Aufkleber aber inhaltlich nur Werbesendungen und Prospekte betrifft, gilt das Verbot nicht für Anzeigeblätter mit redaktionellem Inhalt.[473] 432

### 2. Beeinträchtigungen der Nutzungsbefugnis

*Nutzungsbeeinträchtigung*

Eine Eigentumsbeeinträchtigung liegt auch dann vor, wenn der Eigentümer bei der Ausübung des ihm zustehenden Nutzungsrechts be- oder verhindert wird. 433

*Bsp.: Falschparker S blockiert den Parkplatz des E, so dass dieser mit seinem PKW nicht wegfahren kann. Hier wird das Eigentum an dem PKW des E beeinträchtigt.*

### 3. Rechtliche Beeinträchtigungen

#### a) Unmittelbarer Angriff auf das Eigentumsrecht

*Eigentumsrecht*

Eine Eigentumsbeeinträchtigung ist gegeben, wenn ein unmittelbarer Angriff auf das Eigentumsrecht vorliegt.[474] Dies kann darin liegen, dass der Störer ein das Eigentum beschränkendes Recht in Anspruch nimmt oder fremdes Eigentum bestreitet. Das Bestreiten von Eigentum stellt jedenfalls dann eine Eigentumsbeeinträchtigung dar, wenn es gegenüber Dritten erfolgt und der Eigentümer deshalb gehindert ist, mit seinem Eigentum nach Belieben zu verfahren.[475] 434

Bei dem Bestreiten des Eigentums gegenüber dem Eigentümer selbst greift § 1004 BGB nicht ein. 435

---

471 Dazu ausführlich PALANDT, § 906 Rn. 5-15.
472 Vgl. PALANDT, § 906 Rn. 5-15; BGHZ 58, 149.
473 STAUDINGER, § 1004 Rn. 23; PALANDT, § 1004 Rn. 7, jeweils m.w.N.
474 Vgl. BAUR/STÜRNER, § 12 II 1a.
475 OLG Köln, NJW 1996, 1291; MÜKO-MEDICUS, § 1004, Rn. 24; STAUDINGER, § 1004 Rn. 30.

Zur Klärung der Eigentumslage muss der Eigentümer dann vielmehr eine Feststellungsklage nach § 256 ZPO erheben.[476] Keinen Fall des § 1004 BGB bildet jedenfalls das Erheben einer das Eigentum betreffenden unberechtigten Klage.[477]

*Bsp.: S behauptet gegenüber Dritten, dass das im Besitz des E stehende Gemälde ihm gestohlen worden sei.*

### b) Unbefugte Inanspruchnahme fremder Eigentumsrechte

*fremde Eigentumsrechte*

Nimmt ein Dritter fremde Eigentumsrechte wahr, ohne dass er tatsächlich oder rechtlich in die Herrschaftsmacht des Eigentümers unmittelbar eingreift, so liegt nach *Rspr.*[478] ebenfalls eine Eigentumsbeeinträchtigung vor.

436

Dies gilt insbesondere für das wirtschaftliche Verwertungsrecht, welches grundsätzlich nur dem Eigentümer zusteht. Nach *a.A.*[479] liegt dagegen keine Eigentumsbeeinträchtigung vor.

*Bsp.: Fotograf S macht heimlich Aufnahmen des Schlosses Tegel in Berlin, das nicht frei einzusehen ist, und verwertet die Aufnahmen gewerblich durch Ansichtskarten. Der BGH[480] hat hier eine Eigentumsbeeinträchtigung bejaht, weil das Schloss nicht von außen sichtbar war, sondern der Fotograf hierfür unberechtigt das Grundstück betreten musste. Kein Fall des § 1004 BGB liegt daher jedenfalls vor, wenn das Objekt frei einzusehen ist und von der öffentlichen Straße aus fotografiert wird (Rechtsgedanke des § 59 UrhG).[481]*

### 4. Keine Eigentumsbeeinträchtigung

*keine Beeinträchtigung*

Nach *h.M.* begründen weder *ideelle Einwirkungen*[482] noch *negative Einwirkungen*[483] eine Eigentumsbeeinträchtigung i.S.d. § 1004 BGB.

437

*ideelle Einwirkungen*

Unter ideelle Einwirkungen fallen Beeinträchtigungen *ästhetischer* Art, z.B. Schrottplatz neben Hotel, wie auch Beeinträchtigungen des *sittlichen Empfindens*, z.B. Einrichtung eines Bordells auf dem Nachbargrundstück. Hier fehlt es nach der *h.M.* an einer grenzüberschreitenden Immission, soweit nur das „seelische Empfinden" des Beobachters betroffen wird.

*negative Einwirkungen*

Keine Eigentumsbeeinträchtigungen bilden nach *Rspr.* und *h.L.*[484] die sog. negativen Einwirkungen (Entzug von Licht, Abhalten von Fernsehwellen). In diesem Fall wird ein Nachbargrundstück innerhalb seiner Grenzen genutzt, entzieht aber gleichzeitig dem anderen Grundstück gewisse Vorteile.

438

Nach anderer Ansicht sei die Anbindung des Grundstücks an die Außen- und Umwelt wichtiger Bestandteil des Eigentums und deshalb die Unterbrechung dieser Anbindung als Beeinträchtigung im Sinne von § 1004 BGB zu werten. Soweit aber die negative Wirkung von einem nach öffentlich-rechtlichen Vorschriften genehmigten Gebäude ausging, seien die Einwirkungen gem. § 906 II BGB zu dulden.[485]

---

476  STAUDINGER, § 1004 Rn. 30; a.A. MÜKO-MEDICUS, § 1004, Rn. 24, der auch hier § 1004 BGB zulässt.
477  MÜKO-MEDICUS, § 1004 Rn. 25; STAUDINGER, § 1004 Rn. 30.
478  Vgl. BGH NJW 1975, 778; BAUR/STÜRNER, § 12 II 1a; PALANDT, § 1004 Rn. 5.
479  MÜKO-MEDICUS, § 1004 Rn. 27.
480  BGH NJW 1975, 775.
481  BGH NJW 1989, 2252 m.w.N.; JAUERNIG, § 1004 Rn. 4; M. WOLF, Rn. 238.
482  Vgl. BGHZ 51, 396; BGHZ 95, 307; MÜKO-MEDICUS, § 1004 Rn. 30; *a.A.*: BAUR/STÜRNER, § 25 IV 2 b cc.
483  Vgl. BGHZ 84, 729; MÜKO-MEDICUS, § 1004 Rn. 28.
484  Vgl. BGH NJW 1984, 729; MÜKO-MEDICUS, § 1004 Rn. 28; PALANDT, § 903 Rn 9.
485  M. WOLF, Rn. 236.

> *Bsp.:* S baut ein Hochhaus. Dieses Haus entzieht dem Einfamilienhaus des E das Licht und stört den Empfang bestimmter Fernsehsender. Hier lehnen der BGH und die h.L. eine Eigentumsbeeinträchtigung ab.

### 5. Sonderfall: Naturkräfte

*Naturkräfte*

Das Tatbestandsmerkmal der „Beeinträchtigung" in § 1004 BGB wird nicht dadurch ausgeschlossen, dass eine Einwirkung auf das Eigentum ausschließlich auf Naturkräfte zurückzuführen ist.

439

Teilweise werden diese Fälle (Froschquaken aus natürlichen Gewässern, Umstürzen wild gesäter Bäume) in der Kommentarliteratur schon bei dem Tatbestandsmerkmal der Beeinträchtigung geprüft und dieses in verschwommenen Formulierungen wie „keine Haftung nach § 1004 BGB" oder „kein Anspruch nach § 1004 BGB" verneint.[486]

Dabei wird aber das Tatbestandsmerkmal, das verneint wird, nicht deutlich genannt, was für eine saubere Subsumtion in der Klausur aber unerlässlich ist. Genau genommen ist für die Frage der Beeinträchtigung der Befugnisse aus § 903 BGB irrelevant, auf welche Umstände die Einwirkung zurückzuführen ist.

Richtigerweise stellen daher auch ausschließlich auf Naturkräfte zurückführbare Einwirkungen Beeinträchtigungen im Sinne von § 1004 BGB dar. Die richtige Verortung dieser Fälle ist die Frage, ob auch für diese Beeinträchtigung ein beseitigungspflichtiger Störer vorhanden ist (vgl. dazu Rn. 446).[487]

### 6. Maßgeblicher Zeitpunkt

*Beeinträchtigung im Zeitpunkt der Geltendmachung*

Die Eigentumsbeeinträchtigung muss noch im Zeitpunkt der Geltendmachung des Beseitigungsanspruchs aus § 1004 I 1 BGB bestehen. Ist sie bereits beendet und sind auch keine Wiederholungen zu befürchten (dann auch keine Unterlassung nach § 1004 I S.2 BGB), kommen nur noch Schadensersatzansprüche in Betracht.

440

*bei Drohen: Unterlassung*

Ist die Eigentumsbeeinträchtigung noch nicht eingetreten, droht sie aber, steht dem Eigentümer nach § 1004 I S.2 BGB ein Unterlassungsanspruch zu. Dabei genügt nach *allgemeiner Meinung*[488] die erstmals drohende Beeinträchtigung. Eine Wiederholung der Beeinträchtigung ist nicht zwingende Voraussetzung für den Unterlassungsanspruch, da nur so ein lückenloser Schutz des Eigentums gewährleistet werden kann.

441

### IV. Störer

*Anspruchsgegner ist Störer*

Anspruchsgegner im Rahmen des § 1004 BGB ist der Störer. Auch dieser Begriff ist im Gesetz nicht definiert. Nach dem *BGH*[489] ist Störer jedoch derjenige, auf dessen Willen der beeinträchtigende Zustand zurückgeht und von dessen Willen die Beseitigung abhängt. Entscheidend ist das Merkmal des Willens. Störer ist damit derjenige, dem die Beeinträchtigung zugerechnet werden kann.[490] Auf ein Verschulden kommt es nicht an.[491]

442

---

486  So MüKo-Medicus, § 1004 Rn. 21; Palandt, § 1004 Rn. 6.
487  So BGH NJW 1995, 2634 m.w.N.; Jauernig, § 1004 Rn. 5; Baur/Stürner, § 12 III 2.
488  MüKo-Medicus, § 1004 Rn. 80; Palandt, § 1004 Rn. 29; Baur/Stürner, § 12 IV 2a.
489  BGHZ 14, 163.
490  M. Wolf, Rn. 246; MüKo-Medicus, § 1004 Rn. 32; Baur/Stürner, § 12 III.
491  BGH NJW 1990, 2058.

Nach dieser Definition lassen sich zwei Arten von Störern unterscheiden:

*Handlungsstörer*

Zum einen ist dies der *Handlungsstörer*. Handlungsstörer ist derjenige, welcher die Eigentumsbeeinträchtigung durch sein Verhalten, sei es durch aktives Tun oder pflichtwidriges Unterlassen, adäquat kausal verursacht.[492]

Dabei genügt hier auch die mittelbare Verursachung der Störung, sofern der mittelbare Störer den Eintritt hätte verhindern können.[493] Kein Handlungsstörer ist hiernach bei einem Unternehmen der Angestellte, sondern der Unternehmer, sofern die Beeinträchtigung auf Weisungen des Unternehmers zurückgeht.[494]

*Zustandsstörer*

Zum anderen gibt es den *Zustandsstörer*. Das ist derjenige, welcher die Herrschaft über eine gefahrbringende Sache ausübt, durch welche die Störung allein oder mitverursacht wird, wenn die Beseitigung der Störung vom Willen des Störers abhängt.[495]

Der Zustandsstörer führt m.a.W. einen beeinträchtigenden Zustand, den er beseitigen oder verhindern kann, durch seine Willensbetätigung mittelbar adäquat herbei.[496] Aufgrund seiner Herrschafts- und Einwirkungsbefugnis muss der Zustandsstörer den störenden Zustand beseitigen können. Zustandsstörer kann deshalb neben dem Eigentümer der störenden Sache auch ihr Besitzer sein.[497]

**hemmer-Methode: Entlasten Sie Ihr Gedächtnis: Ähnliche Abgrenzungen werden im Polizei- und Sicherheitsrecht getroffen, wo die Störerproblematik (anders als wohl im Zivilrecht) ein zentrales Thema ist. Denken Sie daran, wenn Ihnen die Einzelheiten zum Störerbegriffs des § 1004 BGB nicht (mehr) geläufig sind. Die Abgrenzung, ob jemand Handlungsstörer durch Unterlassen oder Zustandsstörer ist, lässt sich oft nicht genau vornehmen. U.E. ist aufgrund der vorangehenden Ausführungen in vielen Fällen beides zu bejahen.**

Das Eigentum an der störenden Sache begründet für sich genommen noch keine Zustandsstörerhaftung.[498] Ebenso lässt eine Eigentumsaufgabe nach h.M. die bestehende Zustandsstörerhaftung nicht entfallen.[499]

*nicht bei natürlichen Immissionen*

Beruht die Beeinträchtigung ausschließlich auf Naturkräften, so wird mangels Willen des Störers keine Zustandshaftung aus § 1004 BGB begründet.[500] Anders ist Rechtslage bei Naturkräften nur, wenn der Eigentümer des Grundstücks, von dem die Naturkräfte aus wirken, diese durch eine Handlung mitverursacht oder ermöglicht hat und der so geschaffene Zustand eine Gefahrenquelle gebildet hat.[501]

*Beispiele*

*Bsp.1:* E ist Eigentümer eines Hanggrundstückes. Bei einem heftigen Unwetter überrollt eine Mure vom darüber liegenden Grundstück des S den Garten des E. Hier liegt eine Beeinträchtigung durch Naturgewalten vor, die vom Willen des S nicht beeinflussbar ist. S ist nicht Zustandsstörer.[502]

---

492  Vgl. BGH NJW 1986, 2503; Palandt, § 1004 Rn. 17; Baur/Stürner, § 12 III 1; Jauernig, § 1004 Rn. 16.
493  BGH NJW 1982, 440; Palandt, § 1004 Rn. 17; M. Wolf, Rn. 247.
494  BGH DB 1979, 544; Jauernig, § 1004 Rn. 16.
495  Vgl. BGH NJW 1985, 1773; Palandt, § 1004 Rn. 18; Baur/Stürner, § 12 III 2.
496  Jauernig, § 1004 Rn. 17; noch weitergehend jetzt der BGH bei Brandschäden (vgl. BGH JuS 2000, 190 f.)
497  M. Wolf, Rn. 248.
498  BGH NJW 1995, 2633; Jauernig, § 1004 Rn. 17 m.w.N.
499  MüKo-Medicus, § 1004 Rn. 43a; Jauernig, Rn. 20.
500  So h.M.: BGH NJW 1985, 1773; MüKo-Medicus, § 1004 Rn. 21; Palandt, § 1004 Rn. 6.
501  BGH NJW 1995, 2633; Palandt, § 1004 Rn. 6.
502  Nach BGH NJW 1985, 1773.

# § 5 BESEITIGUNGS- UND UNTERLASSUNGSANSPRUCH AUS § 1004 BGB

*Bsp.2: E bewirtschaftet sein Hanggrundstück als Biobauer. S baut auf dem darüber liegenden Grundstück Getreide an und verwendet dabei ein hochgiftiges Pflanzenschutzmittel. Bei Regen werden die Reste des Pflanzenschutzmittels auf das Grundstück des E geschwemmt, so dass seine Produkte nicht mehr als biologisch verkauft werden können.*

*Hier hängt der Abfluss des Wassers über das Grundstück des E nicht vom Willen des S ab, sondern folgt Naturgesetzen. Soweit jedoch die Pflanzenschutzmittelrückstände angeschwemmt werden, liegt ein Handeln des S als Verwender des Mittels vor. S haftet daher als Handlungsstörer.[503]*

*Bsp.3: E pflanzt auf seinem Grundstück eine Lärche, die später mit Wollläusen befallen wird, die ihrerseits von der Lärche aus die Nadelbäume auf dem Nachbargrundstück befallen. Weil E mit dem Pflanzen der unbefallenen Lärche keine konkrete Gefahrenquelle geschaffen hat, ist er hinsichtlich der Wollläuse kein Zustandsstörer.[504]*

*Bsp.4: E baut auf seinem Grundstück einen künstlichen Teich, der später wilde Frösche anlockt, die den Nachbarn durch ihr Gequake stören. Hier soll E Zustandsstörer sein; der Anspruch aus § 1004 BGB scheitert aber an Vorschriften des Naturschutzrechts.[505]*

*Bsp.5: E pflanzt auf seinem Grundstück Bäume, deren Wurzeln in die Wasserleitung des Nachbarn eindringen und diese verstopfen. Weil E diese Bäume gepflanzt hat und unterhält, haftet er als Zustandsstörer.[506]*

Dass die Rechtsprechung hier vereinzelt trotz deutlicher Parallelen der Fallgestaltungen die Zustandsstörereigenschaft nicht einheitlich behandelt, ist offensichtlich. Etwa das Anlegen des Froschteichs und das eigenständige Ansiedeln der wilden Frösche ist dem Pflanzen der Lärche und dem späteren Befall mit Läusen geradezu deckungsgleich. Genau genommen hätte anhand obiger Definition auch im Wollläuse-Fall eine Zustandsstörerhaftung angenommen werden müssen.

447

Eine Zustandsstörerhaftung wurde wiederum verneint in einem Fall, in dem widerstandsfähige Bäume angepflanzt und aufgezogen wurden. Allein dies reiche für eine Zurechnung grundsätzlich nicht aus.[507]

Wenn diese Bäume indes ihre Standsicherheit verlieren, dies dem Grundstückseigentümer bekannt ist, wird die Zustandsstörereigenschaft bejaht.[508]

> **hemmer-Methode:** Der BGH hat in dieser Entscheidung wegen schuldhafter Verkehrssicherungspflichtverletzung einen Anspruch aus § 823 I BGB auf Schadensersatz bejaht. Die Bäume waren umgefallen und hatten einen Sachsubstanzschaden verursacht. Dieser ist aber über § 1004 I BGB nicht ersetzbar. Andernfalls würde das Verschuldenserfordernis des § 823 I BGB unterlaufen.
> Die Vorinstanz hatte eine Ersatzpflicht auf § 906 II S.2 BGB analog gestützt. Dies hat der BGH indes zu Recht abgelehnt. Denn § 906 erfasst (analog) nur Fälle, in denen - bei Vorliegen der übrigen Voraussetzungen – der betroffene Eigentümer aus besonderen Gründen gehindert war, diese Einwirkungen gem. § 1004 I BGB rechtzeitig zu unterbinden. Da hier der § 1004 I BGB indes (vor dem Umstürzen der Bäume) gegeben war, musste die Analogie verneint werden.[509]

---

503 Nach BGH NJW 1984, 2207.
504 BGH NJW 1995, 2633.
505 BGH NJW 1993, 925.
506 Erstaunlich häufiger Fall: BGH NJW 86, 2640; 89, 1032; 91, 2826; 95, 395.
507 BGH NJW 1993, 1855 („Wiebke-Fall").
508 BGH NJW 2003, 1732 („Pappelfall").
509 Vgl. auch Rn. 456 und die Besprechung von ARMBRÜSTER, NJW 2003, 3087 ff., die sich insbesondere mit der Abgrenzung der Beseitigung nach § 1004 I BGB zur Naturalrestitution gem. § 823 I i.V.m. § 249 I BGB befasst.

*Mehrheit von Störern*

**448** Bei einer Mehrheit von Störern besteht der Anspruch aus § 1004 BGB unabhängig vom Tatbeitrag gegen jeden einzelnen Störer. Nur der Anspruchsinhalt richtet sich nach dem Tatbeitrag.[510]

> *Bsp.: Stört der Mieter, z.B. durch Lärm, so kann neben ihm der Vermieter in Anspruch genommen werden, wenn er dem Mieter die störende Benutzung gestattet hat (stillschweigende Gestattung genügt) und nicht ausgeschlossen werden kann, dass der Vermieter die Störung beseitigen kann, was er beweisen muss.*
>
> Aber selbst wenn der Vermieter das störende Verhalten des Mieters verboten hat, wird er zum Störer, wenn er es unterlässt, die Beeinträchtigung zu verhindern.
>
> In Betracht kommen dann rechtliche Maßnahmen gegen den Mieter, der durch Störung der Nachbarn regelmäßig den Mietvertrag verletzt.

**hemmer-Methode:** Medicus (BR Rn. 447) erörtert die Problematik im Hinblick darauf, ob es dem Vermieter überhaupt möglich ist, die Störung zu beseitigen. In der Regel ist das kein Problem, da der Mietvertrag ihm die Handhabe gibt, einzugreifen. Versuchen Sie, komplizierte Texte, wie den von Medicus (a.a.O.), für sich zu vereinfachen und den Sound zu behalten.

*Rechtsnachfolger*

**449** Der Rechtsnachfolger eines Störers ist selbst Störer, solange der störende Zustand noch andauert und der Nachfolger in der Lage ist, die Störung zu beseitigen.[511] Der Rechtsvorgänger haftet ebenfalls nur weiter, wenn er zur Beseitigung noch in der Lage ist.[512]

*Beendigung der Störereigenschaft*

**450** Fraglich ist jedoch, wann die Störereigenschaft endet.

> *Bsp.:[513] K erwirbt 1990 von V ein neben dem Betriebsgelände der Firma B gelegenes Grundstück, um dort ein Bürogebäude zu errichten. Bei den Aushubarbeiten stieß die Baufirma auf eine erhebliche Bodenbelastung mit Schadstoffen, die von dem benachbarten Betriebsgrundstück der B stammten.*
>
> *B bringt vor, dass sie am Eindringen der Schadstoffe kein Verschulden treffe, so dass ein Schadensersatzanspruch ausscheide. Zudem sei sie auch nicht mehr Störerin i.S.d. § 1004 BGB, weil sie ihren Betrieb schon vor mehreren Jahren aufgegeben, damit die Beeinträchtigung des Nachbargrundstücks für die Zukunft unterbunden und die Ursache der Beeinträchtigung beseitigt habe.*

Ein Anspruch auf Beseitigung könnte sich aus § 1004 I 1 BGB ergeben.

Das Eindringen der Schadstoffe stellt eine rechtswidrige Eigentumsbeeinträchtigung dar.

**hemmer-Methode:** Dabei ist es unerheblich, dass K das Grundstück bereits kontaminiert erworben hat. Der Anspruch steht jeweils dem Inhaber des beeinträchtigten Eigentums zu und geht bei der Veräußerung jeweils auf den neuen Eigentümer über.

> Fraglich ist jedoch, ob B Störer i.S.d. § 1004 BGB ist. Vor der Aufgabe des Betriebs war die B unzweifelhaft Handlungsstörerin. Fraglich ist jedoch, ob die Handlungsstörereigenschaft dadurch endet, dass das beeinträchtigende Verhalten aufhört. Dafür könnte sprechen, dass der Beseitigungsanspruch auf die Verhinderung zukünftiger Beeinträchtigungen gerichtet ist, während der Schadensersatzanspruch auch in der Vergangenheit liegende Beeinträchtigungen umfasst.

---

510 Vgl. PALANDT, § 1004 Rn. 19; BGH NJW 1976, 798.
511 BGH NJW 1989, 2542.
512 BGHZ 41, 398.
513 Nach BGH NJW 1996, 845.

# § 5 BESEITIGUNGS- UND UNTERLASSUNGSANSPRUCH AUS § 1004 BGB

Nach Ansicht des BGH kann sich jedoch durch das Verhalten des Pflichtigen an der einmal entstandenen Verantwortlichkeit nichts mehr ändern. Sind durch eine Störung irgendwelche Gegenstände oder Stoffe auf ein Grundstück gelangt, so beeinträchtigen sie die Sachherrschaft des Grundstückseigentümers bis zu ihrer Entfernung.

Grundlage der Haftung ist lediglich, dass die Substanzen infolge eines dem Störer zuzurechnenden - wenn auch schuldlosen - Verhaltens auf das fremde Grundstück gelangt sind. Der Anspruch aus § 1004 BGB besteht somit auch nach Aufgabe des Betriebes.[514]

**hemmer-Methode:** Der BGH unterstreicht die Richtigkeit seines Ergebnisses mit einem deutlichen Beispiel: Es kann nicht sein, dass jemand, der Steine auf ein Grundstück wirft, diese nicht entfernen muss, bloß weil er „mit dem Werfen aufgehört" hat.

## V. Duldungspflicht

*§ 1004 II BGB*

Der Anspruch aus § 1004 I BGB ist unter den Voraussetzungen des § 1004 II BGB ausgeschlossen, d.h. wenn eine *Duldungspflicht* des Eigentümers bzgl. der Beeinträchtigung besteht und die Beeinträchtigung somit rechtmäßig ist. Voraussetzung für § 1004 I BGB ist daher eine *rechtswidrige* Beeinträchtigung.[515] Die Beweislast für das Vorliegen einer Duldungspflicht trägt der Störer. Die Rechtswidrigkeit ist also wie bei § 823 I BGB nach der Lehre vom Erfolgsunrecht indiziert.[516]

451

*Einwendung*

§ 1004 II BGB stellt - wie der Wortlaut „ist ausgeschlossen" nahe legt - eine rechtshindernde Einwendung[517] dar, deren Voraussetzungen der Störer zu beweisen hat. Nach a.A.[518] liegt eine Einrede vor.

452

**Duldungspflichten können sich ergeben aus:**

⇨ Privatrecht

⇨ Öffentlichem Recht

⇨ aufgrund Verwaltungsakts

⇨ bei überwiegendem öffentlichen Interesse.

453

### 1. Privatrecht

*Privatrecht*

Im privatrechtlichen Bereich können sich Duldungspflichten aus Rechtsgeschäft, Gesetz und dem nachbarrechtlichen Gemeinschaftsverhältnis nach § 242 BGB ergeben.

454

### a) Rechtsgeschäft

*Rechtsgeschäft*

Der Eigentümer kann sich durch Vertrag dazu verpflichten, gewisse Beeinträchtigungen zu dulden. So kann er z.B. sein Grundstück mit einem beschränkten dinglichen Recht belasten (z.B. Wegerecht ⇨ Grunddienstbarkeit § 1018 BGB).

455

---

514 Zum Anspruchsumfang vgl. BGH NJW 1996, 845.
515 BGH NJW 1987, 2227; PALANDT, § 1004 Rn. 31; BAUR/STÜRNER, § 12 II 2.
516 BAUR/STÜRNER, § 12 II 2.
517 Vgl. PALANDT, § 1004 Rn. 31.
518 RGZ 144, 271.

Er kann sich aber auch schuldrechtlich verpflichten, bestimmte Beeinträchtigungen zu dulden.[519] Insbesondere bei schuldrechtlichen Verträgen kann sich jedoch auch aus § 242 BGB als Nebenpflicht eine Duldungspflicht ergeben, z.B. Vermieter muss Haustiere des Mieters dulden. Hierbei kann § 986 I 2 BGB entsprechend angewendet werden.[520]

### b) Gesetzliche Vorschriften

**hemmer-Methode:** Lesen Sie dazu HEMMER/WÜST, Sachenrecht III, Rn. 16 ff. quer!

*Gesetz*

Eine Duldungspflicht kann sich auch direkt aus Gesetz ergeben, so z.B. aus §§ 904, 906, 912 I, 917 I BGB.

*§ 906 BGB bei unwägbaren Stoffen*

§ 906 I BGB verpflichtet den Eigentümer, die Zuführung unwägbarer Stoffe zu dulden, sofern die Beeinträchtigung nur unwesentlich ist. Für unwesentliche Einwirkungen gibt § 906 I 2, 3 BGB nunmehr eine an Grenzwerte aus Rechtsverordnungen und allgemeinen Verwaltungsvorschriften angelehnte Definition. Wesentliche Beeinträchtigungen sind nach § 906 II S.1 BGB zu dulden, wenn sie ortsüblich sind und durch wirtschaftlich zumutbare Maßnahmen nicht verhindert werden können.

**hemmer-Methode:** Beachten Sie aber in diesem Fall den Ausgleichsanspruch gemäß § 906 II S.2 BGB![521]

**Life&Law:**[522] Dem Besitzer eines Grundstücks kann bei Störungen des Besitzes, die aus besonderen Gründen nicht gem. §§ 858, 862 BGB abgewendet werden können, ein nachbarrechtlicher Ausgleichsanspruch in Geld analog § 906 II 2 BGB zustehen.

*Notstand, § 904 BGB*

Dulden muss der Eigentümer auch nach *allgemeinen Rechtfertigungsgründen* gerechtfertigte Einwirkungen, insbesondere bei Notstand nach § 904 BGB sowie z.B. §§ 227, 229 BGB oder § 193 StGB.[523]

*Überbau, § 912 I BGB*

Eine Duldungspflicht ergibt sich auch bei erlaubtem Überbau i.S.d. § 912 I BGB. Ein Überbau ist danach erlaubt, wenn er ohne grobes Verschulden des Störers erfolgte und der Eigentümer nicht vor oder sofort nach der Grenzüberschreitung widersprochen hat. Handelt der Störer indes grob fahrlässig, besteht der Anspruch aus § 1004 I BGB.[524]

**hemmer-Methode:** Nach § 912 II BGB muss der Störer jedoch eventuell eine Geldrente zahlen.

*Notwegerecht, § 917 I BGB*

Unter den Voraussetzungen des § 917 I BGB muss der Eigentümer seinem Nachbarn gegen Entschädigung (§ 917 II BGB) ein Notwegerecht einräumen und die Überfahrt über sein Grundstück dulden.

*richterliche Anordnung*

Den gesetzlichen Duldungspflichten vergleichbar ist eine Duldungspflicht aufgrund richterlicher Anordnung bzw. einstweiliger Verfügung.[525]

---

519 JAUERNIG, § 1004 Rn. 22.
520 BAUR/STÜRNER, § 12 II 2 m.w.N.
521 Vgl. hierzu die sehr lehrreiche Entscheidung des BGH in NJW 1999, 2896; ausführlich dargestellt in L&L 2000, 228; siehe auch BGH NJW 2004, 1037.
522 Life & law 2001, 469 (Heft 7).
523 Vgl. PALANDT, § 1004 Rn. 31.
524 BGH Life and Law 2004, 84 ff.
525 BGH LM, § 926 ZPO Nr. 1.

### c) Nachbarrechtliches Gemeinschaftsverhältnis

*aber keine Duldungspflicht aus nachbarrechtlichem Gemeinschaftsverhältnis*

Der Regelungskomplex der §§ 906 ff. BGB gibt den Nachbarn im Verhältnis zueinander verschiedene Duldungspflichten auf. Die h.M.[526] leitet daraus ein nachbarrechtliches Gemeinschaftsverhältnis ab, innerhalb dessen nach § 242 BGB kein Nachbar vom anderen Unzumutbares verlangen darf. Hieraus dürfte sich jedoch nur in Ausnahmefällen eine Duldungspflicht ergeben.

460

## 2. Öffentliches Recht

*öffentliches Recht*

Aus öffentlichem Recht können sich Duldungspflichten ergeben.

461

*§ 14 BImSchG*

Hauptbeispiel dafür ist § 14 BImSchG, auf den bereits im Schönfelder in der Anmerkung zu § 906 BGB hingewiesen wird. Danach sind privatrechtliche Ansprüche auf Einstellung einer genehmigungsbedürftigen Anlage ausgeschlossen, wenn die Anlage genehmigt wurde und nach Inbetriebnahme davon Beeinträchtigungen ausgehen.

Der Nachbar hat allenfalls einen Anspruch auf nachträgliche Anordnungen zur Beseitigung der Störung gem. § 17 BImSchG, sofern diese technisch möglich und verhältnismäßig sind.

*§ 75 II VwVfG*

Gleiches gilt nach § 75 II VwVfG im Rahmen von Planfeststellungsverfahren. Auch hier sind privatrechtliche Ansprüche auf Unterlassen oder Beseitigung durch den bestandskräftigen Planfeststellungsbeschluss ausgeschlossen.

462

*BNatSchG*

Im Froschteich-Fall[527] hat der BGH entschieden, dass der Anspruch aus § 1004 I 1 BGB auf Beseitigung der Geräusche (und damit der Frösche) am BNatSchG scheitern kann, wenn die Beseitigung der Frösche selbst verboten ist (§§ 20e, 20f BNatSchG). Die Beeinträchtigung ist daher zu dulden, wenn die Störungsquelle aufgrund öffentlich-rechtlicher Vorschriften nicht beseitigt werden darf.

*Weitere Vorschriften*

Weitere Duldungspflichten können sich ergeben aus dem BauGB (§ 41 I), dem Bundeswaldgesetz (§ 14) oder etwa dem BNatSchG (§ 10), wobei diese Aufzählung nicht abschließend ist.[528]

## 3. Verwaltungsakt

*Widmung*

Die Widmung eines Grundstückes zu einem öffentlichen Zweck, insbesondere Gemeingebrauch, führt ebenfalls zu einer Duldungspflicht des Eigentümers. Solange die Sache im Rahmen des Widmungszweckes gebraucht wird, ist der Gebrauch rechtmäßig.[529]

463

*andere Verwaltungsakte*

Andere Verwaltungsakte, die ihrem Inhalt nach darauf gerichtet sind, dass ein Eigentümer ein bestimmtes Verhalten dulden muss, lösen dagegen keine privatrechtliche Duldungspflicht aus. So muss der Eigentümer aufgrund der Bauerlaubnis seines Nachbarn zwar den Bau des Hauses als solchen dulden, kann jedoch Störungen abwehren, die durch den Bauvorgang/die Bautätigkeit hervorgerufen werden.[530]

---

526   BGHZ 28, 110; BGHZ 42, 374.
527   BGH NJW 1993, 925.
528   Weitere Beispiele bei JAUERNIG, § 903 Rn. 4.
529   JAUERNIG, § 1004 Rn. 22; BGH NJW 1960, 2335.
530   Vgl. MüKo-MEDICUS, § 1004 Rn. 56.

## 4. Überwiegendes öffentliches Interesse

In Ausnahmefällen kann sich eine Duldungspflicht auch aus überwiegendem öffentlichen Interesse ergeben, wenn die Störungen von einem unmittelbar dem öffentlichen Interesse dienenden Betrieb ausgehen und nicht beseitigt werden können, ohne dass der Betrieb erheblich in seiner Funktion beeinträchtigt wird.[531]

## VI. Rechtsfolgen

### 1. Beseitigungsanspruch, § 1004 I 1 BGB

*Rechtsfolge: Beseitigungsanspruch für die Zukunft*

Nach § 1004 I 1 BGB kann der Eigentümer die „Beseitigung der Beeinträchtigung" verlangen. Durch den Beseitigungsanspruch soll damit der nach der Beeinträchtigung verbliebene Störungszustand für die Zukunft entfernt werden.[532] Inhaltlich geht der Anspruch nur auf Beseitigung der Beeinträchtigung in Natur (actus contrarius).[533] Nicht herzustellen ist darüber hinaus der frühere Zustand der Sache vor dem Eintritt der Beeinträchtigung.[534] Beeinträchtigung sind in diesem Sinne nur der „Störfaktor"[535] oder die „Quelle der Einwirkung" und nicht etwa die sonstigen Störungsfolgen.[536]

Die Entfernung oder Beseitigung der sonstigen Störungsfolgen entspräche nämlich der Naturalrestitution des Schadensersatzes, die regelmäßig nur über verschuldensabhängige Normen oder die abschließenden Fälle der Gefährdungshaftung gewährt wird. Der Anspruch aus § 1004 I 1 BGB ist somit immer streng auf die Störung selbst zu beschränken, er darf nicht auf die Störungsfolge ausgedehnt werden.[537]

*kein Schadensersatz*

Zu beachten ist umgekehrt aber, dass aufgrund der Beeinträchtigung oftmals auch eine Eigentumsverletzung i.S.v. § 823 I BGB vorliegen wird. Insofern betrifft bei Ansprüchen auf Schadensersatz neben § 1004 I 1 BGB die Naturalrestitution des § 249 I BGB nicht nur die Beseitigung der Störungsfolgen, sondern auch die Beseitigung der Störungsquelle selbst.[538]

Demzufolge hat der Anspruch auf Beseitigung zumindest ein Stück weit dieselbe Wirkung wie der wiederherstellende Schadensersatzanspruch; im Hinblick auf das Verschuldenserfordernis unterscheiden sie sich aber grundlegend.[539]

*Abgrenzung § 1004 – Schadensersatz*

Die damit wegen der drohenden Umgehung des Verschuldenserfordernisses nötige Grenzziehung zwischen den Inhalten des Beseitigungsanspruchs aus § 1004 I 1 BGB und denjenigen der Schadensersatzansprüche gehört zu „den ungelösten Problemen des § 1004 BGB".[540] Obwohl der Ansatz der Trennung klar ist (Beseitigungsanspruch umfasst nur die Störungsquelle, nicht auch die Störungsfolge), kann es je nach Konstellation Abgrenzungsschwierigkeiten geben.

---

531   Vgl. BGH NJW 1984, 1242; PALANDT, § 906 Rn. 41; vgl. dazu auch **BGH Life & Law 2001, 14 ff.** = NJW 2000, 2901 ff.
532   M. WOLF, Rn. 243.
533   BAUR/STÜRNER, § 12 IV 1a; MÜKO-MEDICUS, § 1004 Rn. 61.
534   PALANDT, § 1004 Rn. 22.
535   M. WOLF, Rn. 243; SCHWAB/PRÜTTING, § 49 IV 3.
536   JAUERNIG, § 1004 Rn. 7.
537   SCHWAB/PRÜTTING, § 49 IV 3.
538   BAUR/STÜRNER, § 12 IV 1a m; MÜKO-MEDICUS, § 1004 Rn. 59.
539   BGH NJW 1996, 846; SCHWAB/PRÜTTING, § 49 IV 3.
540   So BGH NJW 1996, 846 m.w.N., auch MÜKO-MEDICUS, § 1004, Rn. 59.; vgl. auch ARMBRÜSTER, NJW 2003, 3087 ff.; BGH NJW 2004, 1035 f.

Hierzu einige Beispiele aus Rechtsprechung und Literatur:

⇨ Bei dem Bruch eines Staudamms mit Wasseraustritt auf ein Grundstück kann nach § 1004 I 1 BGB nur die Beseitigung des Wassers[541] (und die Schließung des Dammes aus § 1004 I 2 BGB)[542] verlangt werden, nicht aber die Erneuerung des weggeschwemmten Erdreichs.[543]

⇨ Wenn ein Baukran auf ein Nachbargrundstück fällt und dabei auch ein Hausdach beschädigt, kann aus § 1004 I 1 BGB nur die Beseitigung des Krans, nicht aber die Reparatur des Daches verlangt werden.[544]

⇨ Bei einem Steinwurf in ein Fenster führt § 1004 I 1 BGB zur Beseitigung des Steines und wohl auch der Scherben, nicht aber zum Ersatz der zerstörten Scheibe.[545]

⇨ Bei einem Öl, welches auf einem Grundstück versickert ist, geht der Anspruch nur auf die Beseitigung des Öls, nicht auf den Ersatz vergifteter Pflanzen. Soweit das Öl untrennbar mit dem Erdreich verbunden ist, fällt unter § 1004 I 1 BGB auch noch die Beseitigung des kontaminierten Erdreichs.[546] Ein Anspruch auf Wiederauffüllen des Erdreichs dürfte sich hingegen aus § 1004 I 1 BGB nicht ergeben.

⇨ Wachsen Wurzeln in Wasserleitungsrohre und zerstören diese, umfasst § 1004 I 1 BGB jedenfalls die Beseitigung der Wurzeln aus den Rohren;[547] nach dem BGH soll zudem auch die Verlegung einer neuen Leitung nach § 1004 I 1 BGB geschuldet sein,[548] was allenfalls vertretbar ist, wenn die Eigentumsbeeinträchtigung nicht im Zerstören der Rohre, sondern der Aufhebung des Anschlusses an das Wassernetz gesehen wird.

⇨ Greift ein Feuer auf einen benachbarten Bahndamm über, betrifft § 1004 I 1 BGB nur das Löschen des brennenden Bahndamms,[549] nicht aber dessen Wiederherstellung.[550]

Für absolute Verwirrung sorgte ein Urteil des BGH vom 18.04.1997.[551] Dort hatte der Kläger auf seinem Grundstück Tennisplätze angelegt, während auf dem Nachbargrundstück Pappeln standen, deren Wurzeln über die Grenze reichten und auf dem Tennisplatz „Verwerfungen und Verwölbungen" des Belags hervorriefen.

Der BGH entschied, dass der Beklagte aus § 1004 BGB verpflichtet sei:

**1.** die eingedrungenen Wurzeln zu beseitigen

**2.** dazu den Sand und das Erdreich auszugraben (sog. „unentrinnbare Folgebeeinträchtigung")[552]

**3.** anschließend den Tennisplatz wiederherzustellen[553]

---

541 MüKo-Medicus, § 1004 Rn. 60 m.w.N.
542 Anders Baur/Stürner, § 12 IV 1a. und Jauernig, § 1004 Rn. 7, die § 1004 I 1 BGB anwenden.
543 Zu weit gehend daher OLG Stuttgart, OLGE 41, 162.
544 M. Wolf, Rn. 243 m.w.N.
545 BGH NJW 1996, 846 m.v.w.N.
546 BGH NJW 1996, 846 m.w.N.; BGHZ 40, 18.
547 BGH NJW 1995, 396; 1986, 2642; Jauernig, § 1004 Rn. 7.
548 A.A. Jauernig, § 1004 Rn. 7.
549 Schwab/Prütting, § 49 IV 3.; Jauernig, § 1004 Rn. 7.
550 Unzutreffend daher RGZ 127, 29; 138, 327 im „Haldenbrandfall".
551 Abgedruckt in NJW 1997, 2234.
552 Vgl. die Rspr. zum im Erdreich versickerten Öl in NJW 1996, 846
553 Was in diesem Fall Kosten i. H. v. 400.000,-DM verursachte!!!

Während 1. und 2. zur gefestigten und auch überzeugenden Rspr. zählt, stieß die Pflicht zur Wiederherstellung des Tennisplatzes in der Literatur auf heftige Kritik, da dies nur von § 823 I BGB erfasst sei.[554]

So berechtigt die Kritik der Literatur auch sein mag, so überzeugend ist andererseits auch das Ergebnis des BGH. Zwar mag die Begründung über § 1004 BGB wenig überzeugen, jedoch lässt sich dieser Anspruch auf Wiederherstellung der Tennisplätze als Aufopferungsanspruch qualifizieren. Oder ist es etwa die Aufgabe des § 1004 BGB, dass die Wurzeln beseitigt werden und der Platz als „Kraterlandschaft" hinterlassen wird? Wohl kaum! Daher wird teilweise vorgeschlagen, analog §§ 1005, 867 S.2 BGB diesen Ausgleichsanspruch zu gewähren.[555]

*aber § 251 II BGB analog*

Wegen der Konkurrenz zu den Schadensersatzansprüchen gewährt § 1004 I 1 BGB grundsätzlich auch keine Geldersatzansprüche nach den §§ 249 II S.1, 251 I BGB.[556] § 251 II BGB wird dagegen i.V.m. § 242 BGB auch auf den Beseitigungsanspruch angewandt.[557] Der Störer kann dann in Geld entschädigen, wenn die Naturalbeseitigung nicht zumutbar ist. Grund dafür ist, dass der nur rechtswidrig Handelnde nicht weiter haften darf als der zusätzlich schuldhaft Handelnde.

Hier wird jedoch lediglich dem Störer als Schuldner die Möglichkeit der Geldleistung eingeräumt. § 251 II BGB stellt nur eine Ersetzungsbefugnis dar, wandelt den Beseitigungsanspruch jedoch nicht in einen Schadensersatzanspruch um.

*ebenso § 254 BGB*

Der Rechtsgedanke des § 254 BGB ist bei Mitverschulden des Eigentümers nach der *Rspr.*[558] zu berücksichtigen.

Da aber bei dem Beseitigungsanspruch eine Quotelung/Schadensteilung ohnehin nicht praktikabel ist, liegt die Bedeutung des § 254 BGB hier vornehmlich bei dem Anspruch des Eigentümers auf Ersatz der für die selbst ausgeführte Beseitigung aufgebrachten Kosten.[559] Hierbei ist zu berücksichtigen, dass die analoge Anwendung des § 254 BGB im Bereich des verschuldensunabhängigen § 1004 BGB für eine Mitverantwortung kein Verschulden erfordert.[560]

*Kosten der Beseitigung trägt Störer*

Die Kosten der Beseitigung trägt der Störer als Verursacher. Hat der Eigentümer die Störung auf seine Kosten behoben, kann er nach §§ 812 ff. BGB oder berechtigter Geschäftsführung ohne Auftrag Ersatz verlangen.[561] Der Störer ist dann i.S.v. § 812 I 1 2.Alt. BGB in sonstiger Weise, nämlich durch das Ersparen von Aufwendungen, bereichert, wenn der Eigentümer auf eigene Kosten selbst beseitigt.[562] Da die berechtigte Geschäftsführung ohne Auftrag Rechtsgrund i.S.v. § 812 BGB ist, ist bei deren Voraussetzungen der Ersatz der Aufwendungen über § 812 I 1 2.Alt. BGB ausgeschlossen. Problematisch kann dabei insbesondere sein, ob der Geschäftsführung (Selbstvornahme) durch den Eigentümer der Wille des Störers entgegensteht oder gem. § 679 BGB unbeachtlich ist.[563]

---

554 Vgl. bspw. ROTH in JZ 1998, 94 ff. bzw. MEDICUS in Festschrift für Hagen 1999, 157 ff.
555 Diesen absolut lesenswerten Kommentar von VOLLKOMMER finden Sie in NJW 1999, 3539 f.
556 PALANDT, § 1004 Rn. 23; M. WOLF, Rn. 243.
557 Vgl. PALANDT, § 1004 Rn. 23, 38.
558 Vgl. BGH ZIP 1997, 1196; RGZ 138, 327; BGH NJW 1995, 395; 1990, 2959; BAUR/STÜRNER, § 12 IV 1a.
559 MÜKO-MEDICUS, § 1004, Rn. 68.
560 BGH NJW 1995, 396.
561 Vgl. BAUR/STÜRNER, § 12 IV 1b.
562 BGH NJW 1995, 396; MÜKO-MEDICUS, § 1004 Rn. 75 m.w.N.
563 Vgl. BGH NJW 1990, 2058; dazu SCHWAB/PRÜTTING, § 49 III 2.

## § 5 BESEITIGUNGS- UND UNTERLASSUNGSANSPRUCH AUS § 1004 BGB

> **Life&Law:**[564] Der Anspruch des Nachbarn auf Einstellung des Betriebs eines Drogenhilfezentrums wegen Behinderung des Zugangs zu seinem Grundstück kann wegen des Allgemeininteresses an der Aufrechterhaltung des Betriebs ausgeschlossen sein. In diesem Falle steht dem Nachbarn ein Ausgleichsanspruch in Geld zu, der sich nach den Grundsätzen der Enteignungsentschädigung richtet.

Zur Verdeutlichung der Abgrenzung zwischen § 1004 I BGB und § 823 I BGB diene folgender Fall:[565]

*Sachverhalt (vereinfacht): Auf dem Grundstück der Beklagten befindet sich ein Schuppen. Aus diesem trat aus nicht geklärten Gründen eine kohlenwasserstoffhaltige Flüssigkeit aus, die sich auf dem den Klägern gehörenden Grundstück ausbreitete. Dort wurden Gehwegplatten, Kantensteine und Bodenschichten so stark verunreinigt, dass die zuständige Ordnungsbehörde die Beseitigung anordnete. Dabei wurden mehrere Pflanzen zerstört. Ebenfalls ungeklärt blieb, wie die Flüssigkeit überhaupt in den Schuppen gelangt war.*

*Die Kläger machen nun die durch die Wiederherstellung des Grundstücks entstandenen Kosten geltend.*

*Ist die entsprechende Klage begründet?*

### 1.) Anspruch aus § 823 I BGB

Die Kläger könnten einen Anspruch auf Schadensersatz aus § 823 I i.V.m. § 251 I BGB haben.

*Problem: Verschulden*

Unabhängig davon, ob die unstreitig gegebene Eigentumsverletzung auf eine Verletzungshandlung des Beklagten zurückzuführen ist, kann jedenfalls nicht festgestellt werden, ob der Beklagte schuldhaft gehandelt hat.

Die Ursache des Austritts der schadenstiftenden Flüssigkeit kann vorliegend nicht geklärt werden. Die Kläger sind diesbezüglich darlegungs- und beweispflichtig. Anders als im Rahmen des § 280 I S. 2 BGB muss sich der Anspruchsgegner also nicht exkulpieren.

Es liegt auch kein Fall vor, in dem die Rechtsprechung die Beweislast im Rahmen des § 823 I BGB ausnahmsweise zu Lasten des Schädigers umkehrt.

Allein das Lagern gefährlicher Flüssigkeit stellt keinen Sorgfaltspflichtverstoß dar. Zudem ist laut Sachverhalt nicht einmal sicher, wie die Flüssigkeit überhaupt in den Schuppen gelangt ist.

Ein Anspruch aus § 823 I BGB scheidet daher aus.

### 2.) Anspruch aus § 1004 I BGB i.V.m. §§ 683, 670 bzw. §§ 684 S. 1, 818 II BGB

Da die Störung infolge der angeordneten Beseitigung nicht mehr vorhanden ist, kommt ein Anspruch auf Beseitigung nicht mehr in Betracht. In diesem Fall hat der Störer nach den Vorschriften der Geschäftsführung ohne Auftrag die erforderlichen Aufwendungen gem. §§ 683, 670 BGB zu ersetzen bzw. gem. §§ 684 S.1, 818 II BGB Wertersatz zu leisten.[566]

*Fremdes Geschäft*

Für die Anwendung der Vorschriften der Geschäftsführung ohne Auftrag ist aber zunächst von Bedeutung, ob die Beseitigung ein fremdes Geschäft darstellt.

---

564  Life & law 2001, 14 (Heft 1).
565  BGH NJW 2005, 1366 = Life and Law 2005, 444 ff.
566  Ständige Rechtsprechung des BGH, zuletzt BGH NJW 2004, 603.; vgl- auch Rn. 471.

Das ist nur dann der Fall, wenn eine Verantwortlichkeit aus § 1004 I BGB bestanden hat, bevor die Beseitigung vorgenommen wurde.

Zudem ist entscheidend, ob die Kosten, die ersetzt werden sollen, tatsächlich Ausfluss des geschuldeten Anspruchsinhalts gewesen sind.

Nur dann, wenn eine bestehende Haftung aus § 1004 I BGB auch die Wiederherstellung des ursprünglichen Zustands umfasst, sind die dafür angefallenen Kosten ersatzfähig.

*Problem: Rechtsfolge des § 1004 I BGB*

Fraglich ist insoweit, was unter dem Begriff der Beseitigung im Sinne des § 1004 I BGB zu verstehen ist.

Orientiert man sich strikt am Wortlaut der Vorschrift, ist damit lediglich die Wegschaffung der verursachten Störung zu verstehen.

Der vorliegende Fall zeigt jedoch, dass die Wegschaffung der Flüssigkeit (= Störung) die Interessen der Kläger nicht hinreichend berücksichtigt. Denn – sofern überhaupt möglich - blieben sie auf den Kosten für die Wiederherstellung des ursprünglichen Zustands sitzen.

Daher könnte man vertreten, dass eine Beseitigung erst dann anzunehmen ist, wenn die Störung für den Eigentümer nicht mehr spürbar ist. Das setzt neben der Beseitigung der störenden Flüssigkeit auch die Instandsetzung des Grundstücks in einen Zustand voraus, in dem es sich vor dem Eintritt der Störung befunden hat.

*Konflikt mit § 823 I BGB*

Das kommt faktisch aber einer Naturalrestitution i.S.d. § 249 I BGB gleich, die jedoch das Bestehen eines Schadensersatzanspruchs voraussetzt. Anders ausgedrückt: Könnte die Wiederherstellung auch über den verschuldensunabhängigen § 1004 I BGB verlangt werden, liefe das Verschuldenskriterium des § 823 I BGB leer.

Nach überwiegender Ansicht in der Literatur darf die Beseitigung i.S.d. § 1004 I BGB daher nicht die Wiederherstellung des ursprünglichen Zustandes beinhalten.

*BGH: Beseitigung umfasst zunächst Entfernung des verseuchten Erdreichs*

Nach Ansicht des BGH ist die Wiederherstellung gleichwohl von dem Begriff der Störungsbeseitigung gedeckt.

Die Beseitigung richtet sich zunächst auf die Beseitigung der Störungsquelle. Sofern dies isoliert nicht möglich ist – so wie vorliegend die Beseitigung der Flüssigkeit aus dem Erdreich –, umfasst die Beseitigung auch den Aushub des Bodens und dessen anschließende Entsorgung.

Das ergibt sich aus der Risikoverteilung, die § 1004 I BGB beinhaltet: die Durchführung der Störungsbeseitigung wird ausschließlich auf den Störer übertragen. Sofern aus technischer Sicht etwas von dem Störer verlangt wird, was über die Beseitigung der reinen Beeinträchtigung hinausgeht, erstreckt sich die Pflicht auch auf die Beseitigung des Erdreichs, wenn das eine nicht ohne das andere möglich ist, sog. unentrinnbare Begleitmaßnahme.

*Darüber hinaus: Wiederherstellung des ursprünglichen Zustands*

Darüber hinaus muss der Störer all die Eigentumsbeeinträchtigungen beseitigen, die zwangsläufig durch die Beseitigung der primären Störung hervorgerufen werden. Wird also das Erdreich entfernt, dauert die Störung noch an, weil das Grundstück danach mit Aushubstellen versehen ist und zerstörte Pflanzen fehlen.

*Sinn und Zweck des § 1004 I BGB*

§ 1004 I BGB ist daher im vorliegenden Fall auch auf die erneute Anpflanzung der entsprechenden Aushubstellen gerichtet.

Der negatorische Beseitigungsanspruch aus § 1004 I BGB würde entwertet, wenn diese Wiederherstellung nicht geschuldet wäre. Denn dann müsste der Eigentümer befürchten, nach Geltendmachung seines Anspruchs eine größere Beeinträchtigung seines Eigentums hinnehmen zu müssen, als sie vor der Beseitigung bestand.

# § 5 BESEITIGUNGS- UND UNTERLASSUNGSANSPRUCH AUS § 1004 BGB

Anders gesagt: Was nutzt dem Eigentümer die Beseitigung von Baumwurzeln, wenn sein Grundstück danach einer Kraterlandschaft gleicht. Er könnte sich gehalten sehen, von der Geltendmachung des § 1004 I BGB vor diesem Hintergrund Abstand zu nehmen.

**hemmer-Methode: Der BGH geht an dieser Stelle des Urteils kurz auf die entsprechend anderslautenden Literaturstimmen ein. Der dort vertretene sog. enge Beseitigungsbegriff erfasst nicht die Wiederherstellung der durch die Beseitigung verursachten Beeinträchtigungen. Aber auch nach diesen Ansichten soll die entsprechende Rechtsfolge erreicht werden können. Dies wird mit einer Analogie zu den Vorschriften der §§ 867 S. 2, 962 S. 3, 1005 BGB begründet. Hier lässt der BGH durchblicken, dass er von solchen Analogien nicht viel hält. Da das Ergebnis sowieso dasselbe ist, spreche nichts gegen eine Ausdehnung des Beseitigungsbegriffes in § 1004 I BGB im oben beschriebenen Sinne.**

*Grenze: andere Beeinträchtigungen, die durch die Primärstörung veranlasst sind*

Die Beseitigungspflicht nach § 1004 I BGB endet nach Ansicht des BGH erst dort, wo es um die Beseitigung von Beeinträchtigungen geht, die durch die Primärstörung selbst verursacht wurden.

Die Beseitigung solcher Beeinträchtigungen kann nur unter den strengeren Voraussetzungen des § 823 I BGB verlangt werden. Insoweit ist dann ein Verschulden des Verantwortlichen erforderlich.

„SOUND": Geht es um die Beseitigung von Beeinträchtigungen, die **infolge der Beseitigung der Primärstörung entstehen**, ist § 1004 I BGB anwendbar. Resultiert die Beeinträchtigung bereits **aus der Primärstörung selbst**, kann nur unter den Voraussetzungen des § 823 I BGB Beseitigung verlangt werden, § 249 I BGB.

*Problem im vorliegenden Fall: Störereigenschaft*

Ein Eingreifen der so begründbaren Rechtsfolge des § 1004 I BGB setzt indes voraus, dass der Anspruchsgegner Störer ist. Der Begriff des Störers ist im Gesetz nicht definiert.

Nach Ansicht des BGH ist Störer derjenige, auf dessen Willen der beeinträchtigende Zustand zurückgeht, und von dessen Willen die Beseitigung abhängt, ohne dass es dabei auf ein Verschulden ankommt.

*Handlungsstörer*

Vorliegend könnte der Beklagte Handlungsstörer gewesen sein.

Im vorliegenden Fall kann nicht ermittelt werden, wie es zum Austritt der Flüssigkeiten gekommen ist. Es ist darüber hinaus nicht einmal feststellbar, ob der Beklagte überhaupt die schädlichen Flüssigkeiten in den Schuppen verbracht hat.

Daher fehlte es nicht nur an einer schuldhaften Handlung i.S.d. § 823 I BGB, sondern darüber hinaus an einem Verhalten selbst. Aber auch im Rahmen des § 1004 I BGB ist für eine Handlungsstörung zumindest erforderlich, dass die Beeinträchtigung auf ein vom Willen getragenes positives Tun oder Unterlassen zurückzuführen ist.

Da insoweit der beeinträchtigte Eigentümer beweispflichtig ist und die Umstände nicht geklärt werden konnten, scheidet § 1004 I BGB insoweit aus.

*Zustandsstörer*

In Betracht käme allenfalls eine Zustandsstörerhaftung. Dazu reicht es aber nicht allein aus, dass die Störung vom Grundstück des Beklagten ausgeht. Die Beeinträchtigung muss zumindest mittelbar auf seinen Willen zurückzuführen sein. Das setzt im vorliegenden Fall jedenfalls voraus, dass er die Gefahrenlage selbst geschaffen hat [567] oder die durch Dritte geschaffene Gefahrenlage aufrechterhalten hat.

---

[567] BGH NJW 2004, 3701 f.

Wird die Störungsquelle indes ohne Wissen und Wollen auf das Grundstück des Beklagten verbracht, ist er nicht Störer, denn er konnte die von der Störungsquelle ausgehende Gefahr für das Nachbargrundstück des Klägers dann nicht abwenden.

Da auch insoweit die Beweislast beim Kläger liegt, er diesen Nachweis aber nicht führen konnte, ist § 1004 I BGB auch in dieser Variante nicht verwirklicht.

*Ergebnis*

Ein Anspruch aus § 1004 I BGB scheidet daher aus.

## 2. Unterlassungsanspruch, § 1004 I S.2 BGB

*Unterlassungsanspruch*

Nach § 1004 I S.2 BGB hat der Eigentümer einen Anspruch auf Unterlassung, wenn die Beeinträchtigung noch nicht eingetreten ist, aber bereits droht.

*materieller Anspruch*

Umstritten ist die dogmatische Einordnung des Unterlassungsanspruchs. Nach h.M. ist § 1004 I 2 BGB ein echter materiellrechtlicher Anspruch im Sinne von § 194 BGB und nicht nur ein prozessualer Rechtsbehelf ohne materiellen Inhalt.[568]

**hemmer-Methode:** Bedeutsam ist dies für die Frage der Verjährung, die gem. § 194 I BGB nur bei materiellen Ansprüchen eintreten kann.

*Wiederholungsgefahr*

Zusätzliche Voraussetzung des § 1004 I S.2 BGB ist die *Wiederholungsgefahr*. Dies ist die objektive, auf Tatsachen gegründete, ernstliche Besorgnis weiterer, nicht zu duldender Störungen.[569] Beweispflichtig hierfür ist der Eigentümer. Jedoch wird die Wiederholungsgefahr nach einem vorausgegangenen Eingriff regelmäßig vermutet und muss dann vom Störer widerlegt werden.[570]

*auch bei Erstbeeinträchtigung*

Der Unterlassungsanspruch besteht aber auch bei einer erstmals drohenden Beeinträchtigung (Erstbegehungsgefahr), da nur so ein lückenloser Eigentumsschutz gewährleistet ist.[571]

Nach h.M.[572] ist die Wiederholungs- oder Erstbegehungsgefahr eine materielle Anspruchsvoraussetzung und stellt nicht nur eine besondere Form eines Rechtsschutzbedürfnisses dar. Folge hiervon ist, dass das Fehlen der Wiederholungsgefahr die Klage unbegründet und nicht nur unzulässig macht.

*Daneben § 907 BGB*

Einen von § 1004 BGB unabhängigen Fall der vorbeugenden Unterlassungsklage regelt § 907 BGB.

**hemmer-Methode:** Denken Sie auch an die anderen Anspruchsgrundlagen, die auf Beseitigung und Unterlassen gerichtet sind. So kann ein Beseitigungsanspruch, als Primäranspruch, auch Inhalt einer Verpflichtung sein, vgl. § 241 I S.2 BGB. Der Anspruch kann sich auch bei einer Pflichtverletzung eines Schuldverhältnisses aus §§ 280 I, 249 I BGB ergeben. So, wenn das gesetzliche Schuldverhältnis der Grunddienstbarkeit, z.B. durch übermäßige Beschmutzung, gestört worden ist.

---

568 M. Wolf, Rn. 242 m.w.N.; Baur/Stürner, § 12 IV 2 a.; Jauernig, § 1004 Rn. 10.
569 Vgl. Palandt, § 1004 Rn. 29.
570 BGH NJW 1987, 2227; Palandt, § 1004 Rn. 29; Jauernig, § 1004 Rn. 11.; BGH Life and Law 2007, 442 ff.
571 Vgl. Palandt, § 1004 Rn. 29.
572 BGHZ 117, 271; Jauernig, § 1004 Rn. 11; Baur/Stürner, § 12 IV 2b m.w.N.

# WIEDERHOLUNGSFRAGEN

## Wiederholungsfragen zur Einführung

**Randnummer**

1. Geben Sie eine kurze Definition des Begriffs Sachenrecht! ..................................................... *2*
2. Wo finden sich außerhalb des 3. Buchs des BGB sachenrechtliche Regelungen? ..................... *3*
3. Was versteht man unter "negativer" und "positiver" Funktion dinglicher Rechte? Nach welchen Kriterien lassen sich dingliche Rechte einteilen? ........................................... *5 ff.*
4. Was ist ein dinglicher Anspruch? Sind alle Ansprüche, die sich im Sachenrecht des BGB finden, allein schon deshalb dingliche Ansprüche? ................................................................. *16 ff.*
5. Was ist ein dingliches Rechtsgeschäft? ................................................................................... *21*
6. Beschreiben Sie die Inhalte und das Verhältnis von Trennungs- und Abstraktionsprinzips! ..... *27 ff.*
7. Inwiefern wird das Abstraktionsprinzip "durchbrochen"? ........................................................ *32 ff.*
8. Welche Prinzipien außer dem Trennungs- und Abstraktionsprinzips sind noch für das Sachenrecht relevant? ............................................................................................................. *23 ff.*
9. Inwiefern sind Regelungen aus dem Allgemeinen Teil des BGB und dem Schuldrecht im Sachenrecht anwendbar? ....................................................................................................... *63 ff.*

## Wiederholungsfragen zu den sachenrechtlichen Begriffen

1. Definieren Sie den Begriff der Sache i.S.d. § 90 BGB! ............................................................ *77 ff.*
2. Unter welchen Voraussetzungen liegen bei abgetrennten Körperteilen des Menschen Sachen vor? .......................................................................................................................... *80 ff.*
3. Was ist eine unbewegliche Sache? ........................................................................................ *89*
4. Wann liegt eine zusammengesetzte Sache/Gesamtsache vor? ............................................. *90*
5. Was zählt zu den wesentlichen Bestandteilen eines Grundstückes? ..................................... *93 ff.*
6. Definieren Sie das Tatbestandsmerkmal „vorübergehender Zweck" in § 95 II BGB! ............... *95*
7. Kann eine Sachgesamtheit als solche übereignet werden? ................................................... *96*
8. Bei welchen Vorschriften spielt der Zubehörbegriff eine besondere Rolle? ........................... *102*
9. Wie untergliedert sich der Begriff der Nutzungen? ............................................................... *105*
10. Welche Arten an Früchten lassen sich gem. § 99 BGB unterscheiden? ............................... *107*

## Wiederholungsfragen zum Besitz

1. Definieren Sie den Begriff des Besitzes! ............................................................................... *112*
2. Welche Funktionen kommen dem Besitz zu? ....................................................................... *115 ff.*
3. Worauf bezieht sich die Vermutungswirkung bei § 1006 BGB? Wie kann diese ausgeräumt werden? ............................................................................................................. *124 ff.*
4. Welche Besitzarten lassen sich unterscheiden? ................................................................... *129*
5. Welche Anforderungen sind an den Besitzbegründungswillen zu stellen? ........................... *146 ff.*
6. Kann der Besitz rechtsgeschäftlich übertragen werden? ..................................................... *149 ff.*
7. Welche Anforderungen werden an ein Besitzmittlungsverhältnis gestellt? .......................... *165 f.*
8. Unter welchen Voraussetzungen liegt ein Besitzdiener vor? ................................................ *174*
9. Definieren Sie den Begriff der verbotenen Eigenmacht! ....................................................... *192*
10. Welche Tatbestände unterscheidet § 859 BGB und welche Regelungen werden durch § 859 BGB verdrängt? ........................................................................................................... *191, 197 ff., 202 ff.*
11. Wer kann die Gewaltrechte aus § 859 BGB geltend machen? ............................................. *210 ff.*
12. Grenzen Sie possessorische und petitorische Besitzschutzansprüche voneinander ab! ..... *219*
13. Ist eine petitorische Widerklage gegen eine possessorische Klage möglich und wenn ja, warum? ................................................................................................................................ *234*
14. Welche Anspruchsgrundlagen beinhaltet § 1007 BGB? ...................................................... *235*

15. Stellt der Besitz ein "sonstiges Recht" i.S.d. § 823 I BGB dar? ..................................... *243 ff.*
16. Besteht Besitzschutz über § 823 II BGB? ...................................................................... *251 ff.*
17. Ist eine Eingriffskondiktion hinsichtlich des Besitzes möglich? ...................................... *257 f.*

## Wiederholungsfragen zum EBV

1. Welchen Regelungszweck haben die §§ 987 ff. BGB? ..................................................... *266*
2. Welche Voraussetzungen hat § 985 BGB? ...................................................................... *273*
3. Welchen Inhalt hat § 985 BGB, wenn der Anspruchsgegner mittelbarer Besitzer ist? ..... *285 f.*
4. Was ist der Gegenstand der Herausgabe bei Geld? ........................................................ *290*
5. Wie wird das Recht zum Besitz im Prozess behandelt? ................................................... *291*
6. Welche Arten unterscheidet das Gesetz beim Recht zum Besitz? ................................... *292*
7. Wem gegenüber muss ein Recht zum Besitz bestehen und in welchem Fall spielt diese Voraussetzung eine besondere Rolle? ............................................................................ *293, 301*
8. Warum ist § 281 BGB nicht auf § 985 BGB anwendbar? ................................................. *310*
9. Welche verjährungsrechtlichen Besonderheiten können sich bei dem Herausgabeanspruch aus § 985 BGB ergeben? .................................................................. *314 ff.*
10. In welchem Zeitpunkt muss die Vindikationslage bei den §§ 987 ff. BGB bestehen und gibt es davon Ausnahmen? ............................................................................................. *322 ff.*
11. Wie wird die Bösgläubigkeit des Besitzdieners behandelt? ............................................. *339 ff.*
12. Auf wessen Kenntnis ist hinsichtlich der Bösgläubigkeit bei Minderjährigen abzustellen? ... *346*
13. In welchen Fällen finden die §§ 823 ff. BGB neben den §§ 989, 990 BGB Anwendung? ... *353*
14. Wie haftet der redliche/unverklagte Besitzer auf Schadensersatz? ................................. *363*
15. Was sind Nutzungen i.S.d. § 987 BGB? ........................................................................... *373*
16. Ist im Rahmen des § 988 BGB der rechtsgrundlose Erwerb dem unentgeltlichen Erwerb gleichzustellen? Wenn ja, warum? ................................................................................ *382 ff.*
17. Welche Verwendungsbegriffe werden vertreten? ............................................................ *393*
18. Welche Arten der Verwendungen lassen sich unterscheiden? ........................................ *394*

## Wiederholungsfragen zu § 1004

1. Wie unterscheiden sich der Beseitigungs- und Unterlassungsanspruch aus § 1004 BGB und Ansprüche auf Schadensersatz? ............................................................................. *415*
2. Welchen Anwendungsbereich hat § 1004 BGB? ............................................................. *419*
3. Welche Voraussetzungen hat § 1004 BGB? .................................................................... *422*
4. In welchen Fällen liegt keine Eigentumsbeeinträchtigung vor? ........................................ *437*
5. Welche Arten von Störern lassen sich unterscheiden? .................................................... *443*
6. Haftet der Zustandsstörer für natürliche Immissionen? ................................................... *446*
7. Woraus können sich Duldungspflichten ergeben? ........................................................... *453*
8. Welche Folge hat die Anwendung des § 251 II BGB auf § 1004 BGB? ........................... *469*
9. Wie kann der Eigentümer bei selbst beseitigter Beeinträchtigung vom Störer Aufwendungsersatz verlangen? ...................................................................................... *471*
10. Was gilt hinsichtlich der Wiederholungsgefahr? ............................................................... *473*

# STICHWORTVERZEICHNIS

Die Zahlen verweisen auf die Randnummern des Skripts.

## A

| | |
|---|---|
| Abhängigkeitsverhältnis | 175 |
| Ablösungsrecht | 120 |
| Absolutheitsprinzip | 24 |
| Abstraktionsprinzip | 29 |
| Abwehranspruch, quasinegatorischer | 420 |
| AGBG | 74 |
| Akzessorietätsgrundsatz | 57; 72 |
| Alleinbesitz | 133 |
| Allgemeiner Teil des BGB | 63 |
| Ansprüche, petitorische | 235 |
| Anwartschaftsrecht | 8; 26; 280; 294 |
| Auflassung | 64; 70 |
| Ausschlussfunktion | 245 |

## B

| | |
|---|---|
| Bedingungszusammenhang | 45 |
|     echter | 46 |
|     unechter | 48 |
| Befriedigungsrecht | 409 |
| Bereicherungsrecht | 255; 358 |
| Beseitigungsanspruch | 412; 465 |
| Besitz | 8 |
|     Alleinbesitz | 133 |
|     Arten | 129 |
|     Begriff | 112 |
|     Eigenbesitz | 136 |
|     fehlerhafter | 140; 196 |
|     Fremdbesitz | 136 |
|     Funktionen | 115 |
|     Mitbesitz | 133 |
|     mittelbarer | 132; 161; 213; 224 |
|     offener | 153 |
|     rechtmäßiger | 139 |
|     Teilbesitz | 133 |
|     unmittelbarer | 131; 141; 211; 224 |
|     unrechtmäßiger | 139 |
| Besitzaufgabe | 154 |
| Besitzbeeinträchtigung | 433 |
| Besitzbegründungswille | 146 |
| Besitzdiener | 131; 173; 179; 212; 226; 282; 342 |
| Besitzentziehung | 192 |
| Besitzer | |
|     deliktischer | 370; 390 |
|     Fremdbesitzer | 136, 164, 330 |
|     nicht-mehr-berechtigter | 325 |
|     nicht-so-berechtigter | 324 |
|     redlicher | 376; 397 |
|     unentgeltlicher | 378 |
|     unredlicher | 364; 385; 405 |
|     unverklagter | 376; 397 |
|     verklagter | 364; 385; 405 |
| Besitzerwerb | |
|     derivativ | 149 |
|     originär | 146 |
| Besitzherr | 173 |
| Besitzkehr | 191; 202 |
| Besitzkonstitut | 165 |
|     antizipiertes | 170 |
| Besitzmittler | 161 |
| Besitzmittlungsverhältnis | 44; 165; 187 |
|     antizipiertes | 181 |
|     vermeintliches | 166 |
| Besitzmittlungswille | 164 |
| Besitznachfolger | 209 |
| Besitzrecht | |
|     abgeleitetes | 300 |
|     eigenes | 293 |
| Besitzschutz | 191 |
| Besitzschutzansprüche | |
|     petitorische | 218 |
|     possessorische | 218 |
| Besitzschutzklage | 234 |
| Besitzstörung | 192 |
| Besitzverlust | 154 |
| Besitzwehr | 191; 197 |
| Bestandsvermutung | 125 |
| Bestimmtheitsgrundsatz | 52 |
| BGB-Gesellschaft | 189 |
| Bösgläubigkeit | 335 |
|     bei Einschaltung Dritter | 338 |
|     bei Minderjährigen | 345 |

## D

| | |
|---|---|
| Dauerwohnrecht | 7 |
| Dereliktion | 22; 160 |
| Dienstbarkeit, beschränkt persönliche | 6; 71 |
| dinglicher Anspruch | 16; 67; 272; 278 |
| dinglicher Vertrag zugunsten Dritter | 69 |
| dingliches Recht | 5; 16; 20 |
|     beschränktes | 11; 71 |
| Dingliches Rechtsgeschäft | 21; 68; 71 |
| Duldungspflicht | 422; 451 |

## E

| | |
|---|---|
| EBV | 139; 263; 318 |
| Eigenbesitz | 136; 330 |
| Eigenblutspende | 81 |
| Eigentum | 6; 10; 73 |
| Eigentümergrundschuld | 14 |
| Eigentumsbeeinträchtigung | 426 |
| Eigentumsvermutung | 275 |
| Eigentumsvorbehalt | 46; 74 |
| Eingriffskondiktion | 257 |

| | |
|---|---:|
| Einheitssache | 90 |
| Einzelsache | 90; 96 |
| Einheitsprinzip | 28 |
| Erbbaurecht | 7 |
| Erbenbesitz | 182; 217; 348 |
| Erbengemeinschaft | 189 |
| Erbschaftsbesitzer | 186 |
| Erhaltungsfunktion | 115; 117; 118 |
| Erhaltungskosten | 394 |
| Erklärungsirrtum | 38 |
| Ersitzung | 121; 136 |
|     Buchersitzung | 121 |
|     Fahrnisersitzung | 121 |
| Erwerb, rechtsgrundloser | 382 |
| Erwerbsvermutung | 125 |

### F

| | |
|---|---:|
| Fehleridentität | 34; 152 |
|     Besitzmittlungsverhältnis | 44 |
|     Irrtümer | 37 |
|     Mängel der Geschäftsfähigkeit | 35 |
|     Sittenwidrigkeit | 41 |
|     Täuschung und Drohung | 39 |
|     Verbotsgesetze | 40 |
| Fremdbesitzer | 136; 164; 330 |
| Fremdbesitzerexzess | 324; 354, 363 |
| Fremdbesitzerwillen | 136 |
| Früchte | 107; 373 |

### G

| | |
|---|---:|
| Gebrauchsvorteile | 106; 373 |
| Gegenstand | 77 |
| Geldwertvindikation | 290 |
| Gesamthandsgemeinschaft | 187 |
| Gesamtrechtsnachfolge | 196 |
| Gesamtsache | 90 |
| Geschäftseinheit | 50 |
| Gesetzliche Schuldverhältnisse | 19; 66 |
| Gewahrsam | 114 |
| Gewaltrechte | 191; 209 |
| Grobimmissionen | 431 |
| Grunddienstbarkeit | 6: 15; 94 |
| Grundschuld | 6; 60; 74 |
| Grundstück | 89; 93 |
| Gutglaubenswirkung | 115; 128 |

### H

| | |
|---|---:|
| Haftungsschaden | 250 |
| Handlungsstörer | 443 |
| Hauptsache | 102 |
| Herausgabeanspruch | 167; 264; 270; 306, 316 |
| Herausgabeort | 317 |
| Herrenlosigkeit | 160 |
| heterologe Insemination | 83 |
| honologe Insemination | 83 |

| | |
|---|---:|
| Hypothek | 6; 58; 72 |

### I

| | |
|---|---:|
| ideelle Einwirkungen | 437 |
| Immobilien | 89 |
| Implantation | 82 |
| Imponderabilien | 430 |
| In-vitro-Fertilisation | 81 |
| Irrtum über eine verkehrswesentliche Eigenschaft | 38 |

### J

| | |
|---|---:|
| juristische Personen | 187 |

### K

| | |
|---|---:|
| Kausalprinzip | 31 |
| KG | 190 |
| Konkurs | 260 |
| Kontinuitätsfunktion | 115; 117 |
| Körperteile | 80 |

### L

| | |
|---|---:|
| Leiche | 85 |
| Leistungskondiktion | 256 |
| Luxusverwendungen | 393, 396, 403; 407 |

### M

| | |
|---|---:|
| Mitbesitz | 133; 183; 217; 227 |
|     qualifizierter | 134 |
|     schlichter | 134 |
| Mitverschulden | 470 |
| Mobilien | 88 |

### N

| | |
|---|---:|
| Nachbarrechtliches Gemeinschaftsverhältnis | 460 |
| Naturkräfte | 439 |
| negative Einwirkungen | 437 |
| Nicht-mehr-berechtigter Besitzer | 325 |
| nichtrechtsfähiger Verein | 188 |
| Nicht-so-berechtigter Besitzer | 324 |
| Nießbrauch | 6; 15; 61; 71 |
| Notwehrrecht | 197 |
| Numerus-clausus-Prinzip | 25 |
| Nutzungen | 105; 237; 245; 318; 373 |
| Nutzungsausfall | 254 |
| Nutzungsersatz | 356 |
| Nutzungsfunktion | 245 |
| Nutzungsrechte | 100 |
| Nutzungsschaden | 250 |

### O

| | |
|---|---:|
| Offenkundigkeitsgrundsatz | 55 |
| OHG | 190 |
| Organbesitz | 187; 190 |

# STICHWORTVERZEICHNIS

## P

| | |
|---|---|
| Persönlichkeitsrecht | 85 |
| petitorische Ansprüche | 235 |
| Pfandrecht | 6; 58; 72; 74 |
| Prinzipien | 1; 23 |
| Prozessbesitzer | 349 |
| Prozessstandschaft | 279 |
| Publizitätsfunktion | 115; 122 |
| Publizitätsgrundsatz | 55; 69 |
| quasinegatorischer Abwehranspruch | 420 |

## R

| | |
|---|---|
| Reallast | 6; 94 |
| Recht zum Besitz | 118; 139; 235; 283; 291; 335 |
| Rechtsbesitz | 261 |
| Rechtsfortdauervermutung | 275 |
| Rechtsfrüchte | |
|     mittelbare | 110 |
|     unmittelbare | 109 |
| rechtsgrundloser Erwerb | 382 |
| Rechtsnachfolge | 404; 408 |
| Rechtszustandsvermutung | 125 |
| Rentenschuld | 6 |

## S

| | |
|---|---|
| Sachbegriff | 77 |
| Sache | |
|     bewegliche | 88 |
|     teilbare | 101 |
|     unbewegliche | 89 |
|     unteilbare | 101 |
|     unverbrauchbare | 98 |
|     unvertretbare | 97 |
|     verbrauchbare | 98 |
|     vertretbare | 97 |
|     zusammengesetzte | 90 |
| Sachfrüchte | |
|     mittelbare | 110; 373 |
|     unmittelbare | 108; 373 |
| Sachgesamtheit | 96; 99 |
| Sachinbegriff | 96 |
| Samenspende | 83 |
|     heterologen Insemination | 83 |
|     honologe Insemination | 83 |
|     Schmerzensgeld | 84 |
| Schadensersatz | 237; 264; 318 |
| Scheinbestandteil | 89; 95 |
| Schuldrecht | 67; 306 |
| Schutzfunktion | 116; 115 |
| Schutzgesetz | 251 |
| Selbsthilferecht | 197 |
| Sicherungseigentum | 26 |
| Sicherungsgrundschuld | 94 |
| Sicherungsübereignung | 42; 44 |
| Sittenwidrigkeit | 41 |
| Software | 79 |
| sonstiges Recht | 243 |
| Spezialitätsgrundsatz | 52; 96 |
| Stellvertreter | 178 |
| Störer | 442 |
|     Handlungsstörer | 443 |
|     Mehrheit von | 448 |
|     Rechtsnachfolger | 449 |
|     Zustandsstörer | 444 |
| Substanzschaden | 250 |
| Surrogat | 309 |

## T

| | |
|---|---|
| Teilbesitz | 133; 217; 227 |
| Tiere | 86 |
| Trennungsprinzip | 27 |

## U

| | |
|---|---|
| Übermaßfrüchte | 377 |
| Übertragbarkeit | 71 |
| Übertragungswirkung | 115; 123 |
| Unmöglichkeit | 307 |
| Unterlassungsanspruch | 412; 472 |
| Unterlassungsklage, allgemeine | 262 |

## V

| | |
|---|---|
| Veräußerung | 351 |
| verbotene Eigenmacht | 140; 174; 191 |
|     Einverständnis | 192 |
|     Widerrechtlichkeit | 192 |
| Verbotsgesetz | 40 |
| Verbrauch | 351; 374 |
| Verfügung zugunsten Dritter | 69 |
| Verjährung | 314 |
| Vermutungswirkung | 115; 124 |
| Vertragsfreiheit | 25 |
| Verwendungen | 237; 254; 318; 392 |
|     Luxusverwendungen | 393; 403; 407 |
|     notwendige | 393; 397; 405 |
|     nützliche | 393; 401; 407 |
| Verwendungsbegriff | |
|     enger | 359 |
|     weiter | 359; 393 |
| Verwendungsersatz | 356; 392 |
| Verwendungsersatzanspruch | 409 |
| Verwirkung (§ 985) | 316 |
| Vindikationsanspruch | 264 |
| Vindikationslage | 270; 321 |
| Vinkulierung | 73 |
| Vollbesitz | 135 |
| Vorenthaltungsschaden | 368 |
| Vorkaufsrecht | 94 |
|     dingliches | 8 |
| Vormerkung | 8 |

## STICHWORTVERZEICHNIS

### W

| | |
|---|---|
| Ware, unbestellte | 333 |
| Warenlager | 54 |
| Wegerecht | 94 |
| Werbematerial | 432 |
| wesentlicher Bestandteil | 89 |
| Widmung | 102 |
| Wohnungserbbaurecht | 7 |
| Wohnungsrecht | 6 |
| Wucher | 43 |

### Z

| | |
|---|---|
| Zubehör | 102 |
| Zurückbehaltungsrecht | 409 |
| Zustandsstörer | 444 |

*bitte abtrennen oder kopieren*

**Intelligentes Lernen mit der hemmer-Methode**

# Bestellschein

## Bestellen Sie:
**per Fax:** 09 31/79 78 234
**per e-Shop:** www.hemmer-shop.de
**per Post:** hemmer/wüst Verlagsgesellschaft
Mergentheimer Str. 44, 97082 Würzburg

| D | | | | | |
|---|---|---|---|---|---|

Kundennummer (falls bekannt)

**Absender:**

Name: _____ Vorname: _____

Straße: _____ Hausnummer: _____

PLZ: _____ Ort: _____

Telefon: _____ E-Mail-Adresse: _____

| Bestell-Nr.: | Titel: | Anzahl: | Einzelpreis: | Gesamtpreis: |
|---|---|---|---|---|
| | | | | |
| | | | | |
| | | | | |
| | | | | |
| | | | | |
| | | | | |
| | | | | |
| | | | | |

\+ Versandkostenanteil: 3,30 €
ab 30.-€ versandkostenfrei!

**Gesamtsumme**

**Prüfen Sie in Ruhe zuhause!**
Alle Produkte dürfen innerhalb von 14 Tagen an den Verlag (Originalzustand) zurückgeschickt werden. Es wird ein uneingeschränktes gesetzliches Rückgaberecht gewährt. Hinweis: Der Besteller trägt bei einem Bestellwert bis 40 € die Kosten der Rücksendung. Über 40 € Bestellwert trägt er ebenfalls die Kosten, wenn zum Zeitpunkt der Rückgabe noch keine (An-) Zahlung geleistet wurde.
Ich weiß, dass meine Bestellung nur erledigt wird, wenn ich in Höhe meiner Bestellungs-Gesamtsumme zzgl. des Versandkostenanteils zum Einzug ermächtige. Bestellungen auf Rechnung können leider nicht erledigt werden. Bei fehlerhaften Angaben oder einer Rücklastschrift wird eine Unkostenpauschale in Höhe von 8 € fällig. Die Lieferung erfolgt unter Eigentumsvorbehalt.

Kontonummer: _____

BLZ: _____

Bank: _____

☐ Schicken Sie mir bitte unverbindlich und kostenlos Informationsmaterial über hemmer-Hauptkurse in _____

Ort, Datum: _____ Unterschrift: _____

# hemmer/wüst
## Verlagsgesellschaft mbH

# VERLAGSPROGRAMM
## 2007
## Jura mit den Profis

WWW.HEMMER-SHOP.DE

# Liebe Juristinnen und Juristen,

Auch beim Lernmaterial gilt:
„Wer den Hafen nicht kennt, für den ist kein Wind günstig" (Seneca).
Häufig entbehren Bücher und Karteikarten der Prüfungsrealität. Bei manchen Produkten stehen ausschließlich kommerzielle Interessen im Vordergrund. Dies ist gefährlich: Leider kann der Student oft nicht erkennen wie gut ein Produkt ist, weil ihm das praktische Wissen für die Anforderungen der Prüfung fehlt.
Denken Sie deshalb daran, je erfahrener die Ersteller von Lernmaterial sind, um so mehr profitieren Sie. Unsere Autoren im Verlag sind alle Repetitoren. Sie wissen, wie der Lernstoff richtig vermittelt wird. Die Prüfungsanforderungen sind uns bekannt.
Unsere Zentrale arbeitet seit 1976 an examenstypischem Lernmaterial und wird dabei von hochqualifizierten Mitarbeitern unterstützt.
So arbeiteten z.B. ehemalige Kursteilnehmer mit den Examensnoten von 16,0; 15,54; 15,50; 15,25; 15,08; 14,79; 14,7; 14,7; 14,4; 14,25; 14,25; 14,08; 14,04 ... als Verantwortliche an unserem Programm mit. Unser Team ist Garant, um oben genannte Fehler zu vermeiden. Lernmaterial bedarf ständiger Kontrolle auf Prüfungsrelevanz. Wer sonst als derjenige, der sich täglich mit Examensthemen beschäftigt, kann diesem Anforderungsprofil gerecht werden.

## Gewinnen Sie, weil

- gutes Lernmaterial Verständnis schafft
- fundiertes Wissen erworben wird
- Sie intelligent lernen
- Sie sich optimal auf die Prüfungsanforderungen vorbereiten
- Jura Spaß macht

und Sie letztlich unerwartete Erfolge haben, die Sie beflügeln werden.

Damit Sie sich Ihre eigene Bibliothek als Nachschlagewerk nach und nach kostengünstig anschaffen können, schlagen wir Ihnen speziell für die jeweiligen Semester Skripten und Karteikarten vor. Bildung soll für jeden bezahlbar bleiben, deshalb der studentenfreundliche Preis.

Viel Spaß und Erfolg beim intelligenten Lernen.

# HEMMER Produkte - im Überblick

## Grundwissen

- Skripten „Grundwissen"
- Die wichtigsten Fälle
- Musterfälle für die Zwischenprüfung
- Lexikon, die examenstypischen Begriffe

## Basiswissen für die Scheine

- Die Basics
- Die Classics

## Examenswissen

- Skripten Zivilrecht
- Skripten Strafrecht
- Skripten Öffentliches Recht
- Skripten Wahlfach
- Die Musterklausuren für's Examen

## Karteikarten

- Die Shorties
- Die Karteikarten
- Übersichtskarteikarten

## BLW-Skripten

## Assessor-Skripten/-karteikarten

## Intelligentes Lernen/Sonderartikel

- Coach dich - Psychologischer Ratgeber
- Lebendiges Reden - Psychologischer Ratgeber
- Lernkarteikartenbox
- Der Referendar
- Klausurenblock
- Gesetzesbox
- Wiederholungsmappe
- Jurapolis - das hemmer-Spiel

## Life&LAW - die hemmer-Zeitschrift

# HEMMER Skripten - Logisch aufgebaut!

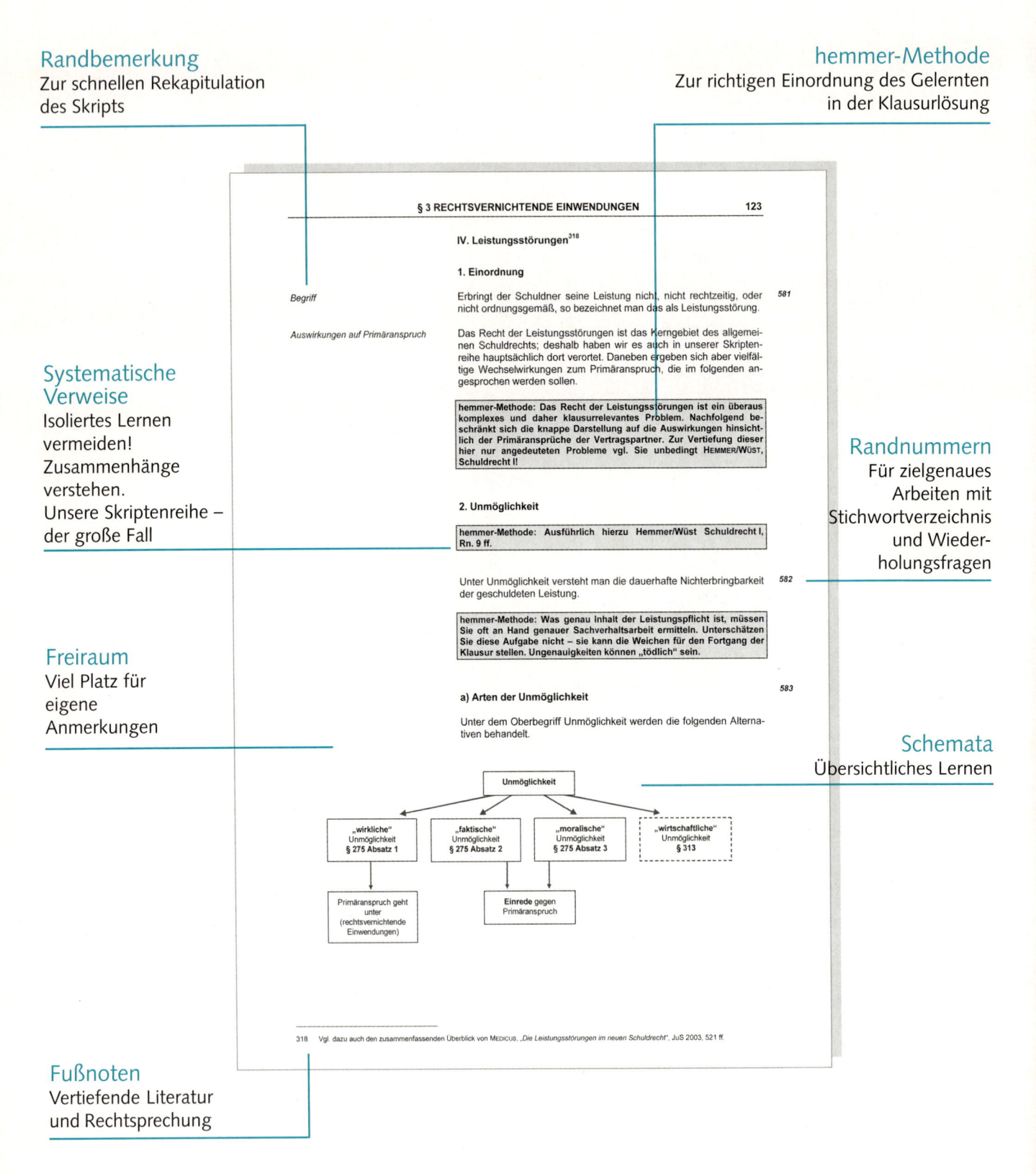

**Intelligentes Lernen schnell & effektiv**

**Randbemerkung**
Zur schnellen Rekapitulation des Skripts

**hemmer-Methode**
Zur richtigen Einordnung des Gelernten in der Klausurlösung

**Systematische Verweise**
Isoliertes Lernen vermeiden! Zusammenhänge verstehen. Unsere Skriptenreihe – der große Fall

**Randnummern**
Für zielgenaues Arbeiten mit Stichwortverzeichnis und Wiederholungsfragen

**Freiraum**
Viel Platz für eigene Anmerkungen

**Schemata**
Übersichtliches Lernen

**Fußnoten**
Vertiefende Literatur und Rechtsprechung

---

## § 3 RECHTSVERNICHTENDE EINWENDUNGEN — 123

### IV. Leistungsstörungen[318]

#### 1. Einordnung

*Begriff*

Erbringt der Schuldner seine Leistung nicht, nicht rechtzeitig, oder nicht ordnungsgemäß, so bezeichnet man das als Leistungsstörung. [581]

*Auswirkungen auf Primäranspruch*

Das Recht der Leistungsstörungen ist das Kerngebiet des allgemeinen Schuldrechts; deshalb haben wir es auch in unserer Skriptenreihe hauptsächlich dort verortet. Daneben ergeben sich aber vielfältige Wechselwirkungen zum Primäranspruch, die im folgenden angesprochen werden sollen.

> **hemmer-Methode:** Das Recht der Leistungsstörungen ist ein überaus komplexes und daher klausurrelevantes Problem. Nachfolgend beschränkt sich die knappe Darstellung auf die Auswirkungen hinsichtlich der Primäransprüche der Vertragspartner. Zur Vertiefung dieser hier nur angedeuteten Probleme vgl. Sie unbedingt HEMMER/WÜST, Schuldrecht I!

#### 2. Unmöglichkeit

> **hemmer-Methode:** Ausführlich hierzu Hemmer/Wüst Schuldrecht I, Rn. 9 ff.

Unter Unmöglichkeit versteht man die dauerhafte Nichterbringbarkeit der geschuldeten Leistung. [582]

> **hemmer-Methode:** Was genau Inhalt der Leistungspflicht ist, müssen Sie oft an Hand genauer Sachverhaltsarbeit ermitteln. Unterschätzen Sie diese Aufgabe nicht – sie kann die Weichen für den Fortgang der Klausur stellen. Ungenauigkeiten können „tödlich" sein.

##### a) Arten der Unmöglichkeit [583]

Unter dem Oberbegriff Unmöglichkeit werden die folgenden Alternativen behandelt.

```
                        Unmöglichkeit
        ┌──────────┬──────────┬──────────┐
   „wirkliche"  „faktische"  „moralische"  „wirtschaftliche"
   Unmöglichkeit Unmöglichkeit Unmöglichkeit  Unmöglichkeit
   § 275 Absatz 1 § 275 Absatz 2 § 275 Absatz 3    § 313
        │              │             │
        ▼              ▼             ▼
   Primäranspruch              Einrede gegen
      geht unter                Primäranspruch
   (rechtsvernichtende
     Einwendungen)
```

---

[318] Vgl. dazu auch den zusammenfassenden Überblick von MEDICUS, „Die Leistungsstörungen im neuen Schuldrecht", JuS 2003, 521 ff.

**examenstypisch - anspruchsvoll - umfassend**

# Grundwissen

Für Ihr Jurastudium ist es nötig, sich schnell mit dem notwendigen Basiswissen einen Überblick zu verschaffen. Was aber ist wichtig und richtig?

Bei der Fülle der Ausbildungsliteratur kann einem die Lust auf Jura vergehen. Wir beschränken uns in dieser Ausbildungsphase auf das Wesentliche. Weniger ist mehr.

## Skripten Grundwissen

Die Reihe „Grundwissen" stellt die theoretische Ergänzung unserer Reihe „die wichtigsten Fälle" dar.

Mit ihr soll das notwendige Hintergrundwissen vermittelt werden, welches für die Bewältigung der Fallsammlungen erforderlich ist. Auf diese Art und Weise ergänzen sich beide Reihen ideal. Hilfreich dabei sind Verweisungen auf die jeweiligen Fälle der Fallsammlungen, so dass man das Erlernte gleich klausurtypisch anwenden kann.

Die Darstellung erfolgt bewusst auf sehr einfachem Niveau. Es werden also für die Bewältigung der Ausführungen keine Kenntnisse vorausgesetzt. Ebenso wird bewusst auf Vertiefungshinweise verzichtet. Eine Vertiefung kann erfolgen, wenn die Kenntnisse anhand der Fälle wiederholt wurden. Dazu werden Hinweise in den Fallsammlungen gegeben.

Grundwissen und die Reihe „Die wichtigsten Fälle" sind so das ideale Lernsystem für eine klausur- und damit prüfungstypische Arbeitsweise.

### Grundwissen Zivilrecht

| | |
|---|---|
| BGB AT (111.10) | 6,90 € |
| Schuldrecht AT (111.11) | 6,90 € |
| erhältlich ab Frühjahr 2007 | |
| Schuldrecht BT I (111.12) | 6,90 € |
| Schuldrecht BT II (111.13) | 6,90 € |
| Sachenrecht I (111.14) | 6,90 € |
| Sachenrecht II (111.15) | 6,90 € |

### Grundwissen Strafrecht

| | |
|---|---|
| erhältlich ab Frühjahr 2007 | |
| Strafrecht AT (112.20) | 6,90 € |
| Strafrecht BT I (112.21) | 6,90 € |

### Grundwissen Öffentliches Recht

| | |
|---|---|
| Staatsrecht (113.30) | 6,90 € |
| Verwaltungsrecht (113.31) | 6,90 € |

# Grundwissen

## Die wichtigsten Fälle

Die vorliegende Fallsammlung ist für Studenten in den ersten Semestern gedacht. Gerade in dieser Phase ist es wichtig, bei der Auswahl der Lernmaterialien den richtigen Weg einzuschlagen.

Die Gefahr zu Beginn des Studiums liegt darin, den Stoff zu abstrakt zu erarbeiten. Ein problemorientiertes Lernen, d.h. ein Lernen am konkreten Fall, führt zum Erfolg. Das gilt für die kleinen Scheine/die Zwischenprüfung genauso wie für das Examen. Wer gelernt hat, sich die Probleme des Falles aus dem Sachverhalt schnell zu erschließen, schreibt die gute Klausur.

Bei der Anwendung dieser Lernmethode sind wir Marktführer. Profitieren Sie von der 30-jährigen Erfahrung des Juristischen Repetitoriums hemmer im Umgang mit Examensklausuren. Diese Erfahrung fließt in sämtliche Skripten des Verlages ein. Das Repetitorium beschäftigt ausschließlich Spitzenjuristen, teilweise Landesbeste ihres Examenstermins. Die so erreichte Qualität in Unterricht und Skripten werden Sie woanders vergeblich suchen. Lernen Sie mit den Profis!

Ihre Aufgabe als Jurist wird es einmal sein, konkrete Fälle zu lösen. Diese Fähigkeit zu erwerben ist das Ziel einer guten juristischen Ausbildung. Nutzen Sie die Chance, diese Fähigkeit bereits zu Beginn Ihres Studiums zu trainieren. Erarbeiten Sie sich das notwendige Handwerkszeug anhand unserer Fälle. Sie werden feststellen:

Wer Jura richtig lernt, dem macht es auch Spaß. Je mehr Sie verstehen, desto mehr Freude werden Sie haben, sich neue Probleme durch eigenständiges Denken zu erarbeiten. Wir bieten Ihnen mit unserer juristischen Kompetenz die notwendige Hilfestellung.

Fallsammlungen gibt es viele. Die Auswahl des richtigen Lernmaterials ist jedoch der entscheidende Aspekt. Vertrauen Sie auf unsere Erfahrungen im Umgang mit Prüfungsklausuren. Unser Beruf ist es, alle klausurrelevanten Inhalte zusammenzutragen und verständlich aufzubereiten. Prüfungsinhalte wiederholen sich. Wir vermitteln Ihnen das, worauf es in der Prüfung ankommt – verständlich – knapp – präzise.

| | |
|---|---|
| BGB AT (115.21) | 12,80 € |
| Schuldrecht AT (115.22) | 12,80 € |
| Schuldrecht BT (115.23) | 12,80 € |
| GOA-BereicherungsR (115.24) | 12,80 € |
| Deliktsrecht (115.25) | 12,80 € |
| Verwaltungsrecht (115.26) | 12,80 € |
| Staatsrecht (115.27) | 12,80 € |
| Strafrecht AT (115.28) | 12,80 € |
| Strafrecht BT I (115.29) | 12,80 € |
| Strafrecht BT II (115.30) | 12,80 € |
| Sachenrecht I (115.31) | 12,80 € |
| Sachenrecht II (115.32) | 12,80 € |
| ZPO I (115.33) | 12,80 € |
| ZPO II (115.34) | 12,80 € |
| Handelsrecht (115.35) | 12,80 € |
| Erbrecht (115.36) | 12,80 € |
| Familienrecht (115.37) | 12,80 € |
| Gesellschaftsrecht (115.38) | 12,80 € |
| Arbeitsrecht (115.39) | 12,80 € |
| StPO (115.40) | 12,80 € |

## Sonderband
### Der Streit- und Meinungsstand im neuen Schuldrecht

Der hemmer/wüst Verlag stellt mit dem vorliegenden Werk die umstrittensten Problemkreise in 24 Fällen des neuen Schuldrechts dar, zeigt den aktuellen Meinungsstand auf und schafft so einen Überblick. Es wird das notwendige Wissen vermittelt.

| | |
|---|---|
| 115.20 | 14,80 € |

# Grundwissen

## Musterfälle für die Zwischenprüfung

Exempla docent - an Beispielen lernen. Die Fälle zu den Basics! Nur wer so lernt, weiß was in der Klausur verlangt wird.
Die Fallsammlungen erweitern unsere Basics und stellen die notwendige Fortsetzung für das Schreiben der Klausur dar. Genau das, was Sie für die Scheine brauchen - nämlich exemplarisch dargestellte Falllösungen. Wichtige, immer wiederkehrende Konstellationen werden berücksichtigt.

Profitieren Sie von der seit 1976 bestehenden Klausurerfahrung des Juristischen Repetitoriums hemmer. Über 1000 Klausuren wurden für die Auswahl der Musterklausuren auf ihre „essentials" analysiert

## Musterklausur für die Zwischenprüfung Zivilrecht

Ein Muss: Klassiker wie die vorvertragliche Haftung (c.i.c.), die Haftung bei Pflichtverletzungen im Schuldverhältnis (§ 280), Vertrag mit Schutzwirkung, Drittschadensliquidation, Mängelrecht, EBV, Bereicherungs- und Deliktsrecht werden klausurtypisch aufbereitet. Auf „specials" wie Saldotheorie, Verarbeitung, Geldwertvindikation, Vorteilsanrechnung und Nebenbesitz wird eingegangen. So entsteht wichtiges Grundverständnis.

16.31                                   14,80 €

## Musterklausur für die Zwischenprüfung Strafrecht

Auch hier wieder prüfungstypische Fälle mit genauen Aufbauhilfen. Die immer wiederkehrenden „essentials" der Strafrechtsrechtsklausur werden in diesem Skript abgedeckt: Von der Abgrenzung von dolus eventualis und bewusster Fahrlässigkeit über die Irrtumslehre bis hin zu Problemen der Täterschaft und Teilnahme, u.v.m. Wer sich die Zeit nimmt, diese Musterfälle sorgfältig durchzuarbeiten, besteht jede Grundlagenklausur.

16.32                                   14,80 €

## Musterklausur für die Zwischenprüfung Öffentliches Recht

Dieses Skript enthält die wichtigsten, in der Klausur immer wiederkehrenden Problemkonstellationen für die Bereiche Verfassungs- und Verwaltungsrecht. Im Verfassungsrecht werden die Zulässigkeitsvoraussetzungen von Verfassungsbeschwerden, Organstreitverfahren sowie abstrakter und konkreter Normenkontrolle erörtert. Im Rahmen der Begründetheitsprüfung werden die klausurrelevanten Grundrechte ausführlich erläutert. Gleichzeitig werden auch staatsorganisationsrechtliche Problemfelder aufbereitet. Die Klausuren zum Verwaltungsrecht zeigen die optimale Prüfung von Anfechtungs-, Verpflichtungs- und Fortsetzungsfeststellungsklagen sowie von Widerspruchsverfahren. Standardprobleme wie die Rücknahme oder der Widerruf eines Verwaltungsaktes und die Behandlung von Nebenbestimmungen eines VA sind u.a. Gegenstand der Begründetheitsprüfung.

16.33                                   14,80 €

## Die examenstypischen Begriffe/ ZivilR.

Das Grundwerk für die eigene Bibliothek. Alle examenstypischen Begriffe in diesem Nachschlagewerk werden anwendungsspezifisch für Klausur und Hausarbeit erklärt. Das gesammelte Examenswissen ist eine optimale schnelle Checkliste. Zusätzlicher Nutzen: Das große Stichwortverzeichnis. Neben der Einbettung des gesuchten Begriffs in den juristischen Kontext finden Sie Verweisungen auf entsprechende Stellen in unserer Skriptenreihe. Begriffe werden transparenter. Sie vertiefen Ihr Wissen. So können Sie sich schnell und auf anspruchsvollem Niveau einen Überblick über die elementaren Rechtsbegriffe verschaffen.

14.01                                   14,80 €

# Basiswissen

Sie sind Jurastudent in den mittleren Semestern und wollen die großen Scheine unter Dach und Fach bringen. Wenn Sie sich in dieser Phase mit tausend Meinungen beschäftigen, besteht die Gefahr, sich im Detail zu verlieren. Wir empfehlen Ihnen, schon jetzt das Material zu wählen, welches Sie nicht nur durch die Scheine, sondern auch durch das Examen begleitet.

## Die „Basics" - Reihe

Die **Klassiker** der hemmer-Reihe. So schaffen Sie die Universitätsklausuren **viel** leichter. Die Basics vermitteln Ihnen Grundverständnis auf anspruchsvollem Niveau, sie sind auch für die Examensvorbereitung ideal.
Denn: Wissen wird konsequent unter Anwendungsgesichtspunkten erworben.
Die Basics dienen auch der schnellen Wiederholung vor dem Examen oder der mündlichen Prüfung, wenn Zeit zur Mangelware wird.

### Basics-Zivilrecht I
BGB-AT/ Vertragliche Schuldverhältnisse mit dem neuen Schuldrecht

Im Vordergrund steht die Vermittlung der Probleme des Vertragsschlusses, u.a. das Minderjährigenrecht und die Stellvertretung. Neben rechtshindernden (z.B. §§ 134, 138 BGB) und rechtsvernichtenden Einwendungen (z.B. Anfechtung) werden auch die Klassiker der Pflichtverletzung nach § 280 BGB wie Unmöglichkeit (§§ 280 I, III, 283), Verzug (§§ 280 I, II, 286) und Haftung bei Verletzung nicht leistungsbezogener Nebenpflichten i.S.d. § 241 II BGB (früher: pVV bzw. c.i.c. jetzt: § 280 I bzw. § 280 I i.V.m. § 311 II BGB) behandelt. Ausführlich wird auf die wichtige Unterscheidung von Schadensersatz nach § 280 I BGB und Schadensersatz statt der Leistung nach §§ 280 I, III, 281-283 bzw. § 311a II BGB eingegangen. Nach Mängelrecht, Störung der GG und Schadensrecht schließt das Skript mit dem nicht zu unterschätzenden Gebiet des Dritten (z.B. Abgrenzung § 278 / § 831 / § 31; § 166; Vertrag mit Schutzwirkung zugunsten Dritter; DriSchaLi) im Schuldverhältnis ab.

110.0011                                    14,80 €

### Basics-Zivilrecht II
Gesetzliche Schuldverhältnisse, Sachenrecht

Das Skript befasst sich mit dem Recht der GoA, dem Bereicherungsrecht und dem Recht der unerlaubten Handlungen als immer wieder klausurrelevante gesetzliche Schuldverhältnisse. Der Einstieg in das Sachenrecht wird mit der Abhandlung des Besitzrechts und dem Erwerb dinglicher Rechte an beweglichen Sachen erleichtert, wobei der Schwerpunkt auf dem rechtsgeschäftlichen Erwerb des Eigentums liegt. Über das für jede Prüfung unerlässliche Gebiet des EBV gibt das Skript einen ausführlichen Überblick. Eine systematische Aufbereitung des Pfandrechts und des Grundstücksrechts führen zum richtigen Verständnis dieser prüfungsrelevanten Gesetzesmaterie.

110.0012                                    14,80 €

### Basics-Zivilrecht III
Familienrecht/ Erbrecht

Die typischen Probleme des Familienrechts: Von der Ehe als Klassiker für die Klausur (z.B. § 1357; GbR; Gesamtschuldner; Gesamtgläubiger; §§ 1365; 1369 BGB) zum ehelichen Güterrecht bis hin zur Scheidung.
Gegenstand des Erbrechts sind die gesetzliche und gewillkürte Erbfolge, die möglichen Verfügungen (Testament bzw. Erbvertrag) des Erblassers und was sie zum Inhalt haben (z.B. Erbeinsetzung, Vermächtnis, Auflage), Annahme und Ausschlagung der Erbschaft sowie neben Fragen der Rechtsstellung des Erben (z.B. im Verhältnis zum Erbschaftsbesitzer) auch das Pflichtteilsrecht und der Erbschein. Fazit: Das Wichtigste in Kürze für den schnellen Überblick.

110.0013                                    14,80 €

### Basics-Zivilrecht IV
Zivilprozessrecht (Erkenntnisverfahren und Zwangsvollstreckungsverfahren)

Wegen fehlender Praxis ist in der Regel die ZPO dem Studenten fremd. Von daher wurde hier besonders auf leichte Verständlichkeit Wert gelegt. Der Schwerpunkt im Erkenntnisverfahren liegt neben den immer wiederkehrenden Problemen der Zulässigkeitsvoraussetzungen (z.B. Zuständigkeit, Streitgegenstand) auf den typischen Problemen des Prozesses, wie z.B. Versäumnisurteil, Widerklage und Klagenhäufung. Die Beteiligung Dritter am Rechtsstreit wird im Hinblick auf die Klausur und die examensrelevante Verortung erklärt.
Das Kapitel der Zwangsvollstreckung befasst sich vor allem mit dem Ablauf der Zwangsvollstreckung und den möglichen Rechtsbehelfen von Schuldner, Gläubiger und Dritten.
Dieses Skript gehört daher zur „Pflichtlektüre", um sich einen vernünftigen Überblick zu verschaffen!

110.0014                                    14,80 €

# Basiswissen

## Basics-Zivilrecht V
### Handels- und Gesellschaftsrecht
Im Vordergrund steht: Wie baue ich eine gesellschaftsrechtliche Klausur richtig auf. Häufig geht es um die Haftung der Gesellschaft und der Gesellschafter. Eine systematische Aufbereitung führt durch das Recht der Personengesellschaften, also der GbR und OHG, sowie der KG. Das Recht der Körperschaften, wozu der rechts- und nichtrechtsfähige Verein, die GmbH sowie die AG zählen, wird ebenso im Überblick dargestellt. Auf dem Gebiet des Handelsrechts als Sonderrecht des Kaufmanns dürfen typische Problemkreise wie Kaufmannseigenschaft, Handelsregister, Wechsel des Unternehmensträgers und das kaufmännische Bestätigungsschreiben nicht fehlen. Abschließend befasst sich das Skript mit den Mängelrechten beim Handelskauf, der auch häufig die Schnittstelle zu BGB-Problemen darstellt.

*110.0015*　　　　　　　　　　　　　　　*14,80 €*

## Basics-Zivilrecht VI
### Arbeitsrecht
Das Arbeitsrecht gehört in den meisten Bundesländern zum Pflichtprogramm in der Examensvorbereitung. Hier tauchen immer wieder die gleichen Fragestellungen auf, die in diesem Skript knapp, präzise und klausurtypisch aufbereitet werden, wie die Zulässigkeit der Kündigungsschutzklage, Kündigungsschutz nach dem KSchG, innerbetrieblicher Schadensausgleich, fehlerhafter Arbeitsvertrag und die Reaktionsmöglichkeiten des Arbeitnehmers auf Änderungskündigungen. Ferner bildet auch das Recht der befristeten Arbeitsverhältnisse nach dem TzBfG einen Schwerpunkt.

*110.0016*　　　　　　　　　　　　　　　*14,80 €*

## Basics-Strafrecht
Je besser der Einstieg, umso besser später die Klausuren. Weniger ist häufig mehr. Alle klausurwichtigen Probleme und Fragestellungen des materiellen Strafrechts auf einen Blick: Vom StGB-AT bis hin zum StGB-BT finden Sie all das dargestellt, was als Grundlagenwissen im Strafrecht angesehen wird. Außerdem werden die wichtigsten Aufbaufragen zur strafrechtlichen Klausurtechnik - an denen gerade Anfänger häufig scheitern - in einem eigenen Kapitel einfach und leicht nachvollziehbar erläutert.

*110.0032*　　　　　　　　　　　　　　　*14,80 €*

## Basics-Öffentliches Recht I
### Verfassungsrecht/ Staatshaftungsrecht
Materielles und prozessuales Verfassungsrecht bilden zusammen mit wichtigen Problemstellungen des Staatshaftungsrechts die Grundlage für dieses Skript. Öffentlich-rechtliches Wissen wird konsequent unter Anwendungsgesichtspunkten erworben.

*110.0035*　　　　　　　　　　　　　　　*14,80 €*

## Basics-Öffentliches Recht II
### Verwaltungsrecht
Grundfragen des allgemeinen und besonderen Verwaltungsrechts werden im Rahmen der wichtigsten Klagearten der VwGO verständlich und einprägsam dargestellt. Zusammen mit dem Skript Ö-Recht I werden Sie sich in der öffentlich rechtlichen Klausur sicher fühlen.

*110.0036*　　　　　　　　　　　　　　　*14,80 €*

## Basics-Steuerrecht
Die Basics im Steuerrecht für einen einfachen, aber instruktiven Einstieg in das materielle Einkommensteuer- und Steuerverfahrensrecht. Die notwendigen Bezüge des Einkommensteuerrechts zum Umsatz- und Körperschaftssteuerrecht werden dargestellt sowie auf examens- und klausurtypische Konstellationen hingewiesen. Ein ideales Skript für alle, die sich erstmals mit der Materie befassen und die Grundstrukturen verstehen wollen. Es wird der Versuch unternommen, den Einstieg so verständlich wie möglich zu gestalten. Dazu werden immer wieder kleine Beispiele gebildet, die das Erlernen des abstrakten Stoffs vereinfachen sollen.

*110.0004*　　　　　　　　　　　　　　　*14,80 €*

## Basics-Europarecht
Neben unserem Hauptskript nun die Basics zum Europarecht. Verständlicher Einstieg oder schnelle Wiederholung der wesentlichen Probleme? Für beides sind die Basics ideal. Wer in die Tiefe gehen möchte, kann dies mit unserem Klassiker, dem Hauptskript Europarecht. In Verbindung mit den Classics Europarecht und der Fallsammlung auf Examensniveau sind Sie somit gerüstet für die Prüfung in Ausbildung und Examen. Vernachlässigen Sie dieses immer wichtiger werdende Prüfungsgebiet nicht!

*110.0005*　　　　　　　　　　　　　　　*14,80 €*

# Skripten Classics

> In den Classics haben wir für Sie die wichtigsten Entscheidungen der Obergerichte, denen Sie während Ihres Studiums immer wieder begegnen, ausgewählt und anschaulich aufbereitet. Bestimmte Entscheidungen müssen bekannt sein. In straffer Form werden der Sachverhalt, die Entscheidungssätze und die Begründung dargestellt. Die hemmer-Methode ordnet die Rechtssprechung für die Klausuren ein. Rechtsprechung wird so verständlich, Seitenfresserei vermieden.
>
> Hiermit bereiten Sie sich auch gezielt auf die mündliche Prüfung vor.

## BGH-Classics Zivilrecht
Rechtskultur und Verständnis des Gesetzes werden in weiten Teilen von der Rechtsprechung geprägt. Nicht umsonst spricht man von der Rechtsprechung als der normativen Kraft des Faktischen. Die wegweisenden Entscheidungen müssen Student, Referendar und Anwalt bekannt sein. Auf leicht erfaßbare, knappe, präzise Darstellung wird Wert gelegt. Die hemmer-Methode sichert den für die Klausur und Hausarbeit notwenigen „background" ab.

*15.01*　　　　　　　　　　　　　　　*14,80 €*

# Examenswissen

In der letzten Phase sollten Sie sich mit voller Kraft auf das Examen vorbereiten. Besonders wichtig ist jetzt fundiertes Wissen auf Examensniveau! unser Filetstück: die Hauptskripten. Konfronierten Sie sich frühzeitig mit dem, was Sie im Examen erwartet. Examenswissen unter professioneller Anleitung.

## Zivilrecht BGB-AT I-III

Die Aufteilung der Unwirksamkeitsgründe nach den verschiedenen Büchern des BGB (z.B. BGB-AT, Schuldrecht AT usw.) entspricht nicht der Struktur des Examensfalls. Wegen der klassischen Einteilung wird der Begriff BGB-AT/ Schuldrecht AT beibehalten. Unsere Skripten BGB-AT I - III unterscheiden entsprechend der Fallfrage in Klausur und Hausarbeit (Anspruch entstanden? Anspruch untergegangen? Anspruch durchsetzbar?) zwischen wirksamen und unwirksamen Verträgen, zwischen rechtshindernden, rechtsvernichtenden und rechtshemmenden Einwendungen. Damit stellen sich diese Skripten als großer Fall dar und dienen auch als Checkliste für Ihre Prüfung. Schon das Durchlesen der Gliederung schafft Verständnis für den Prüfungsaufbau.

### BGH-Classics Strafrecht
Auch die Entscheidungen im Strafrecht in ihrer konkreten Aufbereitung führen zur richtigen Einordnung der jeweiligen Problematik. Es wird die Interessenslage der Rechtsprechung erklärt. Im Vordergrund steht oft Einzelfallgerechtigkeit. Deswegen vermeidet die Rechtsprechung auch allzu dogmatische Entscheidungen.
Effizient, und damit in den wesentlichen Punkten knapp und präzise, wird die Entscheidung selbst wiedergegeben. So sparen Sie sich Zeit und erleiden nicht den berühmten Informationsinfarkt. Sowohl in der Examensvorbereitung, als auch in Klausur und Hausarbeit dienen die Classics als schnelles Lern- und Nachschlagewerk.

*15.02*     *14,80 €*

### Classics Öffentliches Recht
Das Skript umfasst die Dauerbrenner aus den Bereichen der Rechtsprechung zu den Grundrechten, zum Staatsrecht, Verwaltungsrecht AT und BT sowie zum Europarecht. Neben der inhaltlichen Darstellung der Entscheidung werden mit Hilfe knapper Anmerkungen Besonderheiten und Bezüge zu anderen Problematiken hergestellt und somit die Fähigkeit zur Verknüpfung geschärft.

*15.03*     *14,80 €*

### Classics Europarecht
Anders als im amerikanischen Recht gibt es bei uns kein reines „case-law". Gleichwohl hat die Rechtsprechung für Rechtsentwicklung und -fortbildung eine große Bedeutung. Gerade im Europarecht kommt man ohne festes Basiswissen in der europäischen Rechtsprechung nur selten zum Zuge. Auch für das Pflichtfach ein unbedingtes Muss!

*15.04*     *14,80 €*

### BGB-AT I
*Entstehen des Primäranspruchs*
Besteht der Vertrag, so kann der Anspruchsteller Erfüllung, z.B. Übereignung, Überlassung der Mietsache etc. verlangen. Dies setzt unter anderem Rechtsfähigkeit der Vertragspartner, eine wirksame Willenserklärung, Zugang und ggf. Bevollmächtigung voraus. Nur wenn ein wirksamer Vertrag vorliegt, entsteht die Leistungspflicht des Schuldners und deren Folgeproblematik wie Rücktritt und Schadensersatz. Konsequent befasst sich das Skript daher auch mit den Problemkreisen der Stellvertretung sowie der Einbeziehung von AGB'en.

*0001*     *14,80 €*

### BGB-AT II
*Scheitern des Primäranspruchs*
Scheitert der Vertrag von vornherein, so entfallen Erfüllungsansprüche. Die Unwirksamkeitsgründe sind im Gesetz verstreut, wie z.B. § 125, § 134, § 2301. Als konsequentes Rechtsfolgenskriptum sind alle klausurtypischen rechtshindernden Einwendungen zusammengefasst.

*0002*     *14,80 €*

### BGB-AT III
*Erlöschen des Primäranspruchs*
Der Primäranspruch (bzw. Leistungs- oder Erfüllungsanspruch) kann nachträglich wegfallen, z.B. durch Erfüllung, Aufrechnung, Anfechtung, Unmöglichkeit. Nur wer Unwirksamkeitsgründe im Kontext des gescheiterten Vertrags einordnet, lernt richtig. Die rechtshemmenden Einreden (z.B. Verjährung, § 214 BGB) bewirken, dass der Berechtigte sein Recht nicht (mehr) geltend machen kann.

*0003*     *14,80 €*

# Examenswissen

> Die klassischen Rechtsfolgeskripten zum Schadensersatz - „klausurtypisch!"

## Schuldrecht

> Die Reihe Schuldrecht orientiert sich an der Klausurrelevanz des Schuldrechts. In nahezu jeder Klausur ist nach Schadensersatzansprüchen des Gläubigers bei Leistungsstörungen des Schuldners, nach bereicherungsrechtlichen Ansprüchen oder nach der deliktischen Haftung gefragt.
> Die Schuldrechtsskripten eignen sich hervorragend sowohl zur erstmaligen Aneignung der Materie als auch zur aufgrund der Schuldrechtsreform notwendigen Neustrukturierung bereits vorhandenen Wissens.

### Schadensersatzrecht I
Das Skript erfasst neben Allgemeinem zum Schadensersatzrecht zunächst den selbstständigen Garantievertrag als Primäranspruch auf Schadensersatz. Daneben wird die gesetzliche Garantiehaftung behandelt. Ebenfalls enthalten sind die Sachmängelhaftung im Kauf- und Werk-, Miet- und Reisevertragsrecht sowie die Rechtsmängelhaftung.

*0004*     14,80 €

### Schadensersatzrecht II
Umfassende Darstellung des Leistungsstörungsrechts, rechtsfolgenorientierte Darstellung der Sekundäransprüche-Schadensersatzansprüche.

*0005*     14,80 €

### Schadensersatzrecht III
Befasst sich schwerpunktmäßig mit dem Anspruchsinhalt, d.h. mit der Frage des Umfangs der Ersatzpflicht, also dem „wie viel" eines dem Grunde nach bereits bestehenden Anspruchs. Drittschadensliquidation, Vorteilsausgleichung und hypothetische Schadensursachen dürfen nicht fehlen.

*0006*     14,80 €

### Schuldrecht I
Das allgemeine Leistungsstörungsrecht war schon immer äußerst klausurrelevant. Dies hat sich durch die Schuldrechtsreform in erheblichem Maße verstärkt, zumal das Besondere Schuldrecht nun häufig Rückverweisungen auf die §§ 280 ff. BGB vornimmt (z.B. § 437 BGB). Entsprechend der Gesetzessystematik ist das Skript von der Rechtsfolge her aufgebaut: Welche Art des Schadensersatzes verlangt der Gläubiger? Schwerpunkte bilden das Unmöglichkeitsrecht, der allgemeine Anspruch aus § 280 I BGB (auch vorvertragliche Haftung und Schuldnerverzug), die Ansprüche auf Schadensersatz statt der Leistung, Rücktritt und Störung der Geschäftsgrundlage.

*0051*     14,80 €

### Schuldrecht II
Die Klassiker im Examen! Kauf- und Werkvertrag in allen prüfungsrelevanten Varianten. Dies gilt insbesondere beim Kauf, dessen spezielles Gewährleistungsrecht abgeschafft und stattdessen auf die §§ 280 ff. BGB Bezug genommen wurde. Das Skript setzt sich mit den kaufspezifischen Fragestellungen wie Sachmangelbegriff, Nacherfüllung, Rücktritt, Minderung und Schadensersatz, Versendungs- und Verbrauchsgüterkauf auseinander. Ferner wird das - dem Kauf nun weitgehend gleichgeschaltete - Werkvertragsrecht behandelt.

*0052*     14,80 €

### Schuldrecht III
Umfassend werden die klausurrelevanten Probleme der Miete, Pacht, Leihe, des neuen Darlehensrechts (samt Verbraucherwiderruf nach §§ 491 ff. BGB), des Leasing- und Factoringrechts abgehandelt. Die äußerst wichtigen Fragestellungen aus dem Bereich Bürgschaft („Wer bürgt, wird erwürgt"), Reise- und Maklervertrag kommen ebenfalls nicht zu kurz.

*0053*     14,80 €

# Examenswissen

### Bereicherungsrecht
Die §§ 812 ff. sind regelmäßig die Folge unwirksamer Verträge. Abgrenzungsprobleme gibt es dabei u.a. zum Wegfall der Geschäftsgrundlage (z.B. Rückabwicklung bei der nichtehelichen Lebensgemeinschaft) und §§ 987 ff. Die hemmer-Methode versteht sich als Gebrauchsanweisung für die erfolgreiche Bewältigung des anspruchsvollen Rechtsgebiets Bereicherungsrecht. Ohne Verständnis für dieses Rechtsgebiet bleibt der Zusammenhang im Zivilrecht im Dunkeln.

0008                                                14,80 €

### Verbraucherschutzrecht
Das Verbraucherschutzrecht erlangt im Gesamtgefüge des BGB eine immer stärkere Bedeutung. Kaum ein Bereich, in dem die Besonderheiten des Verbraucherschutzrechtes nicht zu abweichenden Ergebnissen führen, so z.B. bei den §§ 474 ff. BGB, oder bei der Widerrufsproblematik der §§ 355 ff. BGB. Insbesondere die umständliche Verweisungstechnik der §§ 499 ff. BGB stellt den Bearbeiter von Klausuren vor immer neue Herausforderungen. Das Skript liefert eine systematische Einordnung in den Gesamtzusammenhang. Wer den Verbraucher richtig einordnet, schreibt die gute Klausur.

0007                                                14,80 €

### Deliktsrecht I
Eine umfassende Einführung in das deliktische Haftungssystem. Da die deliktische Haftung gegenüber jedermann besteht, können die §§ 823 ff BGB. in jede Klausur problemlos eingebaut werden. Neben einer umfassenden Übersicht über die Haftungstatbestände werden sämtliche klausurrelevanten Problemfelder der §§ 823 ff BGB. umfassend behandelt (z.B. Probleme der haftungsbegründenden und -ausfüllenden Kausalität). § 823 I BGB ist als elementarer, strafrechtsähnlicher Grundtatbestand leicht erlernbar. Auch § 823 II und §§ 824 - 826 BGB sollten nicht vernachlässigt werden. Neben § 831 BGB (Vorsicht beim Entlastungsbeweis!), der Haftung für Verrichtungsgehilfen, befasst sich der erste Band auch mit der Mittäterschaft, Teilnahme und Beteiligung gem. § 830 BGB.

0009                                                14,80 €

### Deliktsrecht II
Deliktsrecht II vervollständigt das deliktische Haftungssystem mit besonderem Schwerpunkt auf der Gefährdungshaftung und der Haftung für vermutetes Verschulden. Zum einen erfolgt eine ausführliche Erörterung der im BGB integrierten Haftungsnormen. Zum anderen vermittelt das Skript ein umfassendes Wissen in den klausurrelevanten Spezialgesetzen wie dem StVG, dem ProdHaftG und dem UmweltHaftG. Abgerundet werden die Darstellungen durch den wichtigen Beseitigungs- und Unterlassungsanspruch des § 1004 BGB.

0010                                                14,80 €

## Sachenrecht I-III:

> Sachenrecht ist durch immer wiederkehrende examenstypische Problemfelder gut ausrechenbar. Anders als das Schuldrecht ist es ein klar strukturiertes Rechtsgebiet. In der Regel besteht deswegen eine feste Vorstellung, wie der Fall zu lösen ist. Deshalb gilt es gerade hier, mit der hemmer-Methode den Ersteller der Klausur als imaginären Gegner zu erfassen. Es gilt, Begriffe wie z.B. Widerspruch und Vormerkung in ihrer rechtlichen Wirkung zu begreifen und in den Kontext der Klausur einzuordnen.

### Sachenrecht I
Zu Beginn werden die allgemeinen Lehren des Sachenrechts (Abstraktionsprinzip, Publizität, numerus clausus etc.) behandelt, die für den Einstieg und ein grundlegendes Verständnis der Materie unabdingbar sind. Im Vordergrund stehen dann das Besitzrecht und das Eigentümer-Besitzer-Verhältnis. Gerade das EBV ist klausurrelevant. Hier dürfen Sie keinesfalls auf Lücke lernen. Schließlich geht es auch um den immer wichtiger werdenden (verschuldensunabhängigen) Beseitigungs- bzw. Unterlassungsanspruch aus § 1004 BGB.

0011                                                14,80 €

### Sachenrecht II
Sachenrecht II behandelt den Erwerb dinglicher Rechte an beweglichen Sachen. Neben dem Erwerb kraft Gesetzes ist Schwerpunkt hier natürlich der rechtsgeschäftliche Erwerb des Eigentums. Bei dem Erwerb vom Berechtigten und den §§ 932 ff. BGB müssen Sie sicher sein, insbesondere, wenn wie im Examensfall regelmäßig Dritte (Besitzdiener, Besitzmittler, Geheißpersonen) in den Übereignungstatbestand eingeschaltet werden. Daneben geht es um die klausurrelevanten Probleme beim Pfandrecht, bei der Sicherungsübereignung und beim Anwartschaftsrecht des Vorbehaltsverkäufers.

0012                                                14,80 €

### Sachenrecht III
Gegenstand des Skripts Sachenrecht III ist das Immobiliarsachenrecht, wobei die Übertragung des Eigentums an Grundstücken im Vordergrund steht. Weitere Schwerpunkte bilden u.a. Erst- und Zweiterwerb der Vormerkung, die Hypothek und Grundschuld -Gemeinsamkeiten und Unterschiede-, Übertragung sowie der Wegerwerb von Einwendungen und Einreden bei diesen.

0012A                                               14,80 €

### Kreditsicherungsrecht
Der Clou! Wettlauf der Sicherungsgeber, Verhältnis Hypothek zur Grundschuld, Verlängerter Eigentumsvorbehalt und Globalzession/Factoring sind häufig Prüfungsgegenstand. Lernen Sie das, was zusammen gehört, als zusammengehörend zu betrachten. Alle examenstypischen Sicherungsmittel im Überblick: Wie sichere ich neben dem bestehen-

# Examenswissen

den Rückzahlungsanspruch einen Kredit? Unterschieden werden Personalsicherheiten (z.B. Bürgschaft, Schuldbeitritt), Mobiliarsicherheiten (z.B. Sicherungsübereignung, Sicherungsabtretung, Eigentumsvorbehalt und Pfandrecht) sowie Immobiliar-sicherheiten (Grundschuld und Hypothek). Wer die Unterscheidung zwischen akzessorischen und nichtakzessorischen Sicherungsmitteln wirklich verstanden hat, geht unbesorgt in die Prüfung.

*0013* *14,80 €*

## Nebengebiete

### Familienrecht
Das Familienrecht wird häufig in Verbindung mit anderen Rechtsgebieten geprüft. So sind z.B. §§ 1357, 1365, 1369 BGB Schnittstelle zum BGB-AT und nur in diesem Kontext verständlich. Die sog. Ehestörungsklage hat ihre Bedeutung bei §§ 823 und 1004 BGB. Da nur der geschädigte Ehegatte einen eigenen Schadensersatzanspruch gegen den Schädiger hat, stellen sich Probleme der Vorteilsanrechnung (vgl. § 843 IV BGB) und Fragen beim Regress. Von Bedeutung sind bei der Nichtehelichen Lebensgemeinschaft Bereicherungsrecht und, wie bei Eheleuten auch, familienrechtliche Bestimmungen sowie das Recht der BGB-Gesellschaft. Die typischen Problemkreise des Familienrechts sind berechenbar und leicht erlernbar.

*0014* *14,80 €*

### Erbrecht
„Erben werden geboren, nicht gekoren." oder „Erben werden gezeugt, nicht geschrieben." deuten auf germanischen Einfluß mit seinem Sippengedanken. Das Prinzip der Universalsukzession und die Testamentidee sind römischrechtliche Tradition. Die Spannung zwischen individualistischem (der Erbe steht im Vordergrund) und kollektivistischem Ansatz (die Sippe ist privilegiert) ist auch für die Klausur von großer praktischer Relevanz, z.B. gewillkürte oder gesetzliche Erbfolge, Formwirksamkeit des Testaments (auch gemeinschaftliches Testament und Erbvertrag), Widerruf und Anfechtung, Bestimmung durch Dritte, Vor- und Nach- sowie Ersatzerbschaft, Vermächtnis, Pflichtteilsrecht, Erbschaftsbesitz, Miterben, Erbschein. Auch die dingliche Surrogation, z.B. bei § 2019 BGB, und das Verhältnis des Erbrechts zum Gesellschaftsrecht sollte als prüfungsrelevant bekannt sein.

*0015* *14,80 €*

### Zivilprozessrecht I
Versäumnisurteil, Erledigung, Streitverkündung, Berufung (ZPO I, sog. Erkenntnisverfahren) sind mit der hemmer-Methode leicht verständlich für die Klausuranwendung aufbereitet. Von den vielen Bestimmungen der ZPO sind insbesondere diejenigen, die mit materiellrechtlichen Problemen verknüpft werden können, klausurrelevant. ZPO-Probleme werden nur dann richtig erfasst und damit auch für die Klausur handhabbar, wenn man den praktischen Hintergrund verstanden hat. Dies erleichtert Ihnen die hemmer-Methode. Die klausurrelevanten Neuerungen der ZPO-Reform sind selbstverständlich eingearbeitet.

*0016* *14,80 €*

### Zivilprozessrecht II
Zwangsvollstreckungsrecht - mit diesem Skript halb so wild: Grundzüge, allgemeine und besondere Vollstreckungsvoraussetzungen, sowie die klausurrelevanten Rechtsbehelfe wie §§ 771 BGB (und die Abgrenzung zu § 805), 766 und 767 BGB werden wie gewohnt übersichtlich und gut verständlich für die Anwendung in der Klausur aufbereitet. Dann werden auch gefürchtete Zwangsvollstreckungsklausuren leicht.

*0017* *14,80 €*

### Arbeitsrecht
Arbeitsrecht ist stark von Richterrecht geprägt und hat sich auch, wie z.B. im Streikrecht, praeter legem entwickelt. Entsprechend häufig sind die Neuerungen. Gleichwohl ist die Arbeitsrechtsklausur im Regelfall standardisiert: Kündigungsschutz (Feststellungsklage) und Lohnzahlung (Leistungsklage) bilden häufig das Grundgerüst. Eingestreut sind regelmäßig Probleme wie z.B. Gratifikationen, Urlaubsabgeltungsanspruch, faktische Bindung und Anwendbarkeit der Grundrechte. Verständnis entsteht. So macht Arbeitsrecht Spaß. Das Standardwerk! Ausgehend von einem großen Fall wird das gesamte Arbeitsrecht knapp und prägnant erklärt.

*0018* *16,80 €*

### Handelsrecht
Handelsrecht verschärft wegen der Sonderstellung der Kaufleute viele Bestimmungen des BGB (z.B. §§ 362, 377 HGB). Auch Vertretungsrecht wird modifiziert (z.B. § 15 HGB, Prokura), ebenso die Haftung (§§ 25 ff HGB). So kann eine Klausur ideal gestreckt werden. Deshalb sind Kenntnisse im Handelsrecht unerlässlich, alles in allem aber leicht erlernbar.

*0019A* *14,80 €*

### Gesellschaftsrecht
Ein Problem mehr in der Klausur: die Gesellschaft, insbesondere BGB-Gesellschaft, OHG, KG und GmbH. Zu unterscheiden ist häufig zwischen Innen- und Außenverhältnis. Die Haftung von Gesellschaft und Gesellschaftern muss jeder kennen. In der examenstypischen Klausur sind immer mehrere Personen vorhanden (Notendifferenzierung!), so dass sich zwangsläufig die typischen Schwierigkeiten der Mehrpersonenverhältnisse stellen (Zurechnung, Gesamtschuld, Ausgleichsansprüche etc.).

*0019B* *14,80 €*

# Examenswissen

## Rechtsfolgeskripten

> Regelmäßig ist die sog. Herausgabeklausur („A verlangt von B Herausgabe. Zu Recht?") Prüfungsgegenstand. Der Rückgriff kann als Zusatzfrage jede Klausur abschließen. Klausurtypisch werden diese Problemkreise im Anspruchsgrundlagenaufbau dargestellt. So schreiben Sie die 18 Punkteklausur. Ein Muss für jeden Examenskandidaten!

### Herausgabeansprüche
Der Band setzt das Rechtsfolgesystem bisheriger Skripten fort. Die Anspruchsgrundlagen, die in den verschiedenen Rechtsgebieten verstreut sind, werden in einem eigenen Skript klausurtypisch konzentriert behandelt, §§ 285, 346, 546, 604, 812, 861, 985, 1007 BGB. Die ideale Checkliste für die Herausgabeklausur. Wer konsequent von der Fallfrage aus geht, lernt richtig.

*0031*                                           14,80 €

### Rückgriffsansprüche
Der Regreß ist examenstypisch. Dreiecksbeziehungen sind nicht nur im wirklichen Leben problematisch, sondern auch im Recht. Der Band gibt unsere Erfahrungen mit den verschiedenen Examenskonstellationen wieder. Beispielhaft ist die Begleichung einer Schuld durch einen Dritten und der Regreß beim Schuldner. In Betracht kommen häufig GoA, Gesamtschuld und Bereicherungsrecht.

*0032*                                           14,80 €

## Strafrecht

> Eine zweistellige Punktezahl ist im Strafrecht immer im Bereich des Möglichen. Gerade im Strafrecht ist es wichtig, die Klassiker genau zu kennen. Im Strafrecht/Strafprozessrecht wird Ihre Belastbarkeit getestet: innerhalb relativ kurzer Zeit müssen viele Problemkreise „abgehakt" werden.

### Strafrecht AT I
Für das Verständnis im Strafrecht unabdingbar sind vertiefte Kenntnisse des Allgemeinen Teils. Der Aufbau eines vorsätzlichen Begehungsdelikts wird ebenso vermittelt wie der eines vorsätzlichen Unterlassungsdelikts bzw. eines Fahrlässigkeitsdelikts. Darin eingebettet werden die examenstypischen Probleme erläutert und anhand der hemmer-Methode Lernverständis geschaffen. Um die allgemeine Strafrechtssystematik besser zu verstehen, beinhaltet dieses Skript zudem Ausführungen zur Garantiefunktion des Strafrechts, zum Geltungsbereich des deutschen Strafrechts sowie einen Überblick über strafrechtliche Handlungslehren.

*0020*                                           14,80 €

### Strafrecht AT II
Dieses Skript vermittelt Ihnen anwendungsorientiert die Problemkreise Versuch (insbesondere Rücktritt vom Versuch), Täterschaft und Teilnahme (z.B. Täter hinter dem Täter), die Irrtumslehre (z.B. aberratio ictus), sowie das Wichtigste zu den Konkurrenzen. Grundbegriffe werden erläutert und zudem in den klausurtypischen Zusammenhang gebracht. Auch Sonderfälle wie die „actio libera in causa" werden in fallspezifischer Weise erklärt.

*0021*                                           14,80 €

### Strafrecht BT I
Bei den Klassikern wie u.a. Diebstahl, Betrug einschließlich Computerbetrug, Raub, Erpressung, Hehlerei, Untreue (BT I) sollte man sich keine Fehltritte leisten. Mit der hemmer-Methode wird der verständnisvolle Umgang mit Fällen, die im Grenzbereich eines oder mehrerer Tatbestände liegen, eingeübt. Auf klausurtypische Fallkonstellationen wird hingewiesen.

*0022*                                           14,80 €

### Strafrecht BT II
Immer wieder in Hausarbeit und Klausur: Totschlag, Mord, Körperverletzungsdelikte, Aussagedelikte, Urkundsdelikte, Straßenverkehrsdelikte. In aller Regel werden diese Delikte mit Täterschaftsformen des Allgemeinen Teils kombiniert, und dadurch die Problematik klausurtypisch gestreckt.

*0023*                                           14,80 €

### Strafprozessordnung
Strafprozessrecht hat auch im Ersten Juristischen Staatsexamen deutlich an Bedeutung gewonnen: In fast jedem Bundesland ist mittlerweile verstärkt mit StPO-Zusatzfragen im Examen zu rechnen. Begriffe wie z.B. Legalitätsprinzip, Opportunitätsprinzip und Akkusationsprinzip dürfen keine Fremdworte bleiben. Lernen Sie spielerisch die Abgrenzung von strafprozessualem und materiellem Tatbegriff.

*0030*                                           14,80 €

# Examenswissen

## Verwaltungsrecht

> Auch die Verwaltungsrechtsskripten sind klausur- und hausarbeitsorientiert und damit als großer Fall zu verstehen. Trainieren Sie Verwaltungsrecht mit uns klausurorientiert. Lernen Sie mit der hemmer-Methode die richtige Einordnung. Im Öffentlichen Recht gilt: wenig Dogmatik - viel Gesetz. Gehen Sie deshalb mit dem sicheren Gefühl in die Prüfung, die Dogmatik genau zu kennen und zu wissen, wo Sie was zu prüfen haben.

### Verwaltungsrecht I
Wie in einem großen Fall sind im Verwaltungsrecht I die klausurtypischen Probleme der Anfechtungsklage als zentrale Klageart der VwGO dargestellt. Entsprechend der Reihenfolge in einer Klausur werden Fragen der Zulässigkeit, vom Vorliegen eines VA bis zum Vorverfahren, und der Begründetheit, von der Ermächtigungsgrundlage bis zum Widerruf und der Rücknahme von VAen, klausurorientiert aufbereitet.

*0024*     *14,80 €*

### Verwaltungsrecht II
Die richtige Einordnung der Prüfungspunkte im Rahmen der Zulässigkeit und Begründetheit von Verpflichtungs-, Fortsetzungsfeststellungs-, Leistungs- und Feststellungsklage sowie Normenkontrolle unter gleichzeitiger Darstellung typischer Fragestellungen der Begründetheit sind Gegenstand dieses Skripts. Sie machen es zu einem unentbehrlichen Hilfsmittel zur Vorbereitung auf Zwischenprüfung und Examina.

*0025*     *14,80 €*

### Verwaltungsrecht III
Profitieren Sie von unserer jahrelangen Erfahrung als Repetitoren und unserer Sachkenntnis von Prüfungsfällen. Widerspruchsverfahren, vorbeugender und vorläufiger Rechtsschutz, Rechtsmittel sowie Sonderprobleme aus dem Verwaltungsprozess- und allgemeinen Verwaltungsrechts sind anschließend für Sie keine Fremdwörter mehr.

*0026*     *14,80 €*

## Staatsrecht

> Stoffauswahl und Schwerpunktbildung von Verfassungsrecht (Staatsrecht I) und Staatsorganisationsrecht (Staatsrecht II) orientieren sich am praktischen Bedürfnis von Klausur und Hausarbeit. Da in diesem Bereich häufig nach dem Prinzip „terra incognita" gelernt wurde, gilt es Lücken zu schließen. Wer Staatsrecht richtig gelernt hat, kann sich jedem Fall stellen. Es gilt der Wahlspruch der Aufklärung: „sapere aude" (Wage, Dich Deines Verstandes zu bedienen.), Kant, auf ihn Bezug nehmend Karl Popper (Beck'sche Reihe, „Große Denker").

### Staatsrecht I
Die Grundrechte sind das Herzstück der Verfassung. Zulässigkeit und Begründetheit der Verfassungsbeschwerde geben jedem Klausurersteller die Möglichkeit, Grundrechtsverständnis abzuprüfen. Die einzelnen Grundrechte werden im Rahmen der Begründetheit der Verfassungsbeschwerde umfassend erklärt. Lernen Sie mit der hemmer-Methode den richtigen Fallaufbau, auf den gerade im Öffentlichen Recht besonders viel Wert gelegt wird.

*0027*     *14,80 €*

### Staatsrecht II
Speziell hier gilt: Die wenigen Klassiker, die immer wieder in der Klausur eingebaut sind, muss man kennen. Dies sind im Prozessrecht: Organstreitigkeiten, abstrakte und konkrete Normenkontrolle und föderale Streitigkeiten (Bund-/Länderstreitigkeiten). Das materielle Recht beinhaltet Staatszielbestimmungen (Art. 20 GG), Finanzverfassung, daneben auch oberste Staatsorgane, Gesetzgebungskompetenz und -verfahren, Verwaltungsorganisation und das Recht der politischen Parteien. Mit diesen Problemkreisen sollten Sie sich im Rahmen einer sinnvollen Examensvorbereitung mit den jeweiligen landesrechtlichen Besonderheiten auseinandersetzen. Skripten, die die Problematik „verallgemeinernd" auf Bundesebene darstellen, helfen meist nicht weiter!

*0028*     *14,80 €*

### Staatshaftungsrecht
Das Staatshaftungsrecht ist eine Querschnittsmaterie aus den Bereichen Verfassungsrecht, Allgemeines und Besonderes Verwaltungsrecht und dem Bürgerlichen Recht. Diese Besonderheit macht es einerseits kompliziert, andererseits interessant für Klausurersteller! In diesem Skript finden Sie alle klausurrelevanten Probleme des Staatshaftungsrechts examenstypisch aufgearbeitet.

*0040*     *14,80 €*

### Europarecht
Immer auf dem neusten Stand! Unser Europarecht hat sich zum Klassiker entwickelt. Anschaulich und klar strukturiert erspart es Zeit und dient dem Allgemeinverständnis für dieses in Zukunft immer wichtiger werdende Prüfungsgebiet. Zusammen mit der Fallsammlung Europarecht Garant für ein erfolgreiches Abschneiden in der Prüfung! Die hohe Nachfrage gibt dem Skriptum recht.

*0029*     *16,80 €*

## Öffentliches Recht - landesspezifische Skripten

> Wesentliche Bereiche des Öffentlichen Rechts - Kommunalrecht, Sicherheitsrecht, Bauordnungsrecht - sind aufgrund der Kompetenzverteilung des Grundgesetzes Landesrecht. Hier müssen Sie sich im Rahmen einer sinnvollen Examensvorbereitung mit den jeweiligen landesrechtlichen Besonderheiten auseinandersetzen. Skripten, die die Problematik „verallgemeinernd" auf Bundesebene darstellen, helfen meist nicht weiter!

# Examenswissen

## Baurecht/Bayern
## Baurecht/Nordrhein-Westfalen
## Baurecht/Baden-Württemberg

Bauplanungs- und Bauordnungsrecht werden in klausurtypischer Aufarbeitung so dargestellt, dass selbst ein Anfänger innerhalb kürzester Zeit die Systematik des Baurechts erlernen kann. Vertieft werden darüber hinaus alle wichtigen Spezialprobleme des Baurechts wie gemeindliches Einvernehmen, Vorbescheid, Erlass von Bebauungsplänen etc. behandelt.

*01.0033 BauR Bayern*     *14,80 €*

*02.0033 BauR NRW*     *14,80 €*

erhältlich ab Frühjahr 2007

*03.0033 BauR Baden Württ.*     *14,80 €*

## Polizei- und Sicherheitsrecht/ Bayern
## Polizei- und Ordunungsrecht/NRW
## Polizeirecht/Baden Württemberg

Gerade das Polizei- und/oder Sicherheitsrecht stellt sich von Bundesland zu Bundesland unterschiedlich dar: Hier kommt die Stärke der landesrechtlichen Skripten voll zur Geltung! Lernen Sie im jeweils regionalen Kontext die Begriffe Primär- und Sekundärmaßnahme, Konnexität, Anscheins- und Putativgefahr usw. Der Aufbau des Skripts orientiert sich an der typischen Systematik einer Polizeirechtsklausur.

*01.0034 Polizei-/SR Bayern*     *14,80 €*

*02.0034 Polizei-/OR NRW*     *14,80 €*

*03.0034 PolizeiR/ Baden Württ.*     *14,80 €*

## Kommunalrecht/Bayern
## Kommunalrecht/NRW
## Kommunalrecht/Baden Württemberg

In vielen Bundesländern ist Kommunalrecht das Herz der verwaltungsrechtlichen Klausur, da es sich mit den meisten anderen Bereichen des Verwaltungsrecht-BT hervorragend kombinieren lässt: Begriffe wie eigener und übertragener Wirkungskreis, Kommunalaufsicht, Verbands- und Organkompetenz, Befangenheit von Gemeinderäten, Kommunale Verfassungsstreitigkeit, gemeindliche Geschäftsordnung und vieles mehr werden in gewohnt fallspezifischer Art dargestellt und erklärt.

*01.0035 KomR. Bayern*     *14,80 €*

*02.0035 KomR. NRW*     *14,80 €*

*03.0035 KomR. Baden Württ.*     *14,80 €*

# Schwerpunktskripten

> Auch im Bereich der Wahlfachgruppen können Sie auf die gewohnte und bewährte Qualität der Hemmer-Skripten zurückgreifen. Wir ermöglichen Ihnen, das Gebiet Ihrer Wahlfachgruppe **effektiv** und **examenstypisch** zu erschließen. Die Zusammenstellung der Skripten orientiert sich am examensrelevanten Stoff und den wichtigsten Problemkreisen.

## Kriminologie

Das Skript Kriminologie umfasst sämtliche, für die Wahlfachgruppe relevanten Bereiche: Kriminologie, Jugendstrafrecht und Strafvollzug. Im Mittelpunkt stehen insbesondere die Erscheinungsformen und Ursachen von Kriminalität, der Täter, aber auch das Opfer und die Kontrolle und Behandlung des Straftäters. Durch die Behandlung vieler strafrechtlicher Grundbegriffe ist das Skriptum auch für den Studenten geeignet, der diese Wahlfachgruppe nicht gewählt hat.

*0039*     *16,80 €*

## Völkerrecht

Die Probleme im Völkerrecht sind begrenzt. Der Band vermittelt den Einstieg in die Rechtsmaterie und stellt die wichtigsten Probleme des Völkerrechts dar. Ergänzt durch Beispielfälle und die Judikatur des IGH ist dieses Skript ein unverzichtbares Hilfsmittel. Erschließen Sie sich mit Hilfe dieses Skripts die Problemkreise der völkerrechtlichen Verträge, über die Personalhoheit bis hin zum Interventionsverbot.

*0036*     *16,80 €*

## Internationales Privatrecht

In der Praxis wird der Jurist von morgen nicht darum herumkommen, sich mit IPR zu beschäftigen. Internationale Verflechtungen gewinnen an Bedeutung und den nationalen Scheuklappen wird entgegen gewirkt. Das Skript ist fallorientiert und ermöglicht den leichten Einstieg. Die Anwendung des Internationalen Einheitsrechts, staatsvertraglicher Kollisionsnormen sowie des autonomen Kollisionsrechts werden hier erläutert. Auch werden die Rechte der natürlichen Person auf internationaler Ebene vom Vertragsrecht bis hin zum Sachenrecht behandelt.

*0037*     *16,80 €*

## Kapitalgesellschaftsrecht

Im Skript Kapitalgesellschaftsrecht werden die Gründung der Kapitalgesellschaften und deren Organisationsverfassung dargestellt. Es beinhaltet daneben die Rechtsstellung der Gesellschafter, die Finanzordnung der Gesellschaften und die Stellung der Gesellschaften im Rechtsverkehr. Abschließend erfolgt ein Überblick über das Konzernrecht und Sonderformen der Kapitalgesellschaften.

*0055*     *16,80 €*

## Rechtsgeschichte I

Gegenstand des Skripts ist die Rechtsgeschichte des frühen Mittelalters bis hin zur Rechtsgeschichte des 20. Jahrhunderts. Inhaltlich deckt es die Bereiche Verfassungsrechtsgeschichte, Privatrechtsgeschichte und Strafrechtsgeschichte ab. Hauptsächlich hilft das Skript bei der Vorbereitung auf die rechtsgeschichtlichen Klausuren. Gleichzeitig ist es auch für „kleine" Grundlagenklausuren und die „großen" Examensklausuren geeignet. Ideal auch zur Vorbereitung auf die mündliche Prüfung.

*0058*     *16,80 €*

## Rechtsgeschichte II

Das Skript Rechtsgeschichte II befasst sich mit der Römischen Rechtsgeschichte und liefert im Zusammenhang mit dem Skript Rechtsgeschichte I (Deutsche Rechtsgeschichte) den Stoff für die Wahlfachgruppe. Darüber hinaus sollten Grundzüge der Rechtsgeschichte zum Wissen eines jeden Jurastudenten gehören. Mit diesem Skript werden Sie schnell in die Entwicklungen und Einflüsse der Römischen Rechtsgeschichte eingeführt.

*0059*     *16,80 €*

# Examenswissen

## Wettbewerbs- und Markenrecht
Im Rahmen des Rechts des unlauteren Wettbewerbs werden die Grundzüge erklärt, die für das Verständnis dieser Materie unerlässlich sind. Aus dem Bereich des Immaterialgüterrechts wird das Markenrecht näher betrachtet, etwa Unterlassungs- und Schadensersatzansprüche wegen Markenverletzung.

*0060*  16,80 €

## Rechts- und Staatsphilosophie sowie Rechtssoziologie
Ziel des Skriptes ist es, über die Vermittlung des für die Klausur erforderlichen Wissens hinaus den Leser zu befähigen, ein eigenständiges rechts-philosophisches Denken zu entwickeln und die erforderliche Argumentation auszuprägen. Das Werk führt zunächst gezielt in die Grundlagen und Fragestellungen der Rechtsphilosophie und Rechtssoziologie ein. Dem folgt eine historisch wie thematisch orientierte Auswahl von Philosophen und Soziologen, wobei nach einem festen Gliederungsmuster deren Leben, Vorstellung von Recht und Gerechtigkeit, Gesellschaft und Staat vorgestellt wird. Die Ausführungen schließen mit aktuellen Bezügen zur jeweiligen Theorie als Denkanstoß ab.

*0062*  16,80 €

## Insolvenzrecht
Das Skript umfasst sämtliche relevanten Bereiche: Insolvenzantragsverfahren, vorläufige Insolvenzverwaltung, Anfechtung, Aus- und Absonderung sowie alles rund um das Amt des Insolvenzverwalters. Ebenfalls besprochen werden die Besonderheiten von Arbeitsverhältnissen in der Insolvenz sowie die Besonderheiten des Verbraucherinsolvenzverfahrens. Mit einer Vielzahl von Beispielen aus der Praxis ist das Skriptum geeignet, sich einen groben Überblick über diesen sehr bedeutsamen Bereich zu verschaffen.

*0063*  16,80 €

## Steuererklärung leicht gemacht
Das Skript gibt alle erforderlichen Anleitungen und geldwerte Tipps für die selbstständige Erstellung der Einkommensteuererklärung von Studenten und Referendaren. Zur Verdeutlichung sind Beispielfälle eingebaut, deren Lösungen als Grundlage für eigene Erklärungen dienen können.

*0038*  14,80 €

## Abgabenordnung
Die Abgabenordnung als das Verfahrensrecht zum gesamten Steuerrecht hält viele Besonderheiten bereit, die Sie sowohl im Rahmen der Pflichtfachklausur im 2. Examen, wie auch in der Wahlfachklausur beherrschen müssen. Hierbei hilft zwar Systemverständnis im allgemeinen Verwaltungsrecht, das wir Ihnen mit unseren Skripten Verwaltungsrecht I - III vermitteln. Jedoch ist auch eine detaillierte Auseinandersetzung mit abgabenordnungsspezifischen Problemen unverzichtbar. Im Ersten gleichsam wie im Zweiten Examen stellen verfahrensrechtliche Fragen regelmäßig zwischen 25 und 30 % des Prüfungsstoffes der Steuerrechtsklausur dar. Hier zeigt sich immer wieder, dass das Verfahrensrecht zu wenig beachtet wurde. Eine gute Klausur kann aber nur dann gelingen, wenn sowohl die einkommensteuerrechtliche als auch die verfahrensrechtliche Problematik erfasst wurde.

*0042*  16,80 €

## Einkommensteuerrecht
Der umfassende Überblick über das Einkommensteuerrecht! Der gesamte examensrelevante Stoff sowohl für die Wahlfachgruppe als auch für die Pflichtklausur im 2. Examen: Angefangen bei den einkommensteuerlichen Grundfragen der subjektiven Steuerpflicht und den Besteuerungstatbeständen der sieben Einkommensarten, über die verschiedenen Gewinnermittlungsmethoden, bis hin zur Berechnung des zu versteuernden Einkommens orientiert sich das Skript streng am Klausuraufbau und stellt so absolut notwendiges Handwerkszeug dar.

*0043*  21,80 €

## Die Musterklausuren für das Examen

> Fahrlässig handelt, wer sich diese Fälle entgehen lässt! Aus unserem langjährigen Klausurenkursprogramm die besten Fälle, die besonders häufig Gegenstand von Prüfungen waren und sicher wieder sein werden. Lernen Sie den Horizont von Klausurenerstellern und -korrektoren anhand von exemplarischen Fällen kennen.

### Musterklausuren Examen Zivilrecht
Das Repetitorium hemmer ist für seine Trefferquote bekannt. Das zeigt sich auch in den Musterklausuren: Teilweise wurden die ausgewählten Fälle später zu nahezu identischen Originalexamensfällen. Die Themenkreise sind weiter hochaktuell. Examensklausuren haben eine eigene Struktur. Der Ersteller konstruiert Sachverhalt und Lösung nach bestimmten Regeln, die es zu erfassen gilt. Objektiv muss die Klausur wegen der Notendifferenzierung anspruchsvoll, aber lösbar sein, eine Vielzahl von Problemen beinhalten und bei der Lösung ein einheitliches Ganzes ergeben. Subjektives Merkmal ist, wie der Ersteller die objektiven Merkmale gewichtet hat. Hier zeigt sich sein Ideengebäude, welches zu erfassen die wesentliche Aufgabe bei der Klausurbewältigung ist.

*16.01*  14,80 €

### Musterklausuren Examen Strafrecht
Wenig Gesetz, viel Dogmatik. Gerade im Strafrecht gilt: „Streit erkannt, Gefahr gebannt!" Strafrecht ist regelmäßig ein Belastungstest: Strafrechtliche Klausuren bestehen aus einer Vielzahl von Problemen aus dem Allgemeinen Teil, dem Besonderen Teil, bzw. aus beiden. Routine beim „Abhaken" der Problemkreise zahlt sich aus.

*16.02*  14,80 €

### Musterklausuren Examen Steuerrecht
Steuerrechtliche Klausuren zeichnen sich durch immer wiederkehrende Einzelkonstellationen aus, die zu einem großen Fall zusammengebastelt sind. Es ist leicht eine gute Note zu schreiben, wenn man die Materie kennt. Auf der Grundlage von original Examensklausuren aus den letzten Jahren werden die klassischen Problemfelder aus dem materiellen Recht wie aus dem Verfahrensrecht examenstypisch aufbereitet und vermittelt.

*16.03*  14,80 €

### Musterklausur Examen Europarecht
Europarecht ist ohne Fälle nicht fassbar. Erleichtern Sie sich das Verständnis für Europarecht, indem Sie anwendungsspezifisch und fallorientiert lernen. Nachdem das Europarecht auch als Pflichtfach immer größere Bedeutung erlangt, stellt diese Fallsammlung als Erweiterung des Lernmaterials zum Europarecht eine unerlässliche Hilfe bei der Examensvorbereitung dar.

*16.04*  14,80 €

# Die Shorties - Minikarteikarten

## Die Shorties - in 20 Stunden zum Erfolg

Die wichtigsten Begriffe und Themenkreise werden anwendungsspezifisch erklärt.

Knapper geht es nicht.

Die „sounds" der Juristerei (super learning) grafisch aufbereitet - in Kürze zum Erfolg.

- als Checkliste
zum schnellen Erfassen des jeweiligen Rechtsgebiets.

- zum Rekapitulieren
mit dem besonderen Gedächtnistraining schaffen Sie Ihr Wissen ins Langzeitgedächtnis.

- vor der Klausur zum schnellen Überblick

- ideal vor der mündlichen Prüfung

| | |
|---|---|
| Die Shorties 1<br>BGB AT, SchuldR AT (50.10) | 21,80 € |
| Die Shorties 2/I<br>KaufR, MietV, Leihe, WerkVR, ReiseV, Verwahrung (50.21) | 21,80 € |
| Die Shorties 2/II<br>GoA, BerR, DeliktsR, SchadensersatzR (50.22) | 21,80 € |
| Die Shorties 3<br>SachenR, ErbR, FamR (50.30) | 21,80 € |
| Die Shorties 4<br>ZPO I/II, HGB (50.40) | 21,80 € |
| Die Shorties 5<br>StrafR AT/BT (50.50) | 21,80 € |
| Die Shorties 6<br>Öffentliches Recht (50.60)<br>(VerwR, GrundR, BauR, StaatsOrgR, VerfProzR) | 21,80 € |

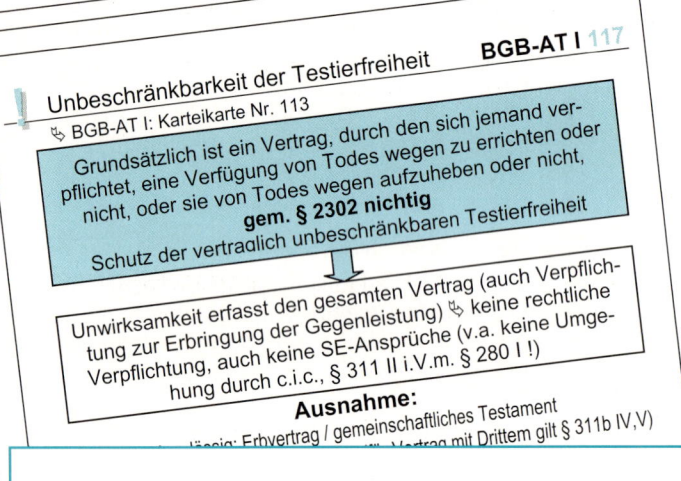

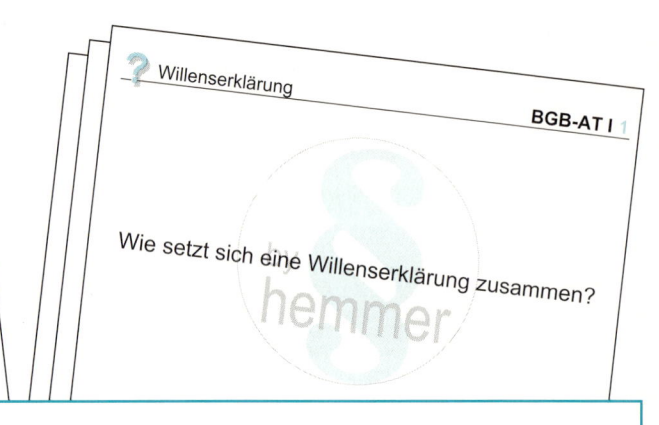

## So lernen Sie richtig mit der hemmer-Box (im Preis inklusive):

1. **Verstehen:** Haben Sie den gelesenen Stoff verstanden, wandert die Karte auf Stufe 2., Wiederholen am nächsten Tag.

2. **Wiederholen:** Haben Sie den Stoff behalten, wandert er von Stufe 2. zu Stufe 4.

3. **kleine Strafrunde:** Konnten Sie den Inhalt von 2. nicht exakt wiedergeben, arbeiten Sie die Themen bitte noch einmal durch.

4. **fundiertes Wissen:** Wiederholen Sie die hier einsortierten Karten nach einer Woche noch einmal. Konnten Sie alles wiedergeben? Dann können Sie vorrücken zu Stufe

5. **Langzeitgedächtnis:** Wiederholen Sie auf dieser Stufe das Gelernte im Schnelldurchlauf nach einem Monat. Sollten noch Fragen offen bleiben, gehen sie bitte eine Stufe zurück.

# HEMMER Karteikarten -
# Logisch und durchdacht aufgebaut!

**Intelligentes Lernen — schnell & effektiv**

### Einleitung
führt zur Fragestellung hin und verschafft Ihnen den schnellen Überblick über die Problemstellung

### Frage oder zu lösender Fall
konkretisiert den jeweiligen Problemkreis

---

**II. Verschulden bei Vertragsverhandlungen** — SchR-AT I — Karte 22
*Vorvertragliche Sonderverbindung*

Die c.i.c. setzt ein vorvertragliches Vertrauensverhältnis voraus. Dieses entsteht nicht durch jeden gesteigerten sozialen Kontakt, sondern nur durch ein Verhalten, das auf den Abschluss eines Vertrages oder die Anbahnung geschäftlicher Kontakte abzielt. Ob es später tatsächlich zu einem Vertragsschluss kommt, ist dagegen unerheblich. Der Vertragsschluss ist nur erheblich für die Abgrenzung zwischen §§ 280 I, 241 II BGB (pVV) und §§ 280 I, 311 II, 241 II BGB (c.i.c.): Fällt die Pflichtverletzung in den Zeitraum vor Vertragsschluss, sind ohne Rücksicht auf den späteren Vertragsschluss die §§ 280 I, 311 II, 241 II BGB richtige Anspruchsgrundlage.

A macht einen Stadtbummel. Aus Neugier betritt er ein neues Geschäft, um das Warenangebot näher kennen zu lernen. Dazu kommt es aber nicht. Er rutscht kurz hinter dem Eingang auf einer Bananenschale aus und bricht sich ein Bein.
Hat A Ansprüche aus c.i.c.?
Abwandlung: A betritt das Geschäft nur, weil es gerade zu regnen angefangen hat. Er hat keinerlei Kaufinteresse.

*Juristisches Repetitorium*
examenstypisch · anspruchsvoll · umfassend **hemmer**

---

**1. Grundfall:**
Fraglich ist, ob ein vorvertragliches Schuldverhältnis vorliegt. Dieses entsteht insbesondere erst durch ein Verhalten, das auf die Aufnahme von Vertragsverhandlungen (§ 311 II Nr. 1 BGB), die Anbahnung eines Vertrags (§ 311 II Nr. 2 BGB) oder eines geschäftlichen Kontakts (§ 311 II Nr. 3 BGB) abzielt. Hier betritt A das Geschäft zwar ohne konkrete Kaufabsicht, aber doch als potentieller Kunde in der Absicht, sich über das Warensortiment zu informieren, um später möglicherweise doch etwas zu kaufen. **Sein Verhalten ist somit auf die Anbahnung eines Vertrags gerichtet, bei welchem der A im Hinblick auf eine etwaige rechtsgeschäftliche Beziehung dem Geschäftsinhaber die Möglichkeit zur Einwirkung auf seine Rechte, Rechtsgüter und Interessen gewährt oder ihm diese anvertraut, vgl. § 311 II Nr. 2 BGB.**

Der Geschäftsinhaber hat die Pflicht, alles Zumutbare zu unternehmen, um seine Kunden vor Schäden an Leben und Gesundheit zu schützen. Diese Pflicht wurde hier verletzt. Im Hinblick auf die Darlegungs- und Beweislast zum Vertretenmüssen ist von § 280 I 2 BGB auszugehen. Ausreichend ist daher von Seiten des Geschädigten der Nachweis des objektiv verkehrsunsicheren Zustands im Verantwortungsbereich des Schuldners, hier durch die Bananenschale. Der Schuldner, also der Geschäftsinhaber muss dann nachweisen, dass er und seine Erfüllungsgehilfen alle zumutbaren Maßnahmen zur Vermeidung des Schadens ergriffen haben. Das wird regelmäßig nicht gelingen. **Von Vertretenmüssen ist daher auszugehen,** gegebenenfalls ist dem Geschäftsinhaber das *Verschulden der Erfüllungsgehilfen (z.B. Ladenangestellten)* nach § 278 BGB zuzurechnen. Die **Pflichtverletzung war ursächlich für den Schaden des A. A kann somit Schadensersatz aus §§ 280 I, 311 II Nr. 2, 241 II BGB verlangen** (u.U. gekürzt um einen *Mitverschuldensanteil*).

**2. Abwandlung:**
In der Abwandlung hat A von vornherein keinerlei Kaufabsicht. Sein **Verhalten ist nicht auf die Anbahnung eines Vertrags gerichtet**. Das bloße Betreten eines Ladens genügt jedoch nicht, um ein gesteigertes Vertrauensverhältnis zu begründen. **Daher scheiden Ansprüche aus §§ 280 I, 311 II Nr. 2, 241 II BGB aus.** *Es kommen lediglich deliktische Schadensersatzansprüche in Betracht.*

*hemmer-Methode: Bei dauernden Geschäftsbeziehungen, innerhalb derer sich ein Vertrauensverhältnis herausgebildet hat, ist eine Haftung aus c.i.c. auch für Handlungen, die nicht unmittelbar auf die Anbahnung eines Vertrages gerichtet sind, gerechtfertigt, sofern die Handlung in engem Zusammenhang mit der Geschäftsbeziehung steht.*

---

### Antwort
informiert umfassend und in prägnanter Sprache

### hemmer-Methode
ein modernes Lernsystem, das letztlich erklärt, was und wie Sie zu lernen haben. Gleichzeitig wird „background" vermittelt. Die typischen Bewertungskategorien eines Korrektors werden miterklärt. So lernen Sie Ihre imaginären Gegner (Ersteller und Korrektor) besser einzuschätzen und letztlich zu gewinnen. Denken macht Spass und Jura wird leicht.

---

examenstypisch - anspruchsvoll - umfassend

# Die Karteikarten

## Die Karteikartensätze

> Lernen Sie intelligent mit der 5-Schritt-Methode. Weniger ist mehr. Das schnelle Frage- und Antwortspiel sich auf dem Markt durchgesetzt. Mit der hemmer-Methode wird der Gesamtzusammenhang leichter verständlich, das Wesentliche vom Unwesentlichen unterschieden. Ideal für die AG und Ihre Lerngruppe: wiederholen Sie die Karteikarten und dem hemmer-Spiel „Jurapolis". Lernen Sie so im Hinblick auf die mündliche Prüfung frühzeitig auf Fragen knapp und präzise zu antworten. Wissenschaftlich ist erwiesen, dass von dem Gelernten in der Regel innerhalb von 24 Stunden bis zu 70% wieder vergessen wird. Daher ist es wichtig, das Gelernte am nächsten Tag zu wiederholen, bevor Sie sich neue Karteikarten vornehmen. Mit den Karteikarten können Sie leicht kontrollieren, wie viel Sie behalten haben.
> Karteikarten bieten die Möglichkeit, knapp, präzise und zweckrational zu lernen. Im Hinblick auf das Examen werden die wichtigsten examenstypischen Problemfelder vermittelt. Das Karteikartensystem entspricht modernen Lernkonzepten und führt zum „learning just in time" (Lernen nach Bedarf). Da sie kurz und klar strukturiert sind, kann mit ihnen in kürzester Zeit der Lernstoff erarbeitet und vertieft werden.

### Basics - Zivilrecht
Das absolut notwendige Grundwissen vom Vertragsabschluß bis zum EBV. Alles was Sie im Zivilrecht wissen müssen. Die Grundlagen müssen sitzen.

20.01     12,80 €

### Basics - Strafrecht
Karteikarten Basics-Strafrecht bieten einen Überblick über die wichtigsten Straftatbestände wie z.B.: Straftaten gegen Leib und Leben sowie Eigentumsdelikte und Straßenverkehrsdelikte, sowie verschiedene Deliktstypen, wichtige Probleme aus dem allgemeinen Teil, z.B. Versuch, Beteiligung Mehrerer, usw.

20.02     12,80 €

### Basics - Öffentliches Recht
Anhand der Karten Basics-Öffentliches Recht erhalten Sie einen breitgefächerten Überblick über Staatsrecht, Verwaltungs-, und Staatshaftungsrecht. So lassen sich die verschiedenen Rechtsbehelfe optimal in ihrer Zulässigkeits- und Begründetheitsstation auf die Grundlagen hin erlernen.

20.03     12,80 €

### BGB-AT I
Die BGB-AT I Karteikarten beinhalten das, was zum Wirksamwerden eines Vertrages beiträgt (Wirksamwerden der WE, Geschäftsfähigkeit, Rechtsbindungswille, usw.) bzw. der Wirksamkeit hindernd entgegensteht (Willensvorbehalte, §§ 116 ff., Sittenwidrigkeit, u.v.m.). Die Problemfelder der Geschäftsfähigkeit, insbesondere das Recht des Minderjährigen, dürfen bei dieser Möglichkeit zu lernen nicht fehlen.

22.01     14,80 €

### BGB-AT II
Die BGB-AT II Karteikarten stellen in bekannt knapper und präziser Weise dar, was auf dem umfangreichen Gebiet der Stellvertretung von Ihnen erwartet wird. Die unerlässlichen Kenntnisse der Probleme der Anfechtung, der AGB-Bestimmungen und des Rechts der Einwendungen und Einreden können hiermit zur Examensvorbereitung wiederholt bzw. vertieft werden.

22.02     14,80 €

### Schuldrecht AT I
Im bekannten Format werden hier die Grundbegriffe des Schuldrechts dargestellt. Dazu gehören der Inhalt und das Erlöschen des Schuldverhältnisses (z.B. durch Erfüllung, Aufrechnung oder auch Rücktritt). Insbesondere die verschiedenen Probleme in Zusammenhang mit der Haftung im vorvertraglichen Schuldverhältnis nach §§ 280 I, 311 II, 241 II BGB (c.i.c.), das Verhältnis des allgemeinen Leistungsstörungsrechts zu anderen Vorschriften und die Formen und Wirkungen der Unmöglichkeit werden behandelt.

22.031     14,80 €

### Schuldrecht AT II
Klassiker wie Verzug, Abtretung, Schuldübernahme, Vertrag zugunsten oder mit Schutzwirkung zugunsten Dritter und Drittschadensliquidation gehören hier genauso zum Stoff der Karteikarten wie die Gesamtschuldnerschaft und das Schadensrecht (§§ 249 ff. BGB), das umfassend von Schadenszurechnung bis hin zu Art, Inhalt und Umfang der Ersatzpflicht dargestellt wird.

22.032     14,80 €

### Schuldrecht BT I
Bei diesen Karteikarten steht das Kaufrecht als examensrelevante Materie im Vordergrund. Die Schwerpunkte bilden aber auch Sachmängelrecht und die Probleme rund um den Werkvertrag.

22.40     14,80 €

### Schuldrecht BT II
Die Karteikarten Schuldrecht BT II behandeln nach Kaufrecht im Karteikartensatz Schuldrecht BT I, die restlichen Vertragstypen. Dazu gehören vor allem das Mietrecht, der Dienstvertrag, die Bürgschaft und die GoA. Auch Gebiete wie z.B. Schenkung, Leasing, Schuldanerkenntnis und Auftrag kommen nicht zu kurz.

22.41     14,80 €

### Bereicherungsrecht
Die §§ 812 ff. BGB sind regelmäßig die Folge unwirksamer Verträge. Abgrenzungsprobleme gibt es u.a. zum Wegfall der Geschäftsgrundlage (z.B. Rückabwicklung bei der nichtehelichen Lebensgemeinschaft) und §§ 987 ff. BGB. Der Karteikartensatz versteht sich als Gebrauchsanweisung für die erfolgreiche Bewältigung des anspruchsvollen Rechtsgebiets Bereicherungsrecht. Ohne Verständnis für dieses Rechtsgebiet bleibt der Zusammenhang im Zivilrecht im Dunkeln.

22.08     14,80 €

# Die Karteikarten

### Deliktsrecht
Thematisiert werden im Rahmen dieser Karteikarten schwerpunktmäßig die §§ 823 I und 823 II BGB. Verständlich und präzise wird auch auf die Probleme der §§ 830 ff. eingegangen, wobei besonders auf den Verrichtungsgehilfen und die Gefährdungshaftung geachtet wird. Neben einem Einblick in das Staatshaftungsrecht wird auch die Haftung aus dem StVG, ProdHaftG und die negatorische/quasinegatorische Haftung behandelt.

22.09     14,80 €

### Sachenrecht I
Mit den Karteikarten können Sie ein so komplexes Gebiet wie dieses optimal wiederholen und Ihr Wissen trainieren. Das Sachenrecht mit EBV, Anwartschaftsrecht und Pfandrechten ist für jeden Examenskandidaten ein Muss.

22.11     14,80 €

### Sachenrecht II
Auch auf einem so schwierigen Gebiet wie dem Grundstücksrecht und den damit verbundenen Pfand- und Sicherungsrechten geben die Karteikarten nicht nur eine zügige Wissensvermittlung, sondern reduzieren die Komplexität des Immobiliarsachenrechts auf das Wesentliche und erleichtern somit die eigene Systematik, z.B. des Hypothek- und Grundschuldrechts, zu verstehen. Begriffe wie die Vormerkung und das dingliche Vorkaufsrecht müssen im Examen beherrscht werden.

22.12     14,80 €

### Kreditsicherungsrecht
Die Karteikarten als Ergänzung zum Skript Kreditsicherungsrecht ermöglichen Ihnen, spielerisch mit den einzelnen Sicherungsmitteln umzugehen, und die Unterschiede zwischen akzessorischen und nichtakzessorischen Sicherungsmitteln genauso wie ihre Besonderheiten zu beherrschen.

22.13     14,80 €

### Arbeitsrecht
Arbeitsrecht ist stark von Richterrecht geprägt und hat sich auch, wie z.B. im Streikrecht, praeter legem entwickelt. Entsprechend häufig sind die Neuerungen. Gleichwohl ist die Arbeitsrechtsklausur im Regelfall standardisiert: Kündigungsschutz (Feststellungsklage) und Lohnzahlung (Leistungsklage) bilden häufig das Grundgerüst. Eingestreut sind regelmäßig Probleme wie z.B. Gratifikationen, Urlaubsabgeltungsanspruch, faktische Bindung und Anwendbarkeit der Grundrechte.

22.18     14,80 €

### Familienrecht
Die wichtigsten Problematiken dieses Gebietes werden hier im Überblick dargestellt und erleichtern Ihnen den Umgang mit Ehe, Sorgerecht, Vormundschaft, aber auch dem Familienprozessrecht.

22.14     14,80 €

### Erbrecht
Die Grundzüge des Erbrechts mit den einzelnen Problematiken der gewillkürten und gesetzlichen Erbfolge, des Pflichtteilrechts und der Erbenhaftung gehören ebenso zum Examensstoff wie die Annahme und Ausschlagung der Erbschaft und die Problematik mit dem Erbschein. Die Grundlagen zu beherrschen ist wichtiger als einzelne Sonderprobleme.

22.15     14,80 €

### ZPO I
ZPO taucht zunehmend in den Examensklausuren auf und darf nicht vernachlässigt werden. Nutzen Sie die Möglichkeit, sich durch die knappe und präzise Aufbereitung in den Karteikarten mit dem Prozessrecht vertraut zu machen, um im Examen eine ZPO-Klausur in Ruhe angehen zu können.

22.16     14,80 €

### ZPO II
Die Karteikarten ZPO II führen Sie quer durch das Recht der Zwangsvollstreckung bis hin zu den verschiedenen Rechtsbehelfen in der Zwangsvollstreckung. Dabei können Rechtsbehelfe wie die Vollstreckungsgegenklage oder die Drittwiderspruchsklage den Einstieg in eine BGB-Klausur bilden.

22.17     14,80 €

### Handelsrecht
Im Handelsrecht kehren oft bekannte Probleme wieder, die mittels der Karteikarten optimal wiederholt werden können. Auch für das umfassende Schuld- und Sachenrecht des Handels, in dem auch viele Verknüpfungen zum BGB bestehen, bieten die Karteikarten einen guten Überblick.

22.191     14,80 €

### Gesellschaftsrecht
Die Personengesellschaften, Körperschaften und Vereine haben viele Unterschiede, weisen aber auch Gemeinsamkeiten auf. Um diese mit allen wichtigen Problemen optimal vergleichen zu können, eignen sich besonders die Karteikarten im Überblicksformat.

22.192     14,80 €

### Strafrecht-AT I
Das vorsätzliche Begehungsdelikt mit all seinen Problemen der Kausalität, der Irrtumslehre bis hin zur Rechtfertigungsproblematik und Schuldfrage ist hier umfassend, aber in bekannt kurzer und übersichtlicher Weise dargestellt.

22.20     14,80 €

### Strafrecht-AT II
Die Karteikarten Strafrecht AT II decken die restlichen Problemkreise Versuch (insbesondere Rücktritt vom Versuch), Täterschaft und Teilnahme, das Fahrlässigkeitsdelikt und die oft vernachlässigten Konkurrenzen ab.

22.21     14,80 €

### Strafrecht-BT I
Ergänzend zum Skript werden Ihnen hier die Vermögensdelikte in knapper und übersichtlicher Weise veranschaulicht. Besonders im Strafrecht BT, wo es oft zu Abgrenzungsproblematiken kommt (z.B. Abgrenzung zwischen Raub und

# Die Karteikarten

räuberischer Erpressung) ist eine Darstellung auf Karteikarten sehr hilfreich.

22.22          14,80 €

## Strafrecht-BT II
Die Strafrecht BT II - Karten befassen sich mit den Nichtvermögensdelikten. Besonderes Augenmerk wird hierbei auf die Körperverletzungsdelikte sowie die Urkundendelikte und die Brandstiftungsdelikte gelegt.

22.23          14,80 €

## StPO
In fast jeder StPO-Klausur werden Zusatzfragen auf dem Gebiet des Strafprozessrechts gestellt. Es handelt sich hierbei meist um Standardfragen, aber gerade diese sollten Sie sicher beherrschen. Die Karteikarten decken alle Standardprobleme ab, von Prozessmaximen bis hin zu den einzelnen Verfahrensstufen.

22.30          14,80 €

## Verwaltungsrecht I
Ob allgemeines oder besonderes Verwaltungsrecht - die einzelnen Probleme der Eröffnung des Verwaltungsrechtsweges werden Ihnen immer wieder begegnen. Wiederholen Sie hier auch Ihr Wissen rund um die Anfechtungsklage, welche die zentrale Klageart in der VwGO darstellt.

22.24          14,80 €

## Verwaltungsrecht II
Von der Verpflichtungsklage über die Leistungsklage bis hin zum Normenkontrollantrag sowie weitere Bereiche, mit deren jeweiligen Sonderproblemen werden alle verwaltungsrechtlichen Klagearten dargestellt.

22.25          14,80 €

## Verwaltungsrecht III
Mittels Karteikarten können die Spezifika der jeweiligen Rechtsgebiete umfassend aufbereitet und verständlich erklärt werden. Thematisiert werden im Rahmen dieser Karten das Widerspruchsverfahren, der vorläufige sowie der vorbeugende Rechtsschutz und das Erheben von Rechtsmitteln.

22.26          14,80 €

## Staatsrecht
Karteikarten eignen sich besonders gut, die einzelnen Grundrechte, Verfassungsrechtsbehelfe und Staatszielbestimmungen darzustellen, da gerade die einschlägigen Rechtsbehelfe zum Bundesverfassungsgericht sehr klaren und eindeutigen Strukturen folgen, innerhalb derer eine saubere Subsumtion notwendig ist. Das Gesetzgebungsverfahren und die Aufgaben der obersten Staatsorgane können hierbei gut wiederholt werden. Auch wird ein kurzer Einblick in die auswärtigen Beziehungen und die Finanzverfassung gegeben.

22.27          14,80 €

## Europarecht
Nutzen Sie die Europarechtskarteikarten, um im weitläufigen Gebiet des Europarechts den Überblick zu behalten. Vom Wesen und den Grundprinzipien des Gemeinschaftsrechts über das Verhältnis von Gemeinschaftsrecht zum mitgliedstaatlichen Recht bis hin zu den Institutionen wird hier übersichtlich alles dargestellt, was Sie als Grundlagenwissen benötigen. Hinzu kommen die klausurrelevanten Bereiche des Rechtsschutzes und der Grundfreiheiten.

22.29          14,80 €

# Übersichtskarteikarten

> Ihr Begleiter vom 1. Semester bis zum 2. Staatsexamen! Die wichtigsten Problemfelder im Zivil-, Straf- und Öffentlichen Recht sind knapp, präzise und übersichtlich dargestellt. Sie erfassen effektiv auf einen Blick das Wesentliche. Die grafische Aufbereitung auf der Vorderseite erleichtert den schnellen Zugriff.
> Die Kommentierung mit der hemmer-Methode auf der Rückseite schafft die Einordnung für die Klausur. Nutzen Sie die Übersichtskarten auch als Checkliste zur Kontrolle.

## BGB im Überblick I
Mit den Übersichtskarteikarten verschaffen Sie sich einen schnellen und effizienten Überblick über die wichtigsten zivilrechtlichen Problemkreise des BGB-AT, Schuldrecht AT und BT sowie des Sachenrecht AT und BT. Knapp und teilweise graphisch aufbereitet vermitteln Ihnen die Übersichtskarten das Wesentliche. Aufbauschemata helfen Ihnen bei der Subsumtion. Für den Examenskandidaten sind die Übersichtskarten eine „Checkliste", für den Anfänger eine Möglichkeit zum ersten Einblick.

25.01          30,00 €

## BGB im Überblick II
Diese Karteikarten bieten einen Überblick der Gebiete Erbrecht, Familienrecht, Handelsrecht, Arbeitsrecht und ZPO. Für den Examenskandidaten sind die Übersichtskarteikarten eine „Checkliste", für den Anfänger ein erster Einblick.

25.011          30,00 €

## Strafrecht im Überblick
Die Übersichtskarten leisten eine Einordnung in den strafrechtlichen Kontext. Im Hinblick auf das Examen werden so die wichtigsten examenstypischen Problemfelder vermittelt. Behandelt werden die Bereiche Strafrecht AT I und II wie auch BT I und II und StPO. Im Strafrecht BT ist bekanntlich fundiertes Wissen der Tatbestandsmerkmale mit ihren Definitionen gefragt, was sich durch Lernen mit den Übersichtskarten gezielt und schnell wiederholen lässt.

25.02          30,00 €

## Öffentliches Recht im Überblick
Verschaffen Sie sich knapp einen Überblick über das Wesentliche der Gebiete Staatsrecht und Verwaltungsrecht. Die verwaltungs- und staatsrechtlichen Klagearten, Staatszielbestimmungen und die wichtigsten Vorschriften des Grundgesetzes werden mit den wichtigsten examenstypischen Problemfeldern verknüpft und vermindern in der gezielten Knappheit die Datenflut.

25.03          16,80 €

# BLW-Skripten/Assessor-Skripten/-Karteikarten

## ÖRecht im Überblick / Bayern
## ÖRecht im Überblick / NRW

Mit dem zweiten Satz der Übersichtskarteikarten im Öffentlichen Recht können Sie Ihr Wissen nun auch auf den Gebiete Polizei- und Sicherheitsrecht überprüfen und auffrischen. Die wichtigsten Probleme auf den Gebieten Baurecht und Kommunalrecht werden im klausurspezifischen Kontext dargestellt, z.B. die Besonderheiten von Kommunalverfassungsstreitigkeiten im Kommunalrecht oder Fortsetzungsfeststellungsklagen im Polizeirecht.

| | |
|---|---|
| 25.031 ÖRecht im Überb. / Bayern | 16,80 € |
| 25.032 ÖRecht im Überb. / NRW | 16,80 € |

## Europarecht/Völkerrecht im Überblick

Die Übersichtskarten zum Europarecht dienen der schnellen Wiederholung. Gerade in diesem Rechtsgebiet ist es wichtig, einen schnellen Überblick über Institutionen, Klagearten usw. zu bekommen. Klassiker wie Grundfreiheiten und Verknüpfungen zum deutschen Recht werden ebenfalls dargestellt. Komplettiert wird der Satz durch eine Darstellung der Grundzüge des Völkerrechts.

| | |
|---|---|
| 25.04 | 16,80 € |

## Skripten für BWL'er, WiWi und Steuerberater

Profitieren Sie von unserem know-how.
Seit 1976 besteht das ,in Würzburg gegründete, Repetitorium hemmer und bildet mit Erfolg aus. Grundwissen im Recht ist auch im Wirtschaftsleben heute eine Selbstverständlichkeit. Die prüfungstypischen Standards, die so oder in ähnlicher Weise immer wiederkehren, üben wir anhand unserer Skripten mit Ihnen ein. Durch unsere jahrelange Erfahrung wissen wir, mit welchen Anforderungen zu rechnen sind und welche Aspekte der Ersteller einer juristischen Prüfungsklausur der Falllösung zu Grunde legt. Das prüfungs- und praxisrelevante Wissen wird umfassend und gleichzeitig in der bestmöglichen Kürze dargestellt. Der Zugang zur „Fremdsprache Recht" wird damit erleichtert. Die richtige Investition in eine gute Ausbildung garantiert den Erfolg.

| | |
|---|---|
| Privatrecht für BWL´er, WiWi & Steuerberater 18.01 | 14,80 € |
| Ö-Recht für BWL´er, WiWi & Steuerberater 18.02 | 14,80 € |
| Musterklausuren für´s Vordiplom/PrivatR 18.03 | 14,80 € |
| Musterklausuren für´s Vordiplom/ÖRecht 18.04 | 14,80 € |
| Die wichtigsten Fälle: BGB-AT, Schuldrecht AT/BT für BWL´er 118.01 | 14,80 € |
| Die wichtigsten Fälle: GesR, GoA, BereicherungsR für BWL´er 118.02 | 14,80 € |

## Skripten Assessor-Basics

Trainieren Sie mit uns genau das, was Sie im 2. Staatsexamen erwartet. Die Themenbereiche der Assessor-Basics sind alle examensrelevant. So günstig erhalten Sie nie wieder eine kleine Bibliothek über das im 2. Staatsexamen relevante Wissen. Die Skripten dienen als Nachschlagewerk, sowie als Anleitung zum Lösen von Examensklausuren.

Theoriebände

| | |
|---|---|
| Die Zivilrechtliche Anwaltsklausur/Teil 1: 410.0004 | 18,60 € |
| Das Zivilurteil 410.0007 | 18,60 € |
| Die Strafrechtsklausur im Assessorexamen 410.0008 | 18,60 € |
| Die Assessorklausur Öffentliches Recht 410.0009 | 18,60 € |

Klausurentraining (Fallsammlung)

| | |
|---|---|
| Zivilurteile (früher. Zivilprozess) 410.0001 | 18,60 € |
| Arbeitsrecht 410.0003 | 18,60 € |
| Strafprozess 410.0002 | 18,60 € |
| Zivilrechtliche Anwaltsklausuren/Teil 2: 410.0005 | 18,60 € |
| Öffentlichrechtl. u. strafrechtl. Anwaltsklausuren 410.0006 | 18,60 € |

*in Vorbereitung: Skript FGG-Verfahren*

## Karteikarten Assessor-Basics

| | |
|---|---|
| Zivilprozessrecht im Überblick 41.10 | 19,80 € |
| Strafrecht im Überblick 41.20 | 19,80 € |
| Öffentliches Recht im Überblick 41.30 | 19,80 € |
| Familien- und Erbrecht im Überblick 41.40 | 19,80 € |

# Intelligentes Lernen/Sonderartikel/Life&LAW

### Coach dich!
Rationales Effektivitäts-Training zur Überwindung emotionaler Blockaden

*70.05*      19,80 €

### Lebendiges Reden (inkl. CD)
Wie man Redeangst überwindet und die Geheimnisse der Redekunst erlernt.

*70.06*      21,80 €

### Die praktische Lern-Karteikartenbox
- Maße der Lernbox mit Deckel:
  je 160 mm x 65 mm x 120 mm
- für alle Karteikarten, auch für die Übersichtskarteikarten
- inclusive Lernreiter als Sortierhilfe:
  In 5 Schritten zum Langzeitgedächtnis

*28.01*      1,99 €

### Der Referendar
24 Monate zwischen Genie und Wahnsinn

Das gesamte nicht-examensrelevante Wissen über Trinkversuche, Referendarsstationen, Vorstellungsgespräch... von Autor und Jurist Jörg Steinleitner. Humorvoll und sprachlich spritzig! 250 Seiten im Taschenbuchformat

*70.01*      8,90 €

### Der Rechtsanwalt
Meine größten (Rein-) Fälle

Die im vorliegenden Band vereinigten Kolumnen erschienen in der Zeitschrift Life&LAW unter dem Titel: „Voll, der Jurist". Steinleitner hat sie für die Buchausgabe überarbeitet und ergänzt. 250 Seiten im Taschenbuchformat

*70.02*      9,90 €

### Orig. Klausurenblock
DinA 4, 80 Blatt, Super praktisch
- Wie in der Prüfung wissenschaftlicher Korrekturrand, 1/3 von links
- glattes Papier zum schnellen Schreiben
- Klausur schreiben, rausreißen, fertig

| | | |
|---|---|---|
| KL 1 | | 2,49 € |
| S 805 | DinA 4, 80 Blatt, 5er Pack | 11,80 € |
| S 810 | DinA 4, 80 Blatt, 10er Pack | 22,80 € |

## Life&Law - die hemmer-Zeitschrift
Die Life&Law ist eine monatlich erscheinende Ausbildungszeitschrift. In jeder Ausgabe werden aktuelle Entscheidungen im Bereich des Zivil- , Straf- und Öffentlichen Rechts für Sie aufbereitet und klausurtypisch gelöst.

### Die Gesetzesbox
- stabile Box aus geprägtem Kunstleder mit Magnetverschluss
- Schutz für Ihre Gesetzestexte (Schönfelder und Sartorius), innen und außen gepolstert
- Box und Leseständer in einem, abwaschbar, leicht

*28.05*      24,80 €

### Intelligentes Lernen: Wiederholungsmappe
Kaum etwas ist frustrierender, als sich in mühseliger Arbeit Wissen anzueignen, nur um wenige Zeit später festzustellen, dass das Meiste wieder vergessen wurde. Anstatt sein Wissen konstant auszubauen, wird ein und dasselbe immer wieder von neuem angegangen. Ein solches Vorgehen hat nur einen geringen Lernerfolg. Aber auch Motivation und Konzentrationsfähigkeit leiden unter diesem ständigen „Ankämpfen" gegen das Vergessen. Von Spaß am Lernen kann keine Rede sein. Mit dieser Wiederholungsmappe möchten wir diesem Problem beim Lernen entgegentreten. Mit einem effektiven Wiederholungsmanagement werden Sie Ihr Wissen beständig auf einem hohen Niveau halten. Wiederholungsmappe inklusive Übungsbuch und Mindmapps

*75.01*      9,90 €

### Jurapolis - das hemmer-Spiel
Mit Jurapolis lernen Sie Jura spielerisch.

Die mündliche Prüfungssituation wird spielerisch trainiert. Sie trainieren im Spiel Ihre für die mündliche Prüfung so wichtige rhetorische Fähigkeiten. Vergessen Sie nicht, auch im Mündlichen wird entscheidend gepunktet.

Inklusive Karteikartensatz (ohne Übersichtskarteikarten und Shorties) nach Wahl, bitte bei Bestellung angeben!
Lässt sich auch mit eigenen Karteikarten spielen!

*40.01*      30,00 €

Im hemmer.card Magazin wird dem Leser Wissenswertes und Interessantes rund um die Juristerei geboten.
Als hemmer-Kursteilnehmer/in (auch ehemalige) erhalten Sie die Life&LAW zum Vorzugspreis von 5,- € mtl.

| | |
|---|---|
| Art.Nr.: AboLL (ehem. Kurs-Teilnehmer) | 5,00 € |
| Art.Nr.: AboLL (nicht Kurs-Teilnehmer) | 6,00 € |

### Life&LAW Jahrgangsband

| | | |
|---|---|---|
| Art.Nr.: LLJ | 1999 - 2005 | je 50,00 € |

bitte Jahrgang angeben

| | | |
|---|---|---|
| Art.Nr.: LLJ05 | 2006 | 80,00 € |
| Art.Nr.: LLE | Einband für Life&LAW | je 6,00 € |

bitte Jahrgang angeben

# Der Jahreskurs

**Würzburg** - Augsburg - Bayreuth - Berlin-Dahlem - Berlin-Mitte - Bielefeld - Bochum - Bonn - Bremen - Dresden - Düsseldorf - sErlangen - Frankfurt/M - Frankfurt/Oder - Freiburg - Gießen - Göttingen - Greifswald - Halle - Hamburg - Hannover - Heidelberg - Jena - Kiel - Köln - Konstanz - Leipzig Mainz - Mannheim - Marburg - München - Münster - Osnabrück - Passau - Potsdam - Regensburg - Rostock - Saarbrücken - Stuttgart - Trier - Tübingen

Unsere Jahreskurse beginnen jeweils im Frühjahr (März) und im Herbst (September).

In allen Städten ist im Kurspreis ein Skriptenpaket integriert:

Bereits mit der Anmeldung wählen Sie 12 Produkte (Skripten oder Karteikarten) kursbegleitend:

- ✔ daher frühzeitig sich anmelden!
- ✔ sich einen Kursplatz sichern
- ✔ mit den Skripten / Karteikarten lernen
- ✔ Life&Law im Kurspreis integriert
- ✔ keine Kündigungsfristen

## Juristisches Repetitorium hemmer
examenstypisch    anspruchsvoll    umfassend

Karl Edmund Hemmer / Achim Wüst

# Gewinnen Sie mit der „HEMMER-METHODE"!

**Wer in vier Jahren sein Studium erfolgreich abschließen will, kann sich einen Irrtum im Hinblick auf Examensvorbereitung und Ausbildungsmaterial nicht leisten!**

## Ihr Ziel: Sie wollen ein gutes Examen:

Stellen Sie frühzeitig die Weichen richtig. Trainieren Sie unter professioneller Anleitung das, was Sie im Examen erwartet. Dazu hat Ihre Ausbildung den Ansprüchen des Examens zu entsprechen. Um das Examen sicher zu erreichen, müssen Sie wissen, mit welchem Anforderungsprofil Sie im Examen zu rechnen haben.
Die Kunst, eine gute Examensklausur zu schreiben, setzt voraus:

### Problembewusstsein

„Problem erkannt, Gefahr gebannt". Ein zentraler Punkt ist das Prinzip, an authentischen Examensproblemen zu lernen. Anders als im wirklichen Leben gilt: „Probleme schaffen, nicht wegschaffen".

### Juristisches Denken

Dazu gehört die Fähigkeit,
- komplexe Sachverhalte in ihre Bestandteile zu zerlegen (assoziative Textauswertung),
- die notwendigen rechtlichen Erörterungen anzuschließen,
- Einzelprobleme zueinander in Beziehung zu setzen,
- zu einer schlüssigen Klausurlösung zu verbinden und
- durch ständiges Training wiederkehrende examenstypische Konstellationen zu erfassen.

Grundlegende Fehler werden so vermieden.

### Abstraktionsvermögen

Die Gesetzessprache ist abstrakt. Der Fall ist konkret. Nur wer über das notwendige Abstraktionsvermögen verfügt, ist in der Lage, die für die Falllösung erforderliche Transformationsleistung zu erbringen. Diese Fähigkeit wird geschult durch methodisches Lernen.

### Sprachsensibilität

Damit einhergehend ist Genauigkeit und Klarheit in der Darstellung, Plausibilität und Überzeugungskraft erforderlich.

## Was macht das Juristische Repetitorium Hemmer so erfolgreich?

In allen drei Rechtsgebieten gilt: Examenstypisches, umfassendes und anspruchsvolles Lernsystem.

### 1. Kein Lernen am einfachen Fall:

*Grundfall geht an Examensrealität vorbei!*

Hüten Sie sich vor Übervereinfachung beim Lernen! Unterfordern Sie sich nicht. Die Theorie des einfachen Grundfalles nimmt zwar als psychologischer Aspekt die Angst vor Falllösungen, die Examensreife kann aber so nicht erlangt werden. Es fehlt die Einbindung des gelernten Teilwissens in den Kontext des großen Falls. Ein vernetztes Lernen findet nicht statt. Außerdem: Für den Grundfall brauchen Sie kein Repetitorium. Sie finden ihn in jedem Lehrbuch. Die Methode der Reduzierung juristischer Sachverhalte auf den einfachen Grundfall bzw. das Schema entspricht weder in der Klausur noch in der Hausarbeit der Examensrealität. Sie müssen sich folglich das notwendige Anwendungswissen für das Examen selbst aneignen. Schablonenhaftes Denken ist im Examen gefährlich. Viele lernen nur nach dem Prinzip „Aufschieben und Hinauszögern" von zu erledigenden Aufgaben. Dies erweist sich als Form der Selbstsabotage. Wer sich überwiegend mit Grundfällen und dem Auswendiglernen von Meinungen beschäftigt, dem fehlt am Schluss die Zeit, Examenstypik einzutrainieren.

### 2. Kein Lernen am Rechtsprechungsfall mit Literaturmeinung

*Rechtsprechungsfall entspricht nicht der Vielschichtigkeit des Examensfalls*

Zwar ermöglicht dies Einzelprobleme leichter als durch Lehrbücher zu erlernen, es fehlt aber eine den Examensarbeiten entsprechende Vielschichtigkeit.

Außerdem besteht die Gefahr des Informationsinfarkt. Viel Wissen garantiert noch lange nicht, auch im Examen gut abzuschneiden. Maßgeblich ist die Situationsgebundenheit des Lernens. Wer sich examenstypisch am großen Fall Problemlösungskompetenz unter Anleitung erarbeitet, reduziert die Informationsmenge auf das Wesentliche.

Durch richtiges Lernen mit einem ausgesuchten, am Examen orientierten Fallmaterial verschaffen Sie sich mehr Freizeit. Nur wer richtig lernt, erspart sich auch Zeit. Weniger ist häufig mehr!

Die Examensklausuren und noch mehr die Hausarbeiten sind so konstruiert, dass die notwendige Notendifferenzierung ermöglicht wird. Die Examensrealität ist damit in der Regel anders als der einfache Rechtsprechungsfall. Examensfälle sind anspruchsvoll.

## 3. hemmer-Methode: Lernen am examenstypischen „großen" Fall

Wir orientieren uns am Niveau von Examensklausuren, weil sich gezeigt hat, dass traditionelle Lehr- und Lernkonzepte den Anforderungen des Examens nicht entsprechen. Der Examensfall und damit der große Fall ist eine konstruierte Realität, auf die es sich einzustellen gilt.

*Examen ist eine konstruierte Realität*

Die „HEMMER-METHODE" ist eine neue Lernform und holt die Lernenden aus ihrer Passivität heraus. Mit gezielten, anwendungsorientierten Tipps unterstützen wir vor allem die wichtige Sachverhaltsaufbereitung und damit Ihre Examensvorbereitung.

*Jura ist ein Sprachspiel*

Denken Sie daran, Jura ist ein Spiel und zuallererst ein *Sprachspiel*, auch im Examen.
Es kommt auf den richtigen Gebrauch der Worte an.

Lernen Sie mit uns einen genauen und reflektierten Umgang mit der juristschen Sprache. Dies heißt immer auch, genau denken zu lernen. Profitieren Sie dabei von unserem Erfahrungswissen. Die juristische Sprache ist erlernbar. Wie Sie sie sinnvoll erlernen, erfahren Sie in unseren Kursen. Statt reinem Faktenwissen erhalten Sie Strategie- und Prozesswissen. „Schach dem Examen!."

*Spaß mit der Arbeit am Sachverhalt*

Die genaue Arbeit am Sachverhalt bringt Spaß und hat sich als sehr effizient für das juristische Verständnis von Fallkonstellationen herausgestellt. Dabei ist zu beachten, dass die juristische Sprache eine Kunstsprache ist. Wichtig wird damit die Transformation: So erklärt der Laie in der Regel in der Klausur nicht: „Ich fechte an, ich trete zurück", sondern „Ich will vom Vertrag los".

Lernen Sie, den Sachverhalt richtig zu lesen. Steigern Sie Ihre Leseaufmerksamkeit. Gehen Sie deshalb gründlich und liebevoll mit dem Sachverhalt um, und verlieren Sie sich dabei nicht in Einzelheiten. Letztlich geht es um die Wahrnehmungsfähigkeit: Was ist im Sachverhalt des Examensfalles angelegt und wie gehe ich damit um („Schlüssel-Schloß- Prinzip"). Der Sachverhalt gibt die Problemfelder vor. Entgehen Sie der Gefahr, dass Sie „ein Weihnachtsgedicht zu Ostern vortragen."

*Trainieren von denselben Lerninhalten in verschiedenen Anwendungssituationen*

Juristerei setzt eine gewisse Beweglichkeit voraus, d.h. jeder Fall ist anders, manchmal nur in Nuancen. Akzeptieren Sie: Jeder Fall hat einen experimentellen Charakter. Trainieren Sie Ihr bisheriges Wissen an neuen Problemfeldern. Dies verhindert, dass das Gelernte auf einen bestimmten Kontext fixiert wird. Trainieren Sie, dieselben Lerninhalte in verschiedene Anwendungssituationen einzubetten und aus unterschiedlichen Blickwinkeln zu betrachten. Denn wer einen Problemkreis von mehreren Seiten her kennt, kann damit auch flexibler umgehen. Verbessern Sie damit Ihre Transferleistung. Über das normale additive Wissen hinaus vermitteln wir sog. metabegriffliches Wissen, d.h. bereichsübergreifendes Wissen.

*Modellhaftes Lernen*

Modellhaftes Lernen schafft Differenzierungsvermögen, ermöglicht Einschätzungen und fördert den Prozess der Entscheidungsfindung. Seien Sie kritisch gegenüber Ihren Ersteinschätzungen. Eine gewisse Veränderungsbereitschaft gehört zum Lernprozess. Überprüfen Sie Ihr Wertungssystem auch im Hinblick auf das Ergebnis des Falles.

Hüten Sie sich vor zu starkem Routinedenken und damit vor automatisierten Mustern. Fragen Sie sich stets, ob Sie mit Ihren Annahmen den Fall weiterlösen können oder ob Sie in eine Sackgasse geraten.

*Assoziationsmethode als erste „Herangehensweise": Hypothesenbildung*

Mit der Assoziationsmethode lehren wir in unseren mündlichen Kursen, wie Sie die zentralen Probleme des Falles angehen und ausdeuten. Dabei wird die Bedeutung nahezu aller Worte untersucht. Durch frühe Hypothesenbildung werden alle für die Falllösung möglichen Problemkonstellationen durchgespielt. Die spätere gezielte Selektion führt dazu, dass die für den konkreten Sachverhalt abwegigen Varianten ausscheiden (Prinzip der Retardation bzw. der negativen Evidenz). Die übriggebliebenen Hypothesen bestimmen die Lösungsstrategie.

*Wichtigste Arbeitsphase = Problemaufriss*

Die erste Stunde, der Problemaufriss, ist die wichtigste Stunde. Es werden die Weichen für die spätere Niederschrift gestellt. Wenn Sie die Klausur richtig erfassen (den „roten Faden"/die „main street"), sind Sie zumindest auf der sicheren Seite und schreiben nicht an der Klausur vorbei.

## 4. Ersteller als „imaginärer" Gegner

*Dialog mit dem Klausurersteller*

Der Ersteller des Examensfalles hat auf verschiedene Problemkreise und ihre Verbindung geachtet. Der Ersteller als Ihr „imaginärer Gegner" hat, um Notendifferenzierungen zu ermöglichen, verschiedene Problemfelder unterschiedlicher Schwierigkeit versteckt. Der Fall ist vom Ersteller als kleines Kunstwerk gewollt. Diesen Ersteller muss der Student als imaginären Gegner bei seiner Falllösung berücksichtigen. Er muss also versuchen, sich in die Gedankengänge, Annahmen und Ideen des Erstellers hineinzudenken, und dessen Lösungsvorstellung wie im Dialog möglichst nahe zu kommen. Je ideenreicher Ihre Ausbildung verläuft, desto mehr Möglichkeiten erkennen Sie im Sachverhalt. Die Chance, eine gute Klausur zu schreiben, wird größer.

## Gewinnen Sie mit der „Hemmer-Methode"

**Wir fragen daher konsequent bei der Falllösung:**
- ✓ Was will der Ersteller des Falles („Sound")?
- ✓ Welcher „rote Faden" liegt der Klausur zugrunde („main-street")?
- ✓ Welche Fallen gilt es zu erkennen?
- ✓ Wie wird bestmöglicher Konsens mit dem Korrektor erreicht?

Die Falllösung wird dann nicht durch falsches Schablonendenken geprägt, vielmehr zeigen Sie, dass Sie gelernt haben, mit den juristischen Begriffen umzugehen, dass es nicht nur auswendig gelernte Begriffe sind, sondern dass Sie sich darüber im Klaren sind, dass der Begriff immer erst in der konkreten Anwendung seine Bedeutung gewinnt.

**Unterfordern Sie sich nicht!** Lernen Sie nicht auf zu schwachem Niveau. Zwar ist „der Einäugige unter den Blinden König". Die Einäugigkeit rächt sich aber spätestens im Examen. Ziel jeden guten Unterrichts muss eine realistische Selbsteinschätzung der Hörer sein.

**Problemorientiertes Lernen, unterstützt durch Experten** Wichtig ist, mit der Assoziationsmethode im richtigen sozialen Kontext zu lernen, denn gemeinsames Lernen in Gruppen ist nicht nur motivierend, sondern auch effektiv. Nehmen Sie an einer Atmosphäre teil, in der Sie sinnvoll Erfahrungsaustausch, Meinungsvielfalt und Kontakt mit Experten erfahren. Maßgeblich ist die gezielte Unterstützung. Wir geben das Niveau vor. Achten Sie stets darauf, dass die Lernsituation anwendungsbezogen bleibt und der Vielschichtigkeit des Examens entspricht. Unser Repetitorium spricht den Juristen an, der sich am Prädikatsexamen orientiert. Insoweit profitieren Sie auch vom Interesse und Wissensstand der anderen Kursteilnehmer.

**Gefahr bei Kleingruppen** Hüten Sie sich vor sog. „Kleingruppen". Dort besteht die Gefahr, dass Schwache und Nichtmotivierte den Unterricht allzusehr mitbestimmen: „Der Schwächste bestimmt das Niveau!" Wichtig ist doch für Sie, auf welchem Niveau (was und wie) die Auseinandersetzung mit der Juristerei stattfindet. Wer nur auf vier Punkte lernt, landet leicht bei drei Punkten!

Soviel ist klar: <u>Wie</u> Sie lernen, beeinflusst Ihr Examen. Weniger bekannt ist, dass das Fehlen bestimmter Informationen das Examen verschlechtert.

Glauben Sie an die eigene Entwicklungsfähigkeit, schöpfen Sie ihr Potential aus.

## 5. Spezielle Ausrichtung auf Examenstypik

**Im Trend des Examens** Dies hat weiterhin den Vorteil, dass wir voll im Trend des Examens liegen. Die Thematik der Examensfälle ist bei uns auffällig häufig vorher im Kurs behandelt worden. Auch in Zukunft ist damit zu rechnen, dass wir mit Ihnen innerhalb unseres Kurses die Themen durchsprechen, die in den nächsten Prüfungsterminen zu erwarten sind.

## 6. „Gebrauchsanweisung"

Vertrauen Sie auf unsere Expertenkniffe. Die **„HEMMER-METHODE"** setzt richtungsweisende Maßstäbe und ist Gebrauchsanweisung für Ihr Examen.

### Der Erfolg gibt uns recht!

**Examensergebnisse** Die Examenstermine zeigen, dass **unsere Kursteilnehmer** überdurchschnittlich abschneiden;
z.B. Würzburg, Ergebnisse **1991-2006:**
15,08 (Landes**bester**); 14,95* (**Bester** des Termins 2006 I in Würzburg); 14,79*; 14,7* (**Beste** des Termins 98 I); 14,66* (**Bester** des Termins 2006 II in Würzburg); 14,3* (Landes**bester**); 14,25* (**Bester** des Termins 2005 II); 14,16* (**Beste** des Termins 2000 II), 14,08* (**Beste** des Termins in Würzburg 96 I); 14,08 (Landes**bester**); 14,04* (**Bester** des Termins 2004 II); 13,87; 13,83*; 13,8*; 13,75* (**Bester** im Termin 99/II in Würzburg); 13,75*; 13,7 (7. Semester, **Bester** des Termins in Würzburg 95 II); 13,66* (**Bester** des Termins 97 I, 7. Semester); 13,6*; 13,54*, 13,41*, 13,4*; 13,3* (**Beste** des Termins 93 I in Würzburg); 13,3* (**Bester** des Termins 91 I in Würzburg), 13,29*; 13,2* (**Bester** des Termins 2001 I in Würzburg); 13,2; 13,12*; 13,08* (**Bester** des letzten Termins 2002 I in Würzburg), 13,04*; 13,02* (**Bester** des Termins 95 I in Würzburg); 13,0; 12,91* (**Bester** des Termins 99 I in Würzburg); 2 x 12,87* (7. Semester); 12,83* (**Bester** des Termins 2004 I); 12,8*; 12,79*; 12,75*; 12,62; 12,6; 12,6*; 12,6; 12,58*; 12,54*; 12,54*, 12,5*; 12,41; 12,37* (7. Semester); 12,3*; 12,25*; 12,2; 12,2*; 12,18*; 12,12*; 12,12; 12,1; 12,08; 12,08*; 12,06; 12,04* (**Beste** des Termins 98 II; Ergebnis Februar '99); 12,0*; 12,0*; 12,0*; 12,0*; 12,0*; 12,0*; 11,83; 11,8; 11,79*; 11,75*; 11,75; 11,75; 11,6; 11,58*; 11,54*; 11,5*; 11,5;...
(*hemmer-Mitarbeiter bzw. ehemalige hemmer-Mitarbeiter)

**Ziel: solides Prädikatsexamen** Lassen Sie sich aber nicht von diesen „Supernoten" verschrecken. Denn unsere Hauptaufgabe sehen wir nicht darin, nur Spitzennoten zu produzieren: Wir streben ein solides Prädikatsexamen an. So erreichten z.B. schon im ersten Durchgang unsere Kursteilnehmer in Leipzig (Termin 1994 II) bereits nach dem Schriftlichen einen Schnitt von 8,6 Punkten, wobei der Gesamtdurchschnitt aller Kandidaten nur 5,46 Punkte betrug (Quelle: Fachschaft Jura Leipzig, »Der kleine Advokat«, April 1995). Aber am allerwichtigsten für uns ist: Unsere Durchfallquote ist äußerst gering!
Regelmäßiges Training an examenstypischem Material zahlt sich also aus.

**Spitzennoten von Mitarbeitern** Dies zeigt sich auch z.B. bei unseren Verantwortlichen: In jedem Rechtsgebiet arbeiteten Juristen mit, die ihr Examen mit **„sehr gut"** bestanden haben.
Professionelle Vorbereitung zahlt sich aus. Noten unserer Kursleiter (ehemalige Kursteilnehmer in Würzburg) im bayerischen Staatsexamen, wie **13,5**, **13,4** und **12,9** und andere mit „gut" sind Ihr Vorteil. Nur wer selbst gut ist, weiß auf was es im Examen ankommt. Nur so wird gutes Material erstellt.
Die Ergebnisse unserer Kursteilnehmer im Ersten Staatsexamen können auch Vorbild für Sie sein. Motivieren Sie sich durch Ihre guten Mitkursteilnehmer/innen. Lassen Sie sich daher nicht von unseren Supernoten verschrecken, sehen Sie dieses Niveau als Anreiz für Ihr Examen. „Wer nur in der C-Klasse spielt, bleibt in der C-Klasse."

**Wir sind für unser Anspruchsniveau bekannt.**